Goethes »Faust«

Über den Autor
Heinz Hamm, geb. 1944 in Podersam; 1962/67 Studium der Latinistik und Germanistik an der Univ. Halle-Wittenberg, 1972 Promotion, 1979 Habilitation; 1967/84 wiss. Mitarbeiter an der Univ. Halle, 1974/75 Deutschlektor an der Univ. Paris VIII, 1979/83 Gastdozent an der Univ. Warschau, 1984/91 o. Prof. für Geschichte der dt. Literatur an der Univ. Jena. – Publikationen zu Lessing, Goethe, Schiller, Mme de Staël u.a.

Der Theoretiker Goethe (Berlin: Akademie-Verl. 1975, ²1980; Kronberg, Ts.: Scriptor 1976), *Goethe und die Zeitschrift »Le Globe«. Eine Lektüre im Zeichen der ›Weltliteratur‹* (Weimar: Hermann Böhlaus Nachf. 1997).

Heinz Hamm

Goethes »Faust«

Werkgeschichte und Textanalyse

Neubearbeitung

Volk und Wissen Verlag GmbH

Das Werk folgt der reformierten Rechtschreibung und Zeichensetzung. Ausnahmen bilden die Zitate aus Texten von Goethe, Schiller und ihren Zeitgenossen, bei denen in erster Linie philologische Gründe einer Änderung entgegenstehen.

Die Deutsche Bibliothek – CIP-Einheitsaufnahme

Hamm, Heinz:
Goethes »Faust« : Werkgeschichte und Textanalyse / Heinz Hamm. – 6., völlig neu bearb. Aufl. – Berlin : Volk-und-Wissen-Verl., 1997
    ISBN 3-06-102821-8

Dieses Werk ist in allen seinen Teilen urheberrechtlich geschützt. Jegliche Verwendung außerhalb der engen Grenzen des Urheberrechts bedarf der schriftlichen Zustimmung des Verlages. Dies gilt insbesondere für Vervielfältigungen, Mikroverfilmungen, Einspeicherung und Verarbeitung in elektronischen Medien sowie für Übersetzungen.

ISBN 3-06-102821-8

6., völlig neu bearbeitete Auflage
4 3 2 1 / 00 99 98 97
Die letzten Ziffern bezeichnen Jahr und Zahl des Drucks.

© Volk und Wissen Verlag GmbH, Berlin 1978, 1997
Printed in Germany
Redaktion Hannelore Prosche
Umschlaggestaltung Gerhard Medoch
Typografische Gestaltung Lisa Neuhalfen
Gesetzt aus der Garamond der Firma Adobe
Satz Volk und Wissen Verlag GmbH, Berlin
Repro City Repro GmbH, Berlin
Druck und Binden Offizin Andersen Nexö GmbH, Leipzig

Inhalt

Vorbemerkung 6

I »Goethes Faust in
ursprünglicher Gestalt«
(der so genannte *Urfaust*) 8

II »Faust. Ein Fragment« 52

III »Faust. Eine Tragödie.
Der Tragödie Erster Teil« 63

Szenen- und Versübersicht zu Teil I 120

IV »Faust. Eine Tragödie.
Der Tragödie Zweiter Teil
in fünf Akten« 123

Anhang

Biografische Daten 238

Abkürzungen und Zeichen 240

Anmerkungen und Zitatnachweise 240

Literaturhinweise 245

Bildnachweise 247

Vorbemerkung

Goethes *Faust* ist keine zeitlose Dichtung. Das Werk wirkt über die Entstehungszeit hinaus mit einem Bedeutungspotential, das historisch bedingt und bestimmt ist. Eine Lektüre, die Geschichte zur Nebensache erklärt und ausschließlich auf ›allgemein menschliche‹ Wahrheiten aus ist, erfasst nicht den inneren Reichtum der Dichtung und bleibt an der Oberfläche. Wer heute für sich und seine Gegenwart Einsichten aus *Faust* gewinnen will, muss sich auf Geschichte einlassen und sie in ihrem Eigenwert ernst nehmen.

In der vorliegenden Einführung beschreibe ich *Faust* als ein Kunstwerk, das in einer bestimmten Zeit entstanden und von der Auseinandersetzung mit dieser Zeit geprägt ist. Ich stelle die individuellen, sozialen und literarischen Voraussetzungen dar, die den historischen Kontext des Werks bilden, und mache dadurch die im Text angelegte Bedeutung verfügbar. Die Rekonstruktion der historischen Zusammenhänge eröffnet die Möglichkeit, den Text angemessen zu verstehen; sie kann den Rezeptionsspielraum abstecken, der von der Dichtung vorgegeben ist. Den Spielraum ausschreiten, eigene Erfahrungen einbringen und den Text aus einer vergangenen Zeit für sich fruchtbar machen – das vermögen heutige Leserinnen und Leser nur selbst.

Goethes *Faust* hat eine Entstehungsgeschichte, die sich im Wechsel von Arbeitsperioden und langen Pausen über ein ganzes langes Leben hinzog. *Faust I* erwuchs aus einer Entwicklung, die über drei Arbeitsperioden führte und mehr als dreißig Jahre dauerte. *Faust II* entstand in einem relativ kontinuierlichen Arbeitsvorgang, gehört aber gegenüber *Faust I* einer Zeit neuer sozialer Erfahrungen und künstlerischer Entscheidungen an. Das gesamte Werk baut sich also aus Ergebnissen dichterischer Arbeit auf, die einen sehr unterschiedlichen individuellen und sozialen Kontext haben. Es bildet ein Ganzes aus höchst unterschiedlichen Teilen und erschließt sich in seiner Bedeutungsfülle nur unter der Voraussetzung, dass diese Unterschiedlichkeit nicht übergangen, sondern aufgedeckt wird. Dem trage ich in der Anlage der Einführung Rechnung, indem ich die Entstehungsgeschichte des *Faust* gleichsam nachvollziehe. Ich untersuche die vier Texteinheiten des Werks – so genannter *Urfaust*, *Fragment*, *Faust I* und *Faust II* – in chronologischer Folge gesondert in eigenen Kapiteln. Der immer wieder gestellten Frage, ob es Goethe gelungen sei, das in unterschiedlichen Arbeitsperioden Entstandene zu einer Einheit zusammenzufügen, wird in den Kapiteln zu *Faust I* und *Faust II* nachgegangen.

Die Kapitel haben eine einheitliche Gliederung: Anmerkungen zur Entstehungs-, Überlieferungs- und Druckgeschichte bilden die Einleitung. Es folgen Erläuterungen zu grundsätzlichen Eigenarten der jeweiligen Texteinheit und – nach Bedarf – zur Funktion von Akten, Szenengruppen und Szenen. Im Zentrum stehen die Beschreibung des szenischen Vorgangs und die Analyse des Textes.

Der Einführung sind als visuelles Angebot und zur Erläuterung zahlreiche Abbildungen beigegeben. Sie zeigen markante Beispiele aus der reichen Geschichte der Illustration des *Faust*, Aufnahmen aus wichtigen *Faust*-Inszenierungen und Proben von Handschriften sowie Bilder aus Goethes Kunstsammlung, die nachweislich auf die Gestaltung des Textes eingewirkt haben.

I »Goethes Faust in ursprünglicher Gestalt« (der so genannte *Urfaust*)

Die früheste Texteinheit des *Faust*, die wir bis heute kennen, ist die von der Hand des Weimarer Hoffräuleins Luise von Göchhausen. Erich Schmidt hatte den Text 1887 in deren Nachlass entdeckt und unter dem Titel *Goethes Faust in ursprünglicher Gestalt nach der Göchhausenschen Abschrift* herausgegeben. Die Goethe-Philologie sah sich vor die Aufgabe gestellt, Licht in eine vor dem *Fragment* liegende Arbeitsperiode zu bringen, die bis zu diesem sensationellen Fund nur vermutet worden war.

Im Wesentlichen wurden folgende Fragen aufgeworfen. Zur Szenenfolge selbst: Wann begann Goethe die Arbeit und wann schloss er sie ab? Wie sind die einzelnen Szenen zu datieren? Zur Abschrift: Wann wurde sie vorgenommen? Gibt sie ihre Vorlage getreu wieder? Überliefert sie wirklich den *Faust* in »ursprünglicher Gestalt« oder muss eine noch frühere Arbeitsstufe angenommen werden? Zur Szenenfolge im Ganzen: Liegt in ihr ein abgeschlossenes, eigenständiges, bewusst so gestaltetes Drama vor oder nur eine Durchgangsstufe der Werkentstehung?

Die Ergebnisse eines langjährigen, aufgrund spärlicher Angaben spekulationsreichen Streits bilanzierend[1], kann heute festgestellt werden: Den Beginn der Arbeit und die einzelnen Szenen sicher zu datieren ist nicht möglich. Vom Sommer 1773 an bezeugen Briefe von Zeitgenossen mehrfach, dass Goethe sie mit Passagen aus einem »Doktor Faust« bekannt gemacht hat. Goethe selbst erwähnte seinen *Faust* zum ersten Mal am 17. September 1775. In Weimar dann las er der Hofgesellschaft, wie berichtet wird, einige Male aus seinem Stück vor. Die vorhandenen Zeugnisse, die nicht mehr als die Arbeit am *Faust* im Allgemeinen beglaubigen, gestatten immerhin den Schluss, dass Goethe die Niederschrift 1773 begann und in den letzten drei Frankfurter Jahren fortführte. Konzeptionelle Überlegungen können möglicherweise bis in die Straßburger Zeit zurückreichen. Immer wieder unternommene Versuche, die Niederschrift erster Szenen schon für die Jahre 1769/70 anzusetzen, überzeugen demgegenüber nicht. Die ebenfalls zahlreichen Datierungsversuche bei einzelnen Szenen beruhen durchweg auf Indizien und haben keine stichhaltige Beweiskraft. Luise von

Göchhausen schrieb den *Faust*, wie philologische Untersuchungen ergaben, mit großer Sorgfalt tatsächlich in der Form und Vollständigkeit ab, wie er ihr zur Zeit der Abschrift um 1778/79 in Goethes frühen Weimarer Jahren vorlag. Dass diese Vorlage der *Faust* »in ursprünglicher Gestalt« war, kann jedoch nicht mehr behauptet werden. Ernst Grumach wies anhand zeitgenössischer Berichte doch mit einiger Sicherheit nach, dass Goethe bei seinen ersten Weimarer Lesungen weit mehr Szenen vorgetragen haben muss, als uns überliefert sind. Der bis dahin ausgearbeitete Text muss gesichtet und gekürzt worden sein. Diese konzentrierte Fassung, entstanden wohl kurz vor der Abschrift, wird der Göchhausen vorgelegen haben, nicht aber das ursprünglich umfangreichere Manuskript, das bis etwa 1776/77 gültig war. Die Bezeichnung ›Urfaust‹ ist durch diesen Befund problematisch geworden. Siegfried Scheibe schlug deshalb vor, »sich künftig für die frühe Gestaltung des *Faust* – bis hin zur Überarbeitung um 1777 – auf den Terminus ›früher Faust‹ zu einigen und, davon abgegrenzt, von der ›Göchhausen'schen Abschrift‹ zu sprechen«[2]. Ich schließe mich diesem Vorschlag an und benutze die Bezeichnung »so genannter *Urfaust*«, die Scheibe ebenfalls verwendet.

Göchhausen dokumentierte mit ihrer Abschrift ein Stadium innerhalb einer Werkentstehung, die Goethe nicht als abgeschlossen betrachtete. Es ist deshalb verfehlt, den so genannten *Urfaust* als ein vollendetes Stück aufzufassen. Gleichwohl reduziert sich sein Wert nicht darauf, eine Vorstufe zu *Faust I* zu sein. Trotz des unfertigen Zustands kann er, wie vor allem die Theatergeschichte zeigt, als eigenständiges Werk vorgestellt und verstanden werden.

Goethe lernte den Faust-Stoff schon in früher Kindheit als »Puppenspielfabel« (BA 10, 446) kennen. Später wird er die in zahlreichen Auflagen und unterschiedlichen Bearbeitungen verbreitete *Historia Von D. Johann Fausten* (1587) gelesen oder eine ihrer Umsetzungen in Wanderbühnenstücke gesehen haben. In der *Historia*, der ältesten und schulebildenden literarischen Darstellung der Faust-Gestalt, wird ein Doktor der Theologie vorgeführt, der sich die diesseitige irdische Welt nicht mehr von der Kirche als ›Jammertal‹ und ›Reich des Bösen‹ verleiden lässt, sondern sie in vollen Zügen genießt. Wissens- und Genussbegierde treiben ihn so mächtig, dass er zur Beförderung seines Verlangens einen Pakt mit dem Teufel eingeht und einen schrecklichen Tod und den Verlust des Seelenheils in Kauf nimmt. Gerichtet war die *Historia* gegen die mit der Renaissance um sich greifende Verweltli-

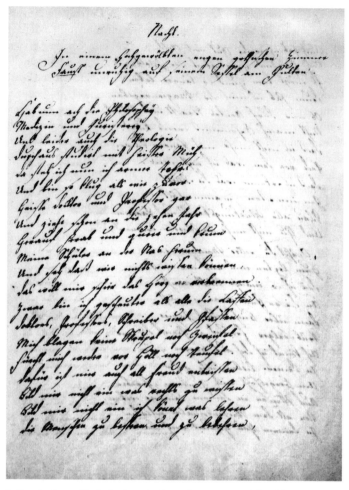

Anfang der Szene »Nacht. In einem hochgewölbten engen gotischen Zimmer«.
Handschrift Luise von Göchhausens

chung des Denkens und Fühlens. Die Menschen sollten eindringlichst davor gewarnt werden, die Orientierung ihres Lebens auf ein jenseitiges Heil in Gott aufzugeben und sich in eine selbstherrliche Aneignung dieser Welt zu stürzen. Erreicht wurde mit der ausgiebigen Schilderung sündigen Lebens freilich nur das Gegenteil: Anstatt abzuschrecken, gab dies dem Lebensdurst und dem Welthunger nur neue Nahrung.

Goethe begann in den frühen siebziger Jahren die Arbeit an einem Faust-Drama, weil er sich dem Gelehrten, der nach langem Unbefriedigtsein kühn aus einem engen Leben im Sinne der Kirche ausgebrochen war, in Sympathie verbunden fühlte.

Auch dem Kind Goethe war noch – das wird leicht übersehen – die Wirklichkeit als eine zwar von Gott geschaffene, durch die Schuld des Menschen jedoch unter die Herrschaft des Satans gefallene Welt der Sünde und des Todes beschrieben und als Leitbild ein entsagungsbereites, nach Gnade strebendes Leben in Gott gewiesen worden. In einem damals in Frankfurt am Main gebräuchlichen Katechismus steht geschrieben:

»Was heißt die erbliche oder Erbsünde? Sie ist diejenige schreckliche Verderbniß unserer Natur, daß anstatt des vorhergehabten Ebenbildes Gottes, wir in die Welt geboren werden ganz untüchtig für uns selbst zu allem Guten, ohne Glauben, Furcht und Erkenntniß Gottes, und in natürlicher Blindheit; hingegen mit steter Begierde zu allerhand Bösem, und allem dem, was Gott entgegen ist. Aus dieser vergifteten Wurzel entstehet nachmals alles übrige Böse, ja stecket schon in derselben.« – »Wie treibet uns aber die Auffahrt Christi zu gottseligem Leben? Daß wir auch nicht irdisch gesinnet seyen, weil wir unser Haupt, und auch unser Bürgerrecht in dem Himmel haben: daher, weil unser ganzes Leben nur eine Reise zu dem Himmel ist, sollen wir nicht trachten nach vergänglichen irdischen Dingen, oder dieselben lieb haben, sondern allein streben nach den göttlichen himmlischen Gütern hie in dieser Zeit, die uns in der Ewigkeit werden geoffenbart werden, und darnach verlangen, bei dem Herrn selbst zu seyn.« – »Wie sündiget man darwider? Wo der Mensch meynet, er sey ein Selbstherr, und möge sein Leben führen nach seinem Wohlgefallen: wo man mit seiner Sorge der göttlichen Vorsehung vorgreift, oder damit nicht zufrieden ist, oder daran zweifelt. Also auch, wo man seiner Seelen Kräfte, Verstand, Wille, Neigungen, Sinne, oder auch die Glieder des Leibes zu Sünden gebrauchet, damit oder mit anderen Gütern pranget und stolziert, geizet, Wollust treibet, und also die heilige Absicht Gottes, welcher durch solche Liebesseile uns zu sich ziehen will, schändlich verkehrt: sonderlich aber, wo man sein Herz, das allein auf dem Schöpfer beruhen sollte, an die Geschöpfe hänget.«[3]

Dass die Welt und das menschliche Leben grundsätzlich verderbt und sündhaft sein sollten, wollte dem lebenslustigen Goethe nicht einleuchten. Als er 1765 zum Studium nach Leipzig ging und der Aufsicht des Vaters entzogen war, opponierte er offen gegen seine religiöse Erziehung, indem er Gottesdienst und Abendmahl abrupt fernblieb. Zwar führten ihn die Erfahrung einer schweren Krankheit und fürsorgliche theologische Freunde noch einmal in den Kreis einer praktizierenden religiösen Gemeinschaft. Trotz ehrlichen Bemühens, wieder »Liebe und Condescendenz [Nachgiebigkeit] gegen die Religion« zu empfinden, behielt jedoch die »Anhänglichkeit an die Welt«[4] die Oberhand. »Unbekümmert über andere Reiche«[5] stürzte sich Goethe seit Straßburg in eine Welt, die ihm endgültig vom Kainsmal der Verderbtheit befreit war.

Theoretisch abgesichert wurde seine spontane Diesseitsbejahung durch die Philosophie Baruch Spinozas (1632–1677). Um die Wirklichkeit theoretisch aufzuwerten, hatte der Niederländer den Dualismus von verderbter Welt und vollkommenem außerweltlichem Schöpfer aufgehoben und Gott in die Welt als deren immanenten Grund hineingenommen. Dieser Zusammenschluss von Gott (›natura naturans‹, ›Substanz‹) und Welt (›natura naturata‹) war der freudig begrüßte philosophische Ansatz, an den Goethe anknüpfen konnte. Die irdische Wirklichkeit – im Sprachgebrauch des 18. Jahrhunderts meist als »Natur« bezeichnet – durfte als das einzig reale, allumfassende, in sich ruhende, sich selbst genügende vollwertige Sein angesehen werden, weil sich Gott in ihr und nur in ihr seinem Wesen nach unverkürzt ausdrückt.

Beflügelt von dem erhebenden Gefühl, Teil eines wohlgeordneten großen Ganzen zu sein, trat Goethe in Frankfurt am Main als Rechtsanwalt in das Berufsleben ein. Er wollte seine schöpferischen Kräfte zum Wohle der Mitmenschen entfalten, musste aber bald feststellen, dass seine Wirkungsmöglichkeiten als Anwalt sehr beschränkt waren. An einem »Ort zu leben, wo unsere ganze Wirksamkeit in sich selbst summen muß«,[6] wurde ihm immer unerträglicher. Goethe brannte vor Verlangen, aus dem »engen und langsam bewegten bürgerlichen Kreys«[7] in Frankfurt auszubrechen und in der großen Welt als »herrliches handelndes Wesen«[8] eine bedeutende Rolle zu spielen, ohne dass er wusste, wie er sein Verlangen befriedigen konnte. In dieser schmerzlichen Lage ständiger Unzufriedenheit trug er die Gestalt des Faust mit sich herum, wie er später in *Dichtung und Wahrheit* (BA 13, 446) rückblickend bekannte. Der Faust-Stoff schien tauglich zu sein, eigenen Nöten und Wünschen Ausdruck zu verleihen.

Der historische Faust und die *Historia Von D. Johann Fausten* entstammen dem 16. Jahrhundert. Sprach- und Denkweisen aus dieser Zeit sowie Elemente des Faust-Stoffs sind in Goethes *Faust* unübersehbar gegenwärtig, aber nicht ausschlaggebend für den Sinn des Ganzen.

Die Zeitebene, auf die es ankommt, ist der eigene Erfahrungsraum des Dichters: das 18. Jahrhundert als das Zeitalter der Aufklärung. Goethe hatte es nicht darauf abgesehen, eine zweihundert Jahre zurückliegende Vergangenheit wieder zu beleben. Er wollte sich vielmehr mit der eigenen Gegenwart auseinander setzen und eigene Lebensprobleme gestalten. Der Autor der *Historia* glaubte noch an den Teufel und eine ewige Verdammnis in der Hölle, Goethe nicht mehr. Das bedeutet jedoch nicht, dass die Vorgaben des Faust-Stoffs nur als Hülse für Inhalte des 18. Jahrhunderts benutzt wurden. Der Faust aus dem 16. Jahrhundert am Eingang der Szene *Nacht* stellt sich selbst vor und nicht etwas anderes, ist aber zugleich keine unabhängige Größe, sondern dem Faust des 18. Jahrhunderts funktional zugeordnet. Die Vergangenheit präsentiert sich in ihrer eigenen Geschichtlichkeit, um auf die Gegenwart ein erhellendes Licht zu werfen.

Der so genannte *Urfaust* hat – wie schon *Götz von Berlichingen* (1771) – eine Bauform, die entschieden mit der Tradition der französischen klassizistischen Tragödie des 17. Jahrhunderts, der Tragédie classique, bricht, aber auch über das bürgerliche Trauerspiel hinausgeht.

Die Tragédie classique spielt in einer stilisierten höfisch-aristokratischen Welt. Vorgeführt werden geistig-moralische Konflikte hoher Standespersonen in einem von der empirischen Wirklichkeit abgehobenen Raum. Die Inszenierung des dramatischen Vorgangs dient dem Zweck, das Wohleingerichtetsein und die Überlegenheit der höfischen Welt – auch durch den häufig tragischen Untergang der Protagonisten – zu bestätigen. In der Gestalt des Dramas selbst sollen Harmonie und Ordnung ihren Spiegel haben. Weil die Tragédie classique den Eindruck von Ganzheit und Geschlossenheit vermitteln will, beschränkt sie sich in der Darstellung auf einen repräsentativen Ausschnitt. Die Handlung wird von einer Idee her als logisch-schlüssiger, zeitlich und räumlich eng begrenzter Ablauf aufgebaut. Die einzelne Szene ist als funktionales Glied dem Ganzen untergeordnet und erhält aus diesem Zusammenhang ihre Bedeutung. Erst der Akt besitzt eine relative Selbstständigkeit. Da eine eigenständige empirische Welt nicht vorkommt, lebt das dramatische Geschehen aus den Gegensätzen zwischen umweltenthobenen Personen, die in Versen die Sprache des hohen Stils sprechen. Es führt Spiel und Gegenspiel zielstrebig und ohne Möglichkeit der Umkehr zum Höhepunkt und lässt es durch Versöhnung oder Katastrophe in ein deutlich markiertes Ende einmünden.

Der junge Goethe wollte wie andere Stürmer und Dränger in der Kunst die ›Natur‹ so wiedergeben, wie sie in Wirklichkeit war, und nicht eine stilisierte, den Regeln des ›guten Geschmacks‹ angepasste. Er durchbrach die Einschränkung auf einen geistigen Innenraum, auf moralische Konflikte, die bei aller Veränderung der Inhalte auch im bürgerlichen Trauerspiel aufrechterhalten wurde, und öffnete das Drama der Individualität, der Vielfalt und der Widersprüchlichkeit des Lebens. Der große Lehrmeister war William Shakespeare (1564 bis 1616). In der Rede *Zum Schäkespears Tag*, 1771 vor Freunden gehalten, schildert Goethe die befreiende und wegweisende Wirkung, die von den Stücken des Engländers ausging:

> »Ich zweifelte keinen Augenblick, dem regelmäßigen Theater zu entsagen. Es schien mir die Einheit des Orts so kerkermäßig ängstlich, die Einheiten der Handlung und der Zeit lästige Fesseln unsrer Einbildungskraft. Ich sprang in die freie Luft und fühlte erst, daß ich Hände und Füße hatte. […] Schäkespears Theater ist ein schöner Raritätenkasten, in dem die Geschichte der Welt vor unsern Augen an dem unsichtbaren Faden der Zeit vorbeiwallt. Seine Plane sind, nach dem gemeinen Stil zu reden, keine Plane, aber seine Stücke drehen sich alle um den geheimen Punkt […], in dem das Eigentümliche unsres Ichs, die prätendierte Freiheit unsres Wollens, mit dem notwendigen Gang des Ganzen zusammenstößt.« (BA 17, 186–188)

Der so genannte *Urfaust* dreht sich um eben diesen »Punkt«. Faust wird mit verschiedenen Wirklichkeitsbereichen konfrontiert. Sein Gegenspieler ist die Welt, nicht mehr eine einzelne Person. Das in Raum und Zeit eng verfugte Handlungskontinuum löst sich damit in eine Folge relativ selbstständiger Geschehnisteile auf. Die einzelne Szene oder die Szenengruppen, anstelle des Akts jetzt die Gliederungseinheit, führen jeweils einen besonderen Aspekt des Ich-Welt-Gegensatzes vor, der für sich steht. Mit der Einheit von Raum, Zeit und Handlung wird auch die Einheit des hohen Stils aufgehoben. Gestus und Sprache einer Szene variieren bis ins Extrem nach Darstellungsgegenstand und -absicht.

Der so genannte *Urfaust* besteht aus 21 Szenen mit insgesamt 1441 Versen und 360 Prosa-Zeilen.

In der Eingangsszene *Nacht* sucht Faust aus dem »Kerker« (45) eines kümmerlichen Gelehrtenlebens im Schoß der Kirche auszubrechen, um in der vom Kainsmal der Verderbtheit befreiten Welt (›Natur‹) ein schöpferisches Leben zu führen. Das leidenschaftliche Verlangen steigert sich zu dem exzessiven Anspruch, der schaffenden Gott-Natur gleich zu werden. Die Überhebung endet im Zusammenbruch: Faust verfehlt die ›Natur‹ und wird auf sich selbst zurückgewiesen.

Bei seinem nächsten Auftritt ist Faust, auf ungeklärte Weise mit Mephisto verbunden, schon in der Welt angekommen. In der Liebe zu Gretchen stellt er Ansprüche, die mit sozialen Normen kollidieren und erneut eine schwere Krise heraufbeschwören, aber nicht mehr die Möglichkeiten des Menschen überschreiten.

Im so genannten *Urfaust* agieren damit zwei unterschiedlich angelegte Faust-Gestalten, zwischen denen es konzeptionell noch keine Vermittlung gibt. Der Faust der Eingangsszene strebt in genialer Anmaßung nach Gottähnlichkeit; der Faust der Gretchen-Szenen hat dieses Streben gleichsam vergessen und geht, ohne fortan auf Grenzüberschreitung zu dringen, in der sinnlichen Aneignung von Welt auf. Nachdem der Ausbruchsversuch in der Szene *Nacht* gescheitert ist, wird die Problematik menschlichen Schöpfertums nicht erneut aufgegriffen, sondern beiseite gelegt. Ungelöst bleibt auch das Problem einer Verbindung zwischen Faust und Mephisto, die sich mit Goethes Weltanschauung vereinbaren lässt. Das Bündnis wird ohne jede Erklärung über seinen Inhalt und seine Vorbedingungen einfach vorausgesetzt.

(1) »Nacht« (1–248)

Faust befindet sich bei seinem ersten Auftritt in einer krisenhaften Umbruchsituation. Allein in seinem Studierzimmer, hält er zu nächtlicher Stunde voller innerer Unruhe Rückschau auf sein bisheriges Leben. Dabei bricht eine Einsicht hervor, die sich seit längerem vorbereitet haben muss: So wie bisher könne es nicht weiter gehen: »Es möcht kein Hund so länger leben!« (23)

Die Rückschau offenbart, dass Faust Philosophie, Medizin, Jura und Theologie, also sämtliche an einer Universität des Mittelalters und der frühen Neuzeit gelehrten Fächer studiert hat, dass er die akademischen Titel Doktor und Professor (in *Faust I*: Magister und Doktor) trägt und »schon an die zehen Jahr« (8) an einer Hochschule lehrt.

Studien und Universitätslehramt brachten dem Gelehrten, der sich allen überlegen weiß, jedoch weder materiellen noch geistigen Gewinn. Trotz ausgedehnter Studien verfügt er über kein Wissen, das den Menschen nützen, sie weiterbringen könnte (18–20). Trotz längerer Lehrtätigkeit besitzt er weder Reichtum noch eine angesehene Stellung im öffentlichen Leben. Die niederschmetternde Bilanz mündet aber nicht in Resignation. Faust zieht Bilanz in der Haltung eines Renitenten, eines Aufbegehrenden. Respektlos äußert er, besonders von der Theologie enttäuscht zu sein. Herausfordernd verkündet er, sich »weder vor Höll noch Teufel« (16) zu fürchten.

Am Ende der Rückschau erfahren wir schon von einem ersten Vorstoß, aus dem als sinnlos empfundenen Leben herauszukommen. Faust bekennt, sich »der Magie ergeben« (24) zu haben, um ein wirklich neuartiges Wissen zu erlangen, ein Wissen, das erkennen lässt, »was die Welt / Im Innersten zusammenhält« (29 f.). Das Magie-Thema wird jedoch nur angeschlagen und nicht weiter ausgeführt. Es bleibt offen, ob Faust die Magie schon praktiziert oder in ihr erst den Schlüssel zu dem erstrebten Wissen erkannt hat.

Die Erforschung der Natur und ihre Beherrschung durch den Menschen, in der Antike als ›scientia‹ [Wissenschaft] und ›ars magica‹ [magische Kunst], als ›vera magica‹ [wahre Magie] bezeichnet, war für das christliche Denken von der Frühzeit bis in die Spätscholastik etwas Anstößiges. Zur Gotteserkenntnis hatte allein das Buch der Bibel zu geleiten, nicht das ›Buch der Natur‹. Weil die materielle Welt als Bereich des Bösen galt, musste die Beschäftigung mit ihr verwerflich scheinen. Magie als Naturforschung – und nicht nur die betrügerische Zauberkunst – stand prinzipiell im Verdacht der Sünde. Als sich in der Renaissance eine neue Diesseitsbejahung zu äußern begann, kam auch die Magie zu neuem Ansehen. Sie wurde zum Instrument in den Händen derer, die sich von der Scholastik abwandten und eine empirische Erforschung der Natur anstrebten. Agrippa von Nettesheim (1486–1535) etwa verstand unter Magie eine ›philosophia naturalis‹ [Naturphilosophie], die auf den Leistungen der Einzelwissenschaften aufbaut und einzelne Erkenntnisse zu Wesensbestimmungen vertiefend zusammenfasst. Da die Magie am Erkenntnisgegenstand Natur immer innerste Zusammenhänge ergründen wollte, konnte sie gleichzeitig von geistigen Strömungen vereinnahmt werden, die an einem empirisch-experimentellen Zugang zur Natur überhaupt nicht interessiert waren. Die Mystiker des 16. und 17. Jahrhunderts bezeichneten als Magie eine ›ars/scientia signata‹ [Zeichenwissenschaft/Zeichenkunst], in der die Natur insgesamt und die in ihr waltenden Kräfte bild- und zeichenhaft dargestellt und als Zeichen für das Wesen Gottes gedeutet wurden. Natur zählte hier nicht als Eigenwert, sondern diente in willkürlicher Zeichengestalt dem menschlichen Geist nur als Hilfsmittel, sich in seinem Innern durch Analogieschluss das Göttliche verfügbar zu machen. Diese Nutzung der Magie zu mystischer Versenkung ins Innere hatte zur Folge, dass eigentliche Naturforschung und ›Magie‹ genannte Naturphilosophie, die in der Renaissance noch Verbündete waren, am Beginn der Neuzeit sich definitiv trennten. Die experimentell und induktiv vorgehenden Naturwissenschaften sahen in den Makro- und Mikrokosmos-Konzepten der Magie nur leere Spekulation, die nichts leistete und nur von der genauen Analyse der Einzelphänomene abhielt. Sie grenzten sich scharf von der Magie ab und verwiesen sie ins Reich des Aberglaubens.[9]

Faust gehört bei seinem ersten Auftreten ganz dem 16. Jahrhundert an. Er ist ein Zeitgenosse der Renaissance, der mit seinem spätscholastischen Gelehrtenleben gebrochen hat. Mit dem Bekenntnis, sich »der Magie ergeben« (24) zu haben, signalisiert er seine Hinwendung zur Natur und damit eine neue Bewertung der Welt. Wie sich die Hinwendung vollziehen soll, welchen Gebrauch Faust von der Magie machen will, bleibt noch völlig offen.

Der Rahmen des 16. Jahrhunderts wird bestätigt durch die Szenerie des »hochgewölbten engen gotischen Zimmers« und durch Fausts Sprechweise in Knittelversen. Der Knittelvers war in der deutschen Sprechdichtung bis in das 16. Jahrhundert vorherrschend. Seine Ausdruckskraft belegen beispielsweise die Fastnachtsspiele des Nürnberger Meistersingers Hans Sachs (1494–1576), eines Zeitgenossen des historischen Faust. Im 17. Jahrhundert wurde der Knittelvers als maßgebliches Metrum vom französischen Alexandriner abgelöst und in die ›niederen‹ Regionen derb-einfacher Scherz- und Gelegenheitsdichtung verbannt. Was den Kunstrichtern der Schule des französischen Klassizismus als unpoetisch, als unordentlich und primitiv galt, empfand der Goethe der Sturm-und-Drang-Zeit wieder als Vorzug. Er schätzte am Knittelvers, den er bei Hans Sachs kennen gelernt hatte, das Natürliche, das nicht ›verwitzelt‹ und ›verzierlicht‹[10] war. In den Ohren gebildeter Zeitgenossen mögen die wiederentdeckten ›Knittel‹ durchaus komisch geklungen haben. Doch das rechtfertigt nicht den Schluss, Goethe habe Faust mit der Verwendung dieses Versmaßes bewusst in ein ironisches Licht rücken wollen. Der Knittelvers soll dem ersten Auftritt Fausts historische Authentizität verleihen und gleichzeitig seine Hinwendung zur Natur bekunden.[11]

Im ersten Abschnitt seines Monologs (1–32) hat Faust die Sinnlosigkeit seines bisherigen Lebens festgestellt, ohne ausdrücklich von Ursachen zu sprechen. Diese werden offen gelegt in den Abschnitten zwei (33–44), drei (45–56) und vier (57–64), indem der Raum gesichtet wird, wo Faust bisher gelebt hat.

Das Wesen dieses Raums enthüllt sich im Kontrast zur Welt da draußen, die der Mond mit seinem »lieben Lichte« (40) bescheint. Faust wird sich schmerzhaft bewusst, warum er sich so eingeschränkt und einsam, in »alle[n] Lebensregung[en]« (60) so gehemmt fühlt. Er erkennt, dass er in einem »Kerker« (45) steckt:

> »Statt all der lebenden Natur, / Da Gott die Menschen schuf hinein, / Umgibt in Rauch und Moder nur / Dich Tiergeripp und Totenbein.« (61–64)

Die »Welt« (56) des Studierzimmers enthüllt sich als Un-Natur. Faust beschließt, aus dem »Kerker« auszubrechen« und »hinaus ins weite Land« (65) zu fliehen.

Der Entschluss zum Ausbruch in die »Natur« ist nicht allein Ausdruck eines Bedürfnisses, das eine jede Wissenschaftlergeneration haben kann, die sich in steriler Gelehrsamkeit erstarrt und von der unmittelbaren Erfahrung des Lebens ausgeschlossen fühlt. Er besitzt eine bestimmte historische Dimension. Indem Faust sich der Natur zuwendet, weigert er sich, diese fortan als eine Welt der Sünde zu betrachten, sich von ihr abzuschließen und sein Erkenntnisinteresse vorrangig auf eine jenseitige Göttlichkeit zu richten. Mit der Theologie des Theismus brechend, erhebt er die irdische Wirklichkeit in den Rang sich selbst genügender Vollwertigkeit. In Fausts Hinwendung zur Natur spiegelt sich die Lösung aus dem Theismus, die in der Renaissance einsetzt und im deutschen Spinozismus des 18. Jahrhunderts einen neuen Auftrieb erfährt. Goethe lässt den Faust des 16. Jahrhunderts einen Wandel der Weltanschauung vollziehen, von dem er, unter anderen Umständen, selbst betroffen ist.

Faust hat den Entschluss gefasst, den »Kerker« zu verlassen und sein Denken und Handeln fortan auf die Natur zu beziehen. Doch das neue Leben nimmt eine Richtung, die der vorgezeichneten völlig entgegengesetzt ist. Faust ruft sich zu: »Flieh! Auf! hinaus ins weite Land!« (65). Aber was tut er? Urplötzlich, ohne Überleitung – seine Kehrtwendung verschleiernd – beruhigt er sich bei einem »geheimnisvolle[n] Buch« (66), das »Geleit genug« (68) sein soll, und bleibt in seinem »Kerker« sitzen. Es versteht sich, dass auch ein »Buch / Von Nostradamus' eigner Hand« (66 f.) nicht die Natur selbst ist, dass durch das Studium seiner »heil'gen Zeichen« (74) niemals die »Kräfte der Natur« (85) selbst enthüllt werden können. Faust »schau[t]« (87) bei den zwei folgenden magischen Operationen keinesfalls die »würkende Natur« (88) selbst, wie er meint, sondern immer nur »Zeichen« von ihr.

Das Buch des Nostradamus aufschlagend, erblickt Faust zunächst »das Zeichen des Makrokosmus« (Szenenanweisung vor 77). Gemeint ist eine alchemistisch-geometrische Darstellung des Weltalls in der Art, wie sie Goethe 1768/69 während der Frankfurter Krankheitszeit im *Opus Mago-Cabbalisticum* des Georg von Welling (1652–1727) kennen gelernt hatte. Faust empfindet beim Anblick des harmonischen Zusammenwirkens aller Himmelskörper zunächst ein derartiges Glücksgefühl, dass er sich wie »ein Gott« (86) vorkommt. Doch dann will er das wohlgeordnete Ganze des »All[s]« (100) nicht nur »schau[en]« (87), sondern mit ihm eins sein. Die »Quellen alles Lebens, / An denen Himmel und Erde hängt« (103 f.), lassen sich aber nicht »fass[en]« (102); sie bleiben nur ein »Schauspiel« (101).

Faust »schlägt unwillig das Buch um und erblickt das Zeichen des Erdgeists« (Szenenanweisung vor 107). Sich »den Geistern gleich zu heben« (141) scheint hier wegen größerer Nähe eher möglich. Verharrte Faust vor dem »Zeichen des Makrokosmus« in stillentzückter Betrachtung, so steigert sich jetzt seine Sehnsucht zu einem herrischen Verlangen um jeden Preis. Unter äußerster Anspannung seiner Kräfte gelingt es ihm, den »Geist der Erde« (108) zur Erscheinung zu bringen.

Wie schon die geometrische Darstellung des Universums im »Zeichen des Makrokosmus« entstammt auch die Vorstellung von »Geistern«, die bestimmte Gestirne repräsentieren, dem mystisch-alchemistischen Denken des 16. und 17. Jahrhunderts. Das »Zeichen des Makrokosmus« verharrt stumm in seinem geistigen Ursprung; der »Geist der Erde« dagegen spricht in seiner Selbstdarstellung von ›Natur‹ wie Herder und Goethe und wechselt damit in den neuen Kontext des deutschen Spinozismus. Man vergleiche nur die Verse 149–154 mit einer Prosaaussage Goethes vom Dezember 1772:

> »Was wir von Natur sehn, ist Kraft, die Kraft verschlingt, nichts gegenwärtig, alles vorübergehend, tausend Keime zertreten, jeden Augenblick tausend geboren, groß und bedeutend, mannigfaltig ins Unendliche; schön und häßlich, gut und bös, alles mit gleichem Rechte nebeneinander existirend.«[12]

Der Erdgeist stellt sich vor als »Weber« und »Wirker« der Natur- und Menschenwelt der Erde, als unermüdlich wirkender Urgrund eines ständig zwischen »Geburt und Grab« (152) pendelnden natürlichen und menschlich-geschichtlichen »Leben[s]« (154). Er präsentiert sich damit als Personifikation einer unbedingt schaffenden Gott-Natur (›natura naturans‹), die sich in der geschaffenen Natur (›natura naturata‹) den ihr wesensgemäßen Ausdruck gibt: »So schaff ich am sausen-

Goethe: Beschwörung des Erdgeistes [»Nacht«] (e. 1810/11, in Vorbereitung einer Inszenierung von *Faust I* in Weimar, Zeichnung)

den Webstuhl der Zeit / Und würke der Gottheit lebendiges Kleid.« (155 f.)

Der Erdgeist tritt nur in Erscheinung, um Fausts Anspruch, »Ebenbild der Gottheit« (163) zu sein, scharf zurückzuweisen. Faust muss zur Kenntnis nehmen, dass er wohl »in sich«, in seiner »Brust« (139) eine Welt erschaffen könne, niemals aber eine wirkliche. Nachdem der Erdgeist verschwunden ist, bricht Faust in sich zusammen.

In der Makrokosmos-Vision strebte Faust ebenso wie in der Beschwörung des Erdgeists nach dem Status eines freien, gottgleichen Schöpfers. Diesem übermenschlichen Begehren entsprachen die »magischen« Mittel. In dem Bekenntnis, sich »der Magie ergeben« zu haben, hatte Faust noch seine Hinwendung zur Natur und eine neue Diesseitsbejahung signalisiert. Praktisch ausgeübt, diente die Magie dann Zwecken, die den ursprünglichen Ansatz in sein Gegenteil verkehrten. Faust ging nicht in die Natur hinaus, sondern unternahm mit Hilfe der Magie den Versuch, sich über die Natur als deren Gott zu erheben. Goethe hatte während seiner Krankheit unter dem Einfluss Susanne Katharine von Klettenbergs Werke der magischen Naturphilosophie gelesen und selbst alchemistische Experimente angestellt. Auf die anfängliche Faszination waren jedoch bald Ernüchterung und Abkehr gefolgt. Nach der kurzen Alchemie-Episode verband er mit ›Magie‹ zeit seines Lebens die Vorstellung eines menschlich verständlichen, jedoch nicht zu billigenden Fehlverhaltens:

> »Betrachtet man die Alchymie überhaupt, so findet man an ihr dieselbe Entstehung, die wir oben bei anderer Art Aberglauben bemerkt haben. Es ist der Mißbrauch des Echten und Wahren, ein Sprung von der Idee, vom Möglichen, zur Wirklichkeit, eine falsche Anwendung echter Gefühle, ein lügenhaftes Zusagen, wodurch unsern liebsten Hoffnungen und Wünschen geschmeichelt wird.« (LA I 6, 129)

So urteilte er 1810 im »Historischen Teil« der *Farbenlehre* und so dachte er schon, als er die Szene *Nacht* schrieb. – Der »Mißbrauch des Echten und Wahren«, den der Gebrauch von Magie anzeigt, ereignet sich in der Szene auf der Zeitebene des historischen Faust. Doch diese Form des ›Missbrauchs‹ war für Goethe historisch abgetan und nicht mehr wichtig. Was ihn mit Sorge erfüllte und woran er Anstoß nahm, war ein zeitgenössisches Fehlverhalten:

> »Die Epoche, in der wir lebten«, heißt es in *Dichtung und Wahrheit* im Rückblick auf die Jugendzeit, »kann man die fordernde nennen: denn man machte an sich und andere Forderungen auf das, was noch kein Mensch geleistet hatte.« (BA 13, 705)

In einem nicht veröffentlichten Bruchstück aus seiner Autobiografie sprach er sogar von einer »Epoche der genialen Anmaßung«:

> »Diese mußte notwendig aus der Tendenz nach unmittelbarer Natur entstehn. Die Individuen wurden von allen Banden der Kritik befreit, und jeder konnte seine Kräfte schätzen und überschätzen, wie ihm beliebte.« (BA 13, 905)

Goethe forderte in seiner Jugend von sich selbst, »was noch kein Mensch geleistet hatte«. Doch schon als junger Mensch hütete er sich vor Übertreibungen, die seine Handlungsfähigkeit hätten gefährden können. 1775 nahm er dankbar das Angebot aus Weimar an, in die Staatsverwaltung einzutreten. Sein Faust geht in seinem Anspruch auf schöpferische Entfaltung ungleich weiter. Er schwingt sich mit einem gewaltigen Sprung aus einem kümmerlichen Gelehrtenleben zu einem freien, gottgleichen Schöpfertum auf. Dieses titanische Begehren drückt eigene Sehnsüchte aus, macht Faust schätzenswert und weckt Sympathie. Kritische Distanz behält aber, wie das Scheitern zeigt, am Ende die Oberhand. Goethe kritisiert im Bild magischer Beschwörung die überzogene »geniale Anmaßung« (BA 13, 905) einiger Altersgefährten, die im Hochgefühl des Aufbruchs den Boden unter den Füßen verloren hatten. Er will seine Weggenossen vor der Gefahr warnen, dass das neue, an sich produktive Selbstbewusstsein durch maßlose Übertreibungen wirkungslos verpuffen könnte. Faust verordnet sich die Natur als neuen Lebensraum, um sie durch Selbstüberschätzung in einer steilen Kurve des Enthusiasmus gleich wieder zu überspringen. Er wirft sich in starken Visionen zu einem »Übermenschen« (138) auf und ist am Ende, immer noch im »Kerker« sitzend, keinen Fußbreit über sein altes Leben hinausgekommen.

Nachdem Faust in sich zusammengestürzt ist, klopft es. Der bei Faust wohnende Famulus Wagner, der seinen Meister noch »tief in der Nacht« (241) hat sprechen hören, betritt das Studierzimmer, um die Gelegenheit zu einem gelehrten Gespräch zu nutzen. Faust reagiert äußerst »unwillig« (Szenenanweisung vor 169), als wäre Wagner für seine Niederlage verantwortlich, lässt sich aber doch auf eine Unterhaltung ein, der Wagner jeweils den Gegenstand gibt. Die Unterhaltung wird in Madrigalversen geführt, dem Versmaß, das im *Faust* vorherrscht und vor allem bei Dialogen genutzt wird.

Angeregt durch – wie er meint – Fausts Deklamieren eines griechischen Trauerspiels, bringt Wagner zunächst die Rede darauf, wie man mit dem gesprochenen Wort die Menschen zu einem tugendhaften Leben führen könne:

> »Ach, wenn man in sein Museum gebannt ist / Und sieht die Welt kaum einen Feiertag, / Man weiß nicht eigentlich, wie sie zu guten Dingen / Durch Überredung hinzubringen.« (177–180)

Die gewünschte Wirkung hofft er durch Rhetorik zu erreichen. Deshalb würde er sich gern in dieser »Kunst« (171) vervollkommnen. Faust stellt Wagners Wirkungsabsichten auf andere nicht infrage. Auch ihm gelten »Freundschaft, Liebe, Brüderschaft« (197) als Werte, die Verbreitung verdienen. Doch hält er nichts von einem lehr- und lernbaren Regelkanon rhetorischer Mittel, von rednerischen Künsten nach althergebrachter Vorschrift. Am überzeugendsten wirke man auf andere durch den ungezwungenen Ausdruck individuellen Fühlens und Erlebens, der nicht von vornherein auf Moralvermittlung abzielt; am überzeugendsten auch deshalb, weil das, was »aus der Seele dringt« (182), was »von Herzen geht« (192), auf den ganzen Menschen wirkt.

Wagner kommt dann auf seine Philologenarbeit, das kritische Studium der »Quellen« (210) der Antike, zu sprechen. Aus der Beschäftigung mit der Geschichte könne man, bekennt er, großen Gewinn ziehen; zudem werde erst im Rückblick auf die Vergangenheit die Fortschrittlichkeit der Gegenwart so recht deutlich:

> »Verzeiht! es ist ein groß Ergötzen, / Sich in den Geist der Zeiten zu versetzen; / Zu schauen, wie vor uns ein weiser Mann gedacht / Und wie wir's dann zuletzt so herrlich weit gebracht.« (217 – 220)

Auf die ungetrübte Zufriedenheit mit der Gegenwart, aus der ein grenzenloses Vertrauen auf den Fortschritt spricht, kann Faust nur mit sarkastischer Ironie erwidern: »O ja, bis an die Sterne weit.« (221) Zugleich verweist er seinen Famulus wieder auf »Erquickung« (215) »aus eigner Seele« (216); denn die Geschichte sei »ein Buch mit sieben Siegeln« (223). Doch der Widerspruch richtet sich in der Sache nicht gegen eine ernsthafte Geschichtsforschung. Faust verurteilt ein Pseudo-Interesse, das die Vergangenheit nur für eigene Zwecke ausbeutet und nicht als Eigenwert ernst nimmt.

Die Einwände gegen die »trefflichen pragmatischen Maximen« (231), die der Geschichte untergelegt werden, beirren Wagner nicht. Er hält an seinem Bildungs- und Erziehungsoptimismus fest. Allen Menschen sollte die Möglichkeit gegeben werden, etwas von der Welt zu »erkennen« (234). Faust kann wieder nur abwinken. Die Menschen wollten gar nicht gebildet und gebessert werden. Wer sein Wissen dem »Pöbel« (239) offenbart habe, sei von jeher »gekreuzigt und verbrannt« (240) worden.

Faust macht über seinen Gehilfen vor und nach dessen Auftritt sehr abfällige Bemerkungen. Wagner wurde daraufhin oft nicht ernst genommen, ja sogar als Karikatur gesehen. Dem steht die nächtliche Unterredung selbst entgegen. Sie ist eine ernsthafte Debatte zwischen Partnern, die sich letztlich respektieren, auch wenn Faust den Überlegenen herauskehrt.

In der Debatte spiegelt sich die Kritik des jungen Goethe am Kultur- und Kunstverständnis älterer Aufklärergenerationen. Männer wie Christian Fürchtegott Gellert (1715 – 1769) oder Gotthold Ephraim Lessing (1729 – 1781) hatten in Opposition zur Lebensführung der

Höfe, die sie als unmoralisch empfanden, eine Moral der Brüderlichkeit propagiert und der Kunst die Aufgabe zugewiesen, an der Ausbildung und Verbreitung dieser neuen sittlichen Kultur mitzuwirken. Kunst wurde verstanden als Erziehung zur ›Tugend‹ mit dem ihr eigenen Mittel der ›Schönheit‹. Der junge Goethe fand diese ausschließliche Verpflichtung der Kunst auf »moralische Zwecke« (BA 13, 580) nicht mehr zeitgemäß. Die bürgerlichen Schichten dürften sich nicht mit einer eigenen Moral begnügen, sondern müssten eine umfassende geistige Kultur ausbilden, in der Kunst ihre besondere Leistung verfehlen würde, wenn sie sich auf die Propagierung einer Moral festlegen ließe. Kunst wurde jetzt als notwendige Lebensäußerung eines mit besonderen Fähigkeiten begabten Ich verstanden, die anderen Individuen die Möglichkeit zu »wahrer menschlicher Teilnehmung«[13] bietet.

Faust und Wagner verkörpern unterschiedliche Entwicklungsstufen der geistigen Bewegung der Aufklärung, wobei Wagner als der physisch Jüngere der geistig Ältere ist. Dass Faust in abschätzigem Ton immer nur das Trennende anspricht, das Gemeinsame aber unterschlägt, erklärt sich aus seiner Gereiztheit.

(2) [Studenten-Szene] (249–444)

Die Szene ohne Überschrift ist eine Satire auf Zustände an der Universität, wie sie Goethe als Student in Leipzig selbst erlebt hat. Sie gehört in den Zusammenhang von Farcen wie *Das Jahrmarktsfest von Plundersweilern* (1773), *Ein Fastnachtsspiel vom Pater Brey* (1773), *Götter, Helden und Wieland* (1773) oder *Hanswursts Hochzeit* (1774/75). Goethe liebte es in dieser Zeit, kritikwürdige Verhältnisse und Personen in dramatischen Kurzformen mit derb-drastischer Sprache aufs Korn zu nehmen.

Ein neu angekommener Student macht im Hause eines Professors seinen Antrittsbesuch, um sich für die Einrichtung seiner Lebensumstände und seiner Studien Rat zu holen. Die Rolle des Professors spielt Mephisto, der damit zum ersten Mal in der Dichtung erscheint, ohne dass die Bedingungen und Voraussetzungen seines Erscheinens in irgendeiner Weise benannt werden. Mephisto empfängt den Studenten – ähnlich wie der Professor Johann Christoph Gottsched (1700 bis 1766) den jungen Goethe (vgl. BA 13, 291 f.) – »im Schlafrock, eine große Perücke auf« (Szenenanweisung vor 249). Dass Mephisto Professor Fausts Stelle einnimmt, liegt nahe. Eine Bestätigung wie vom *Fragment* an gibt es nicht.

Der junge Mann, der voller guter Vorsätze an die Universität gekommen ist, um Medizin zu studieren und sich umfassend zu bilden, gesteht seine große Enttäuschung:

»Aufrichtig! möcht schon wieder fort! / Sieht all' so trocken ringsum aus, / Als säß Heißhunger in jedem Haus.« (262 – 264)

Um so größere Hoffnung setzt er jetzt auf die Empfehlungen eines Professors, den alle »mit Ehrfurcht nennen« (252):

»Wolltet mich führen! / Bin wahrlich ganz ein irres Lamm. / Möcht gern das Gute so allzusamm, / Möcht gern das Böse mir all' vom Leib, / Und Freiheit, auch wohl Zeitvertreib, / Möcht auch dabei studieren tief, / Daß mir's über Kopf und Ohren lief'! / O Herr, helft, daß meiner Seel / Am guten Wesen nimmer fehl.« (269 – 276)

Mephisto tut das Gegenteil, indem er dem Studenten empfiehlt, was er selbst teils drastisch-offen, teils ironisch als verabscheuungs- und nichtswürdig darstellt: ein »Logie« (293) bei »Frau Spritzbierlein« (295), die sich an Studenten bereichert, einen »Tisch« (306), von dem man »Gänsestuhlgang« (315) bekommt, und für die Vorbereitung auf das eigentliche Studienfach »Zuerst Collegium Logikum« (342) und »Nachher vor allen andern Sachen« (379) die »Metaphysik« (380). Die Schullogik versklave das spontane Denken; die »Metaphysik« spekuliere über transzendente Gegenstände, die dem Menschen nicht zugänglich seien. Um »ein kräftig Wörtchen« (398) zur Medizin gebeten, lässt Mephisto schließlich alle Rücksichten seiner Rolle fallen und rät, sich aus dem Studium einen guten Tag zu machen, weil trotz allen Studierens letztlich alles so laufe, »Wie's Gott gefällt« (408). Für die spätere medizinische Praxis empfiehlt er unverhohlen, vor allem bei den Weibern, die Scharlatanerie.

Der Student weiß bei den professoralen Ratschlägen nicht recht, wie ihm geschieht; er gerät von einer Verwirrung in die andere. Am Ende sieht er keinen anderen Ausweg, als die Unterweisung abzubrechen und voller Ehrerbietung zu gehen.

Mephisto zeigt dem Studenten ungeschminkt Missstände und schließt mit dem Rat, diese zum eigenen Vorteil auszunutzen. So wird er später öfter vorgehen. Seine scharfsichtige Kritik will nicht bessern, sondern nihilistischen Opportunismus befördern.

(3) »Auerbachs Keller in Leipzig« (445–452;
danach 210 Zeilen Prosa mit Liedeinlagen)

Goethe kannte den berühmten Weinkeller aus seiner Studienzeit in Leipzig 1765/68. In ihm waren zwei große Wandgemälde zu sehen: Faust mit Studenten bechernd und Faust auf einem Fass die Kellertreppe hinaufreitend. Von einem Fassritt Fausts, der in Leipzig stattgefunden haben soll, berichtet erstmals das so genannte Erfurter Faustbuch von 1589.

Faust und Mephisto treten unvermittelt, ohne vorbereitende Erklärung als verbunden auf. Mephisto bemüht sich, Faust einen Gefallen zu erweisen. Deshalb führt er ihn in eine »Zeche lustiger Gesellen« (Szenenanweisung vor 445):

> »Nun schau, wie sie's hier treiben! Wenn dir's gefällt, dergleichen Sozietät schaff ich dir nachtnächtlich.« (Z. 54 f.)

Faust lässt sich auf die Gesellschaft ein und vollführt selbst Zauberkunststücke.

Die Szene führt die »Sozietät« zunächst für sich allein vor (445 bis 452, Z. 1–53). Zu abendlich-nächtlicher Stunde sitzen an einem Tisch in gewohnter Runde die vier »lustige[n] Gesellen« »Frosch«, »Brander«, »Siebel« und »Alten«. Welcher Tätigkeit sie tagsüber nachgehen, wird nicht gesagt. Bei Frosch und Brander darf man an Studenten denken. Doch ist die Annahme nicht zwingend. Alten steht offenbar schon im Beruf. Frosch ist der jüngste, aktivste und vorwitzigste von allen: Er versucht, die Runde in Stimmung zu bringen; er singt die Lieder und macht sich später über die neuen Gäste Faust und Mephisto lustig. Brander mag keine Lieder politischen Inhalts. Siebel hat einen »Schmerbauch« (Z. 52) und dient wegen seines Unglücks in der Liebe als Zielscheibe für den Spott der anderen. Alten ist der Älteste und Vorsichtigste. Er achtet darauf, sich nicht zu betrinken, und schöpft bei Fausts Zaubereien als Erster Verdacht.

Die vier »lustige[n] Gesellen« machen am Beginn der Szene alles andere als einen lustigen Eindruck. Sie sitzen verdrossen vor ihren Gläsern und wissen nichts mit sich anzufangen. Der Abend könnte im stillen Vorsichhinsaufen vorübergehen. Als man schließlich doch zu kommunizieren beginnt, offenbaren sich nur Bosheit und Aggressivität. Man nennt sich gegenseitig »Esel«, »Schwein« (451), »Ratte« (Z. 52) und sein Treiben »Dummheit« und »Sauerei« (450). Frosch

Christian Ludwig Stieglitz (*1756 Leipzig, †1836 ebd.): Auerbachs Keller (1809, lavierte Zeichnung, 18,8 x 24,3 cm)

gießt zuerst Brander »ein Glas Wein übern Kopf« (Szenenanweisung vor 451). Dann will er sich über das »liebe Heil'ge Röm'sche Reich« (Z. 7) lustig machen. Weil ihm das verwehrt wird, ärgert er Siebel mit dessen Unglück in der Liebe. Schließlich ergötzt man sich vereint, im »Chorus jauchzend« (Szenenanweisung vor Z. 33), am Tod einer vergifteten Ratte. Als Siebel doch Mitleid mit der Ratte zeigt, wünscht Brander ihm das gleiche Schicksal.

Die neuen Gäste Faust und Mephisto provozieren mit ihren Beiträgen zum Gelingen des Abends Reaktionen, die das Bild der »Sozietät« (Z. 56) vervollständigen. Mephisto singt zunächst das so genannte Flohlied: eine Satire auf Günstlingswirtschaft und Willkür feudalabsolutistischer Herrscher. War vorhin ein »politisch Lied« (Z. 10) gar nicht willkommen, so findet jetzt Mephistos Satire begeisterte Zustimmung. Denn sie suggeriert den »Gesellen« das schöne Gefühl, im Gegensatz zur feigen Hofgesellschaft mutige Kämpfer zu sein. Jauchzend identifizieren sie sich mit dem kämpferischen Ende des Lieds: »Wir knicken und ersticken / Doch gleich, wenn einer sticht.« (Z. 125 f.)

Nach Mephistos Auftritt inszeniert Faust den Weinzauber. Als die gewünschten Weine kostenlos aus dem Tisch fließen, vergessen die »Gesellen« ihre Genussfähigkeit. Das hemmungslose Besäufnis endet in Animalität, die freimütig eingestanden wird: »Uns ist gar kannibalisch wohl / Als wie fünfhundert Säuen!« (Z. 179 f.) Faust will nun gehen. Der Zauber des weinspendenden Tisches wird mit Eklat abgebrochen: Auf den Fußboden fließender Wein wandelt sich zur »Flamme, die an Siebeln hinauflodert« (Szenenanweisung vor Z. 181). Solange der Weinzauber nur angenehme Seiten zeigte, wurde er ohne Bedenken akzeptiert und nicht als Zauber wahrgenommen. Jetzt wird er als »höllisches Hokuspokus« (Z. 185) erkannt und entrüstet abgelehnt. Ehrlichen Herzens sich als »ehrliche Gesellschaft« (Z. 184 f.) fühlend, stürzen sich die »lustige[n] Gesellen« auf Faust, um ihn als vogelfreien Zauberer umzubringen. Am Ende, vom Traubenzauber belehrt, dass der Teufel selbst im Spiele war, bleibt von ihnen nur Angst übrig.

In *Auerbachs Keller* macht Faust im Bündnis mit Mephisto seine erste Erfahrung in der Welt. Man hat oft gefragt, wieso Mephisto Faust zu Beginn ausgerechnet in eine Gesellschaft führt, die so gar nichts Anziehendes hat, die so offenkundig abstößt. In der Tat lässt sich der Besuch in der »Zeche lustiger Gesellen« kaum mit der Erwartung begründen, Faust könnte an einem feuchtfröhlichen Kneipenleben dieser Art Gefallen finden, obwohl Mephisto eine solche Möglichkeit offenbar nicht ausschließt. Das Vorhaben, Faust zu ›verführen‹, tritt in den Hintergrund.

Im Vordergrund steht – wie in der so genannten Studenten-Szene – die Satire: Die Studenten und wohlsituierten Bürger suchen beim Wein in abendlicher Stammtischrunde Befriedigung und Selbstbestätigung, die sie im täglichen Leben nicht finden. Hinter lauter, gezwungener Lustigkeit verbergen sie eine tiefe Unzufriedenheit mit sich selbst, die ständig auf dem Sprung ist, sich in Aggressionen zu entladen. Die »Zeche lustiger Gesellen«, die sich scheinbar nur vergnügt, ist keine harmlose Gesellschaft. Mephisto führt vor, wie auf dem Nährboden der Frustration Maulaufreißerei schnell in handgreifliche Gewalt umschlägt.

(4) »Landstraße« (453–456)

Kurz-Szene in der Manier Shakespeares[14], die im *Fragment* und in *Faust I* getilgt ist. Faust und Mephisto durchreiten eine offene Landschaft, die durch drei Requisiten punktuell sozial bestimmt wird: »Ein Kreuz am Wege, rechts auf dem Hügel ein altes Schloß, in der Ferne ein Bauerhüttchen« (Szenenanweisung vor 453). Die Funktion der Requisiten bleibt offen. Im Text wird Bezug nur zum »Kreuz« genommen.

Faust fragt Mephisto, warum er vor dem Kreuz die Augen niederschlage. Mephisto bezeichnet die demütige Geste als »Vorurteil« (455), womit er sagen will, dass die Furcht des mittelalterlichen Teufels vor dem Kreuz für ihn als aufgeklärten Teufel nicht mehr gültig ist. Die eigentlich überflüssige Geste wird entschuldigt als Zeichen einer unausrottbaren Abneigung.

Die Gretchen-Szenen

Die siebzehn Szenen, in denen die Liebe zwischen Faust und Gretchen dargestellt wird, bilden ein in sich abgeschlossenes Ganzes. Mit einem Anteil am Gesamttext von etwa zwei Dritteln haben sie innerhalb des so genannten *Urfaust* ein solches Gewicht, dass die vorangehenden vier Szenen fast wie ein Vorspiel anmuten.

In der Szene *Nacht* sind Sprach- und Denkweisen des 16. Jahrhunderts sowie Elemente des Faust-Stoffs unübersehbar gegenwärtig. Im Themenbereich Liebe und Sexualität dagegen spielen die Vorgaben der Faust-Bücher keine Rolle mehr. Die in den Gretchen-Szenen vorgeführte Liebesgeschichte gehört ausschließlich dem 18. Jahrhundert an und gestaltet allein Erlebnisse und Ereignisse aus dem Erfahrungsraum des jungen Dichters.

Wir wissen aus der Biografie des jungen Goethe, dass ihn die Beziehungen zum anderen Geschlecht in schmerzliche Konflikte stürzten. Als durchaus sinnlicher Mensch hatte er ein starkes Bedürfnis nach Liebe und Sexualität. Vor einer Ehe, an die der Norm gemäß die Erfüllung seiner Wünsche gebunden war, scheute er jedoch zurück, weil er seine Begabung unbehindert entfalten wollte. Der Musterfall dieses Konflikts war die Liebe zur Landpfarrerstochter Friederike Brion. Goethe verkehrte im Hause des geliebten Mädchens schon wie der zukünftige Ehemann. Friederike hatte in Goethe den Mann ihres Lebens gefunden und vertraute ihrerseits auf eine dauerhafte Verbindung: Da wurde sie ohne Abschied im Stich gelassen.

Die Dramen *Clavigo* (1774) und *Stella* (1775) sowie die Gestalten verlassener Mädchen in weiteren Werken dieser Zeit legen Zeugnis ab, wie heftig Goethe nach seiner Flucht von Schuldgefühlen gepeinigt wurde. Seine Unabhängigkeit war ihm gleichwohl das wertvollere Gut.

Goethe hinterließ bei Friederike Brion eine tiefe seelische Verwundung, die ein ganzes Leben nicht heilte. Was machte ein verlassenes

Mädchen, das ein Kind erwartete? Ende 1771, wenige Monate nach seiner Rückkehr aus Straßburg, konnte Goethe in Frankfurt aus nächster Nähe das Schicksal der Kindsmörderin Susanna Margaretha Brandt verfolgen. Die fünfundzwanzigjährige Magd im Frankfurter Gasthaus »Zum Einhorn« war von einem durchreisenden holländischen Goldschmiedegesellen schwanger geworden und hatte das Kind dann »wegen der Schande und des Vorwurfs der Leute« erwürgt. Im Verhör hatte sie angegeben, vom Teufel zum Kindsmord angestiftet worden zu sein. Am 14. Januar 1772 war die Magd öffentlich durch das Schwert hingerichtet worden, nachdem man sie nach mittelalterlichem Brauch eine Stunde lang durch die Stadt geführt hatte. Auf eine tiefe persönliche Betroffenheit durch dieses Schicksal deutet hin, dass Goethe seine Margarete den Leidensweg der Susanna Margaretha Brandt ebenfalls bis zum bitteren Ende gehen ließ.

In der Absicht, den Eingang der Gretchen-Geschichte schärfer sozial zu konturieren, notierte Goethe in einem Schema, das noch 1797 gültig war: »Kleine Reichsstadt. Das anmutige Beschränkte des bürgerlichen Zustands. Kirchgang. Neugetauftes Kind. Hochzeit.« (Plp. 38 H/ 24 WA) Die Grundaussagen dieses späteren Schemas, das nicht ausgeführt wurde, dürfen wir auf den so genannten *Urfaust* zurückbeziehen.

Die Gretchen-Szenen spielen in einer kleinen Reichsstadt in beschränkten bürgerlichen Verhältnissen. In der von Stadtmauern umgebenen Stadt gibt es das Haus, in dem Gretchen lebt, das Haus der Nachbarin, den Dom, den »Zwinger«, den Brunnen, von dem die Mädchen Wasser holen. Im sozialen Leben herrscht eine strikte ständische Ordnung: Das bürgerliche Mädchen wird mit »Jungfer« angeredet; es darf kostbaren Schmuck nicht tragen, da er allein adligen Frauen zusteht. Unangefochtene geistige Grundlage des Lebens ist ein streng kirchliches Christentum.

Heutige Leserinnen und Leser könnten versucht sein, eine Stadt mit solchen Verhältnissen ins ausgehende Mittelalter zu versetzen, auf jeden Fall aber in eine Zeit, in der Goethe noch nicht gelebt hat. Doch das wäre ein Irrtum. In Frankfurt am Main wurden noch in der Mitte des 18. Jahrhunderts jede Nacht die Stadttore geschlossen; und in diesem Frankfurt gab es noch 1771/72 das Schicksal der Susanna Margaretha Brandt. Die Gretchen-Szenen spielen in einer Welt, von der Goethe, als er die Niederschrift des *Faust* begann, noch umgeben war.

Die Protagonisten der Gretchen-Szenen entstammen verschiedenen Schichten des Bürgertums. Das Mädchen, das in den Sprecherangaben mit dem vollen Vornamen »Margarete« oder in der Kurzform »Gretchen« genannt wird, lebt mit ihrer Mutter und ihrem Bruder, der Soldat ist, nicht in materieller Not. Der Vater, wahrscheinlich ein Handwerker, hinterließ »ein hübsch Vermögen / Ein Häuschen und ein Gärtchen vor der Stadt« (969 f.). Eine Magd kann sich die Familie jedoch nicht leisten. Gretchen muss selbst »kochen, fegen, stricken / Und nähn, und laufen früh und spat« (963 f.). Ihr bisheriges Leben ist in der Versorgung der Familie und des Haushalts aufgegangen. Der Mann, der in den Sprecherangaben immer Faust heißt und den nur Gretchen zweimal mit seinem Vornamen Heinrich nennt, ist ein Gelehrter, ein bürgerlicher Intellektueller, der an Hochschulen studiert und selbst über Jahre als Hochschullehrer gewirkt hat. Er ist dem Kleinbürgermädchen an Erfahrung, Bildung und sozialer Geltung weit überlegen.

Gattungsgeschichtlich gehören die Gretchen-Szenen in den Entwicklungszusammenhang des bürgerlichen Trauerspiels, das sich in der Aufklärungsliteratur des 18. Jahrhunderts als Gegenentwurf zur höfisch-heroischen Tragödie herausbildete. Goethe griff Themen und Verfahrensweisen des bürgerlichen Trauerspiels auf, ging jedoch im Vergleich zum Vorgänger Lessing und zu den Zeitgenossen im Sturm und Drang ganz neuartige Wege.

Das bürgerliche Trauerspiel Lessings, das eine neue Moral der Brüderlichkeit und Menschlichkeit befördern sollte, lebte vom Konflikt zwischen ›Tugend‹ und ›Laster‹. Im abgeschlossenen Kreis privater Geselligkeit hat moralische Integrität ihre Heimstatt, während in der öffentlich-politischen Welt, insbesondere am Hof, Amoral und Hedonismus herrschen. Vorgeführt wird – man nehme das Beispiel *Emilia Galotti* (1772) –, wie eine tugendhafte Privatwelt in die Fänge höfischer Amoral gerät und aus dem ungleichen Kampf dennoch als der eigentliche Sieger hervorgeht. Das ›Laster‹ kann das tugendhafte Mädchen physisch vernichten, nicht aber dessen Moral besiegen. Die ›Tugend‹ bewahrt ihre Reinheit, sie triumphiert, indem sie sich dem Zugriff des ›Lasters‹ durch Selbstaufopferung entzieht.

Die junge Generation der Stürmer und Dränger gab sich mit einem antihöfischen Tugendideal, das seine moralische Überlegenheit nur im passiven Erleiden bewies, nicht mehr zufrieden. Sie war kämpferisch eingestellt und wollte die Missstände des Feudalabsolutismus mit scharfen, aufrüttelnden Anklagen angreifen. Der adlige Übergriff wurde als Konfliktansatz von Lessing übernommen, aber erstmals mit einem eindeutigen sozialen Profil ausgestattet. Anders als Lessing kennzeichnete man den Konflikt zwischen ›Tugend‹ und ›Laster‹ unmissverständlich als einen Gegensatz zwischen den Ständen Adel und Bürgertum und nicht mehr nur als einen Gegensatz zwischen moralischen Haltungen. Heinrich Leopold Wagner steigerte die Schärfe der Anklage noch dadurch, dass er den adligen Übergriff mit der aktuellen Problematik des Kindsmords verknüpfte. In seiner *Kindermörderin* (1776) verführt ein gewissenloser, nur auf sexuelle Befriedigung bedachter Offizier, skrupellos seine soziale Überlegenheit ausnutzend, ein unerfahrenes bürgerliches Mädchen, schwängert sie und lässt sie sitzen. Das Mädchen tötet ihr Kind, um Entehrung und Deklassierung zu entgehen, und wird dafür von einer barbarischen Gerichtsbarkeit mit dem Tode bestraft. Der adlige Offizier als der eigentlich Verantwortliche kommt ungeschoren davon.

Im *Faust* des jungen Goethe erhält die Thematik des bürgerlichen Mädchens, das verführt wird und ihr Kind umbringt, eine ganz neue Wendung. Sie wird nicht mehr zur Anklage des privilegierten Adels genutzt, sondern dient der Darstellung eines Liebeskonflikts, der aus Interessengegensätzen innerhalb der bürgerlichen Gesellschaft selbst erwächst.

Faust wandelt sich in Gretchens Welt von einem Verführer, der nur flüchtigen Genuss sucht, zu einem wahrhaft Liebenden, der im Innern seines Herzens die Idealvorstellung einer »ewigen« Liebe gutheißt. Andererseits schreckt er davor zurück, seine Liebe, so wie es die Gesellschaft als Norm fordern muss, mit einer Ehe zu verknüpfen und sich lebenslang an Gretchen zu binden, weil er die große Welt ohne persönliche Einschränkung durchstreifen will. Er möchte die Früchte einer wahren Liebe genießen und dennoch den Anspruch auf freie Entfaltung seines Ich nicht aufgeben. Dieser Anspruch gewinnt schließlich die Oberhand. Faust mag eine Konfliktlösung auf Gretchens Kosten am Beginn seiner Liebe nicht beabsichtigt haben. Doch am Ende macht er von einem Vorrecht Gebrauch, das die Rechtsordnung dem bürgerlichen Mann auch zugesteht: sich ungestraft zu entfernen und die Verantwortung für eine außereheliche Liebe und deren Folgen ganz auf das Mädchen abzuwälzen.

Gretchen dagegen nimmt im Konflikt zwischen dem Naturrecht Liebe und der sozial notwendigen Norm nicht ihre Interessen wahr, wie es zu ihrem Schutz eigentlich geboten war. Sie wünscht sich eine Verbindung mit dem geliebten Mann im Rahmen der sozialen Konvention. Sie liebt also nicht bedingungslos. Aber ihre Liebe ist so stark,

Peter Cornelius (*1783 Düsseldorf, †1867 Berlin): »Straße« mit Kirchgangsszene (e. 1810/15 [Zyklus zu Faust], Stich [von Ferdinand Ruschewey], 38,4 x 37,5 cm)

dass sie auf die Sicherheit eines förmlichen Eheversprechens verzichtet und ihr Schicksal ganz in Fausts Hände legt. Dem männlichen Drängen nachgebend, geht sie das Wagnis ein, das Gebot der Enthaltsamkeit vor der Ehe zu übertreten, weil sie darauf vertraut, dass Faust sein Versprechen einer »ewigen« Liebe einlösen und ihre »Sünde« auslöschen wird. Das einfache Kleinbürgermädchen zeigt damit eine menschliche Größe, die dem gelehrten Herrn, der auf seine Außerordentlichkeit pocht, abgeht. Als Faust dann durch seinen Verrat Gretchen in einen Konflikt mit der Gesellschaft stürzt, den sie nicht gewollt hat, gewinnt sie die Würde der tragischen Person. Gretchen trägt das schwere Kreuz des Konflikts und geht unter seiner Last zugrunde, während Faust sich prosaisch davonmacht.

(5)   »Straße« (457 – 529) (1)

Beim ersten Zusammentreffen mit Gretchen benimmt sich Faust wie ein adliger Verführer, der es gewohnt ist, die Objekte seiner sexuellen Begierde im Handstreich zu erobern. Er spricht Gretchen in Draufgängermanier auf offener Straße an, als sie eben aus dem Dom von der

Beichte kommt, und hängt sich gleich dreist bei ihr ein, um sie zu begleiten. Die Anrede »Mein schönes Fräulein« (457) soll der Eitelkeit schmeicheln; denn sie erhöht Gretchen in den Adelsstand, obwohl sie durch ihre Kleidung eindeutig als eine Bürgerliche zu erkennen ist. Vom kühnen Auftreten und der Schmeichelei äußerlich unbeeindruckt, weist Gretchen die Annäherung schlagfertig zurück.

Faust befiehlt daraufhin dem auftretenden Mephisto, ihm das »süße junge Blut« noch »Heut nacht« (488 f.) zu »schaffen [verschaffen] (471). Mephisto mahnt zur Geduld: Dieses schöne Kind sei nicht im Sturm zu nehmen; die Verführung werde etwas Zeit brauchen. Zum Vorgeschmack auf künftige Freuden will er Faust aber »noch heut in ihr Zimmer führen« (518).

Es passt zur Attitüde des adligen Verführers, wenn Faust vor seinem Abgang Mephisto auffordert, ein Geschenk für Gretchen zu besorgen. »Er tut, als wär er ein Fürstensohn.« (526) Schon 1767 warnte Goethe in dem Gedicht *Der wahre Genuss* Fürsten vor dem Gebrauch verführerischer Geschenke: »Umsonst, daß du, ein Herz zu lenken, / Des Mädchens Schoß mit Golde füllst.« (BA 2, 40)

(6) »Abend« (530 – 656) (2)

Am Abend desselben Tages in Gretchens kleinem Zimmer. Die flüchtige Begegnung mit Faust hat doch Eindruck gemacht. Gretchen wüsste gar zu gern, wer der gut aussehende Herr gewesen ist. Sie hält ihn für einen Adligen: »Er wär auch sonst nicht so keck gewesen.« (535)

Bevor Gretchen schlafen geht, verlässt sie noch einmal ihr Zimmer. Die kurze Abwesenheit wird für den versprochenen Besuch genutzt. Faust schaut sich im Zimmer um, setzt sich auf einen kleinen Stuhl am Bett und wirft einen Blick hinter den Bettvorhang. Während er den ganz privaten Lebensbereich des Mädchens unmittelbar auf sich wirken lässt, vollzieht sich in seinem Innern ein unerwarteter Wandel. »Lüsternheit« (592) schlägt um in Rührung, Verehrung und Liebe: »Mich drang's, so grade zu genießen, / Und fühle mich in Liebestraum zerfließen!« (574 f.)

Was erlebt Faust im »kleine[n] reinliche[n] Zimmer« (Szenenanweisung vor 530), dass er die Haltung des gewissenlosen Verführers so plötzlich aufgibt und Gretchen tief zu lieben beginnt? Faust schwärmt von Gretchen und ihrem kleinen Hauswesen wie in der Szene *Nacht* von der ›Natur‹. Diese Parallelität bis in die Wortwahl hinein ist bezeichnend und erklärt den Überschwang: Faust erlebt, umgeben von

Karl Eduard Biermann (*1803 Berlin, †1892 ebd.): Gretchen in ihrem Zimmer (um 1835, Lithographie [von Meyerheim], 39 x 28,9 cm; vermutl. als Bearbeitung des Bühnenbildes von Karl Friedrich Schinkel für Fürst Anton Radziwills »Opernfaust«, U. 1819/20 Schloss Monbijou, Berlin)

der Welt des geliebten Mädchens, unbewusst ›Natur‹ in ihrer Fülle, Ordnung und Göttlichkeit. Das Zimmer wird zum »Heiligtum« (540), zum »Himmelreich« (560) und Gretchen zum »Götterbild« (568). Als der Anblick des Bettes in Faust die Vorstellung von Gretchens Geburt und Heranwachsen weckt, wird die ›Natur‹ selbst als zeugender Urgrund verherrlichend angerufen.

Im Angesicht des »Himmelreich[s]«, das ein »Götterbild« birgt, erkennt Faust seine »Lüsternheit« als schändlichen »Frevel« (578). Reue und Scham überdecken das neue Gefühl der Liebe und führen zu dem Entschluss, zu fliehen und nimmer wiederzukehren. Aber der weggeschickte Mephisto betritt wieder die Szene und weist ein gestohlenes Kästchen mit Schmuck als das geforderte Geschenk vor. Als Mittel der Verführung verträgt sich das Geschenk nicht mehr mit wahrer Liebe. Faust zögert und lässt das Kästchen schließlich doch in Gretchens »Schrein« (585) ablegen.

Gretchen ist zurückgekehrt. Im Zimmer empfindet sie eine drückende Schwüle, obwohl es draußen gar nicht so warm ist. Ein Schauer läuft ihr über den Leib. Doch sie ruft sich zur Vernunft. Beim Auskleiden singt sie die Ballade *König von Thule*.

Die 1774 unabhängig vom *Faust* entstandene Ballade im altertümlichen Stil handelt von einer Liebe und einer Treue, vor deren Absolutheit Konventionen ihre Gültigkeit verlieren. Ein nordischer König aus grauer Vorzeit besaß aus der Hand seiner sterbenden Geliebten als Vermächtnis einen goldenen Becher, den er heilig hielt. Immer wenn er bei einem Schmaus aus dem Becher trank, brach er, von Erinnerung und Trauer überwältigt, in Tränen aus. Als sich dem König der Tod nahte, ordnete er, wie es die Sitte vorschrieb, seine Hinterlassenschaft. Allein den Becher wollte er seinen Erben nicht geben. Nachdem er ein letztes Mal aus dem Becher getrunken hatte, warf er ihn ins Meer – und starb.

Gretchen, die sicherlich noch andere Lieder kennt, wählt unbewusst ein Lied, das eigene heimliche Wünsche spiegelt. Durch die Begegnung mit Faust im Innersten aufgewühlt, offenbart sie im Singen der Ballade ihre tiefe Sehnsucht nach der großen dauerhaften Liebe.

Beim Einräumen der Kleider entdeckt Gretchen den Schmuck, der so kostbar ist, dass eine »Edelfrau« ihn am »höchsten Feiertag« (644 f.) tragen könnte. Sie kann der Versuchung nicht widerstehen, eine Kette anzulegen und sich vor dem Spiegel zu bewundern: »Man sieht doch gleich ganz anders drein.« (649) Der Wunsch, den fremden Schmuck zu besitzen, ist geweckt, und wenn es nur die Ohrringe wären. Er wird freilich auch in seiner bescheidensten Form nicht in Erfüllung gehen. Resignierend muss sich Gretchen eingestehen, dass »Schönheit« (650) zwar ganz »schön und gut« (651) sei, dem großen Besitz, den sie nie haben wird, aber ein viel größerer Wert zukomme: »Nach Golde drängt, / Am Golde hängt / Doch alles!« (654–656)

(7) »Allee« (657–718) (3)

Ein, zwei Tage später: Mephisto berichtet Faust wutentbrannt, dass der Schmuck, den Gretchen pflichtschuldig ihrer Mutter gezeigt hat, in den »guten Magen« (690) der Kirche gewandert ist.

Der junge Goethe nutzte die Gelegenheit gern, mit Mephisto eine satirische Attacke gegen die »christliche Gesinnung« der Institution Kirche zu reiten. Schon in der lutherischen Gemeinde Frankfurts hatte er die befremdliche Erfahrung gemacht, dass eine Kirche, die den Menschen Entsagung irdischer Güter predigte, selbst sehr geschäftstüchtig sein konnte.

Der Schmuck hat, wie Mephisto weiter berichtet, Gretchen in eine noch größere innere Unruhe gestürzt. Sie möchte wissen, wer den

Schmuck geschenkt hat. Vielleicht vermutet sie schon einen Zusammenhang mit dem Annäherungsversuch. Mephisto erhält den Auftrag, ein neues »Geschmeid« (708) zu hinterlegen.

(8) »Nachbarin Haus« (719 – 924) (4)

Der neue, noch kostbarere Schmuck, diesmal vor der Mutter geheim gehalten, führt Gretchen ins Haus der Nachbarin Marthe Schwerdlein. Die Nachbarin ist eine verheiratete Frau in mittleren Jahren mit einem schweren Schicksal und keine geile Kupplerin, wie Mephisto diffamierend urteilt. Von ihrem Mann gewissenlos verlassen, muss sie seit langem in harter Arbeit sich und ihre Kinder allein versorgen. Es ist nur zu verständlich, dass sie Gewissheit über ihren Mann haben will, um gegebenenfalls wieder zu heiraten. Frau Marthe sehnt sich nach etwas Glück und hat deshalb Verständnis für das Glücksverlangen anderer. Bei ihr kann Gretchen den Schmuck anlegen, ohne die Mutter fürchten zu müssen.

Mit dem Ausweichen ins Haus der Nachbarin umgeht Gretchen erstmals die von der Mutter repräsentierte Ordnung. Mephisto kann jetzt die Zusammenführung in die Wege leiten. Er erscheint als wohlsituierter, Vertrauen erweckender Herr bei Frau Marthe, um in der Manier des Fastnachtsspiels ausführlich die »traurige Geschicht« (774) vom Tode ihres Mannes zu berichten. Gretchen, vom Besuch überrascht, muss sich nebenbei von Mephisto anzügliche Schmeicheleien gefallen lassen. Er treibt zunächst das gleiche Spiel wie Faust und gibt vor, Gretchen, die noch den Schmuck trägt, für ein »Fräulein« zu halten. Dann nennt er sie ein »liebenswürdig Kind« (798), das es wert wäre, gleich geheiratet zu werden oder vorher zumindest einen »Galan« (800) zu haben.

Frau Marthe wünscht sich eine rechtskräftige Beurkundung, um den Tod des Mannes öffentlich bekannt geben zu können. Mephisto verspricht seine Wiederkehr mit einem zweiten Zeugen und äußert die Hoffnung, dass Gretchen wieder dabei sein werde. Weil Frau Marthe es eilig hat, soll das Treffen noch »heut abend« (878) in ihrem Garten hinterm Haus stattfinden. Gretchen, gar nicht nach ihrer Zustimmung gefragt, wird sich Frau Marthes Verabredung fügen und mit von der Partie sein.

(9) [ohne Szenenüberschrift] [Faust. Mephistopheles]
(879–924) (5)

Mephisto eröffnet Faust, dass ein erstes Stelldichein mit Gretchen nur über ein falsches Zeugnis zu haben sei. Weil Faust im Innern seines Herzens weiß, dass Lüge und Liebe sich nicht vertragen, lehnt er spontan ab. Doch Mephisto bricht den Widerstand, indem er Faust vorhält, das falsche Zeugnis zum Tode des Herrn Schwerdlein wäre in seinem Leben weder das erste noch das letzte: Früher habe er an der Hochschule mit großer Kraft Definitionen von Gott und Welt vorgetragen, ohne davon ein wirkliches Wissen zu haben; demnächst werde er dem »arme[n] Gretchen«, um sie zu »betören« (905), »alle Seelenlieb […] schwören« (906); dann werde »von ew'ger Treu und Liebe« (908) die Rede sein.

Faust fühlt sich im Recht, wenn er Mephistos Zweifel an der Dauerhaftigkeit seiner Liebe heftig zurückweist. Ehrlichen Herzens stellt er die rhetorische Frage:

> »Und [wenn ich] diese Glut, von der ich brenne, / Unendlich, ewig, ewig nenne, / Ist das ein teuflisch Lügenspiel?« (916–918)

Die mit großer Geste gesprochenen Worte verraten dennoch eine tiefe innere Betroffenheit und ein geheimes Wissen, dass Mephisto Recht hat. Sein Nachgeben rechtfertigt Faust mit einem Muss, dem er nicht entgehen könne. In Wahrheit *muss* er, weil er auf Gretchen nicht verzichten *will*.

(10) »Garten« (925–1053) (6)

(11) »Ein Gartenhäuschen« (1054–1065) (7)

In den beiden eng zusammengehörigen Szenen erreicht die zügig geführte Entwicklung ihren ersten Höhepunkt: Faust und Gretchen gestehen sich ihre Liebe.

Am Beginn der Szene *Garten* befinden sich die beiden Paare, die für sich auf und ab gehen, schon mitten im angeregten Gespräch. Dreimal haben sie alternierend ihren Auftritt.

Der schmalere Part des älteren Paares setzt die Manier des Fastnachtsspiels fort. Frau Marthe packt die Gelegenheit sogleich beim Schopfe und bemüht sich angestrengt, Mephisto zu ›angeln‹. Doch

Faust (Martin Lüttge) und Gretchen (Therese Affolter) in
der Inszenierung von *Faust I* und *II* am Württembergischen
Staatstheater Stuttgart (1976; Regie Claus Peymann,
Foto Abisag Tüllmann)

immer wieder stoßen ihre Anfragen ins Leere, weil Mephisto sich dumm stellt.

Im Kontrast zu den zielstrebigen, wenn auch erfolglosen Versuchen Frau Marthes: das scheue und doch eindeutige Aufeinanderzugehen von Gretchen und Faust. Gretchen führt das Wort, obwohl sie sich als ein »arm unwissend Kind« (1064) fühlt und das Interesse des erfahrenen und hochgebildeten Mannes an ihrer Person nicht begreifen kann. Sie erzählt von den Mühen ihres Alltags, von der kräftezehrenden Pflege des verstorbenen Schwesterchens, vom »hübsch[en] Vermögen« (969), das der Vater hinterließ. Nachdem Faust ihre Hand geküsst hat, was in ihren Kreisen völlig unüblich ist, spricht sie sogar im Alexandriner. Faust kann nur immer das Unterlegenheitsgefühl zurückweisen und beteuern, dass für ihn »Einfalt«, »Unschuld« (954), »Demut«, »Niedrigkeit« die »höchsten Gaben / Der liebausteilenden Natur« (956f.) sind.

Gretchen liebt Faust ohne jeden Vorbehalt. Deshalb ist sie insgesamt die Sicherere. Sie führt nicht nur das Wort, sondern lenkt auch das Geschehen. Sie ist es, die durch das Blumenorakel das Liebeseingeständnis herbeiführt. Das Abzupfen der Blütenblätter der »Sternblume« (Szenenanweisung vor 1028) beginnt als Scherz und endet im feierlichen Ernst mit einer Wahrheit, die durch die »Natur« selbst verbürgt ist. Faust reagiert auf das »Spiel« (1028) in gleich feierlicher Weise, indem er das »Blumenwort« (1034) als »Götterausspruch« (1035) deutet. »Er faßt ihr beide Hände.« (Szenenanweisung vor 1037) Doch drängt es ihn auch zur Rede. Er muss seine Liebe zu Gretchen zweimal »ewig« (1041 f.) nennen. Schon Mephisto gegenüber hat er dieses Wort im Gefühlsüberschwang gebraucht. Jetzt zu Gretchen gesprochen ist es von unleugbarer Verbindlichkeit. Faust bindet vor dem Richterstuhl seines Ich sein Geschick für immer an Gretchen. Dennoch kann er im Moment des Versprechens den Gedanken an ein mögliches Ende nicht unterdrücken. Die heftig beschwörende Abwehr »Nein, kein Ende! Kein Ende!« (1043) verrät wiederum das geheime Wissen, dass ein Ende kommen wird.

Gretchen schweigt vor Fausts Liebesbekenntnis in tiefer Erschütterung. Dann läuft sie weg in das »Gartenhäuschen«. Faust, nach einigem Zögern, folgt ihr. Die Liebenden sind für einen Augenblick ganz allein. Faust küsst Gretchen; sie fasst ihn und gibt den Kuss zurück.

Faust und Gretchen haben zueinander in freier Entscheidung eine die ganze Person betreffende, tiefe, leidenschaftliche Zuneigung gefasst. Beide, auch Faust, der anfangs wie ein adliger Hedonist nur flüchtige Sexualität suchte, sehen ihre Liebe als einen Wert an, der durch Intensität und Dauer ihr ganzes weiteres Leben bestimmen wird. Jetzt müssten sie eigentlich ans Heiraten denken, weil die ersehnte sexuelle Erfüllung erst in der kirchlich sanktionierten Lebensgemeinschaft der bürgerlichen Ehe erlaubt war.

Das meist nur moralisch oder religiös begründete Verbot des vorehelichen Sexualverkehrs war im 18. Jahrhundert – daran muss erinnert werden – eine soziale Notwendigkeit. Im arbeitsteiligen Organismus Familie erwarb der Mann die Existenzmittel, während die Frau den Haushalt führte und die Kinder erzog. Die uneheliche Mutter konnte nicht als Normalfall toleriert werden, da eine Familie ohne Mann in der Regel nicht lebensfähig war. Das Verbot des vorehelichen Sexualverkehrs sollte dafür sorgen, dass die Rate unehelicher Schwangerschaften möglichst niedrig blieb. Natürlich wurde dieses Verbot immer wieder ungestraft übertreten. Wurde jedoch die Übertretung durch eine Schwangerschaft offenkundig, musste die Frau, und meist nur sie, mit sehr schweren sozialen Nachteilen rechnen. Vor allem die Frauen hatten damit allen Grund, das von der Kirche überwachte Verbot ernst zu nehmen.

Auch die Liebe zwischen Faust und Gretchen unterliegt, wie die weitere Entwicklung deutlich zeigt, sozialer Reglementierung. Es wird ihr nicht gelingen, die von der Gesellschaft vorgegebenen Normen außer Kraft zu setzen. Und dennoch sprechen Faust und Gretchen nach dem Liebesgeständnis niemals offen von Hochzeit und Ehe. Auch Gretchen benutzt das Wort Hochzeit erst, als sie im Kerker in wahnsinniger Angst auf ihre Hinrichtung wartet. Die Liebenden scheinen von sozialen Rahmenbedingungen für ihre Liebe nichts zu wissen und sind ihnen doch voll ausgeliefert.

Die Ehe nicht zum Thema zu machen, obwohl sie als Bezugsgröße im Hintergrund eine entscheidende Rolle spielt, gebot die darstellerische Absicht. Goethe wollte keine Moraltragödie schreiben, in der ein moralisches Versagen den Hauptgegenstand bildet. Es war nicht sein hauptsächliches Anliegen, einen Mann, der ein Eheversprechen bricht, als moralisch Schuldigen bloßzustellen und anzuklagen. Der Konflikt sollte im Zentrum stehen: der Konflikt zwischen dem Ideal einer freien Liebesentscheidung und den Zwängen der sozialen Norm.

(12) »Gretchens Stube« (1066–1105) (8)

Nach dem Liebesgeständnis und dem Kuss ist eine unbestimmte Zeit vergangen. Goethe stellt die Liebesgeschichte nicht als Kontinuum dar, sondern in markanten Stationen, zwischen denen zeitliche ›Lücken‹ liegen.

Gretchen, allein in ihrer Stube am Spinnrad sitzend, offenbart ihr Inneres in einem Monolog aus zehn vierzeiligen Strophen. Mit dem Spinnrad kreisen die Gedanken der Einsamen nur um den einen. Die innere Unruhe des Anfangs ist einer völligen Aufgewühltheit und Ruhelosigkeit gewichen. Dreimal kehrt die Strophe wieder:

> »Meine Ruh ist hin, / Mein Herz ist schwer, / Ich finde sie nimmer / Und nimmermehr.« (1066–1069)

Gretchen sehnt sich ohne jede Bedenklichkeit nach der sexuellen Vereinigung. Vom *Hohe Lied Salomos* inspiriert, das er 1775 übersetzt hatte, bringt Goethe sexuelles Verlangen ganz unverhohlen zum Ausdruck. Er scheut sich nicht, den Unterleib beim Namen zu nennen. »Schoß« (1098) wird freilich bei der Veröffentlichung des *Fragments* (1790) in »Busen« abgemildert.

(13) »Marthens Garten« (1106–1235) (9)

Faust und Gretchen sind, nach einer unbestimmten Zeit der Trennung, wieder im Garten der Nachbarin, mitten in einem Gespräch, das sich um das weitere Schicksal ihrer Liebe dreht.

Ohne es jemals offen auszusprechen, hofft Gretchen auf ein Leben an Fausts Seite im Einklang mit der bürgerlichen Ordnung. Deshalb sucht sie auch die geistige Gemeinschaft mit diesem Mann. Deshalb möchte sie genauer wissen, wie er zu den Denk- und Verhaltensmustern steht, die ihr eigenes Leben bestimmen. Deshalb stellt sie, weil nach ihrer Anschauung alles andere davon abhängt, die Frage nach der Religion.

Faust möchte der besorgten Frage ausweichen, weil sie einen Gegensatz der Weltanschauungen offen legt, der nicht zu überbrücken ist: Das Kleinbürgermädchen hängt, wie nicht anders zu erwarten, der Religion des »Katechismus« (1152) an. Sie glaubt an den personalen Gott, den sie die Kirche gelehrt hat, während der bürgerliche Gelehrte Faust, der sich vom Theismus losgesagt hat, einen ganz anderen Gott, die Gott-Natur, verehrt.

Als Gretchen auf einer Antwort besteht, gibt Faust in freien Rhythmen ein neuspinozistisches Credo ab, das mit Pathos die weltanschauliche Differenz zu überdecken und auf ein Problem der »Sprache« (1156) zu reduzieren sucht. Es spricht für Gretchens klaren Blick, dass sie sich den deutschen Spinozismus des Sturm und Drang trotz erheblichen rhetorischen Aufwands nicht als ihr »Christentum« (1160) einreden lässt.

Gretchen sorgt sich nicht nur um Fausts Religion; noch viel mehr betrübt sie die unverständliche Gemeinschaft mit Mephisto. Sie muss ihrem Geliebten in aller Deutlichkeit sagen, dass sie diesen Mann, der offenkundig »an nichts keinen Anteil nimmt« (1180) und »nicht mag eine Seele lieben« (1182), als Bedrohung ihrer Liebe empfindet und deshalb von seiner Seite wegwünscht. Faust gibt das Geheimnis seiner Beziehung zu Mephisto nicht preis und flüchtet sich ins Beschwichtigen. Denn vom Beginn der Szene an hat er nur eines im Sinn: Gretchen um die erste Nacht zu bitten.

Gretchen gibt dem Drängen ohne jedes Zögern nach, obwohl ihre schweren Bedenken in keiner Weise ausgeräumt sind. Ohne Zögern nimmt sie auch einen Schlaftrunk für die Mutter an, um unliebsame Störungen auszuschließen; »heut nacht« (1198) wird sie den Geliebten einlassen. Sie gewährt das Letzte, was ihrer Liebe zu tun noch übrig blieb, mit einer Selbstsicherheit, als wäre es »fast nichts« (1212).

Mephisto, der im Geheimen anwesend war, hat das letzte Wort. Als Faust dessen böswillige Kommentierung der Religionsfrage zurückweist und den fürsorglich Liebenden herauskehrt, braucht Mephisto ihn nur »übersinnliche[n], sinnliche[n] Freier« (1226) zu nennen und voller Schadenfreude auf »heute nacht« (1234) zu verweisen.

Die sexuelle Vereinigung ist nicht Gegenstand der Darstellung. Sie markiert jedoch den Wendepunkt des Geschehens: Vorher war die Liebe zwischen Faust und Gretchen eine große Glücksverheißung; danach beginnt der Abstieg in die Katastrophe. Weder Faust noch Gretchen beziehen sich nachträglich auf das ersehnte Ereignis. Der Text hüllt sich hier in völliges Schweigen.

(14) »Am Brunnen« (1236–1277) (10)

In einer unbestimmten Zeit nach der Liebesnacht: Gretchen und Lieschen am Brunnen, wo man sich beim Wasserholen trifft und Neuigkeiten austauscht. Lieschen erzählt, was sie von Sibylle gehört hat: Bärbelchen, die immer so vornehm tat und sich schamlos mit einem »Kerl« (1243) vergnügte, sei schwanger« und werde nun im »Sünderhemdchen Kirchbuß' tun« (1260) müssen.

Lieschen, selbst von den Freuden der Liebe durch die Strenge der Mutter ausgeschlossen, empfindet die größte Genugtuung, dass Bärbelchen für ihre Freizügigkeit jetzt mit öffentlicher Bloßstellung und Ächtung in der Kirche zu bezahlen hat. Gretchen dagegen hat Mitleid mit dem »arme[n] Ding« (1253) und hofft auf einen glücklichen Ausgang: »Er nimmt sie gewiß zu seiner Frau.« (1261) Doch die Hoffnung erweist sich als trügerisch: Als »flinker Jung« (1262) habe er sich schon aus dem Staube gemacht.

Bärbelchens Schicksal deutet voraus auf ihr eigenes. Gretchen, die früher den Fehltritt von Mädchen ebenso unnachsichtig verurteilte wie Lieschen, ist jetzt selbst betroffen. Auf dem Heimweg vom Brunnen gesteht sie sich ein, dem Gehörten nachsinnend, dass auch sie ihre Jungfräulichkeit verloren hat und »nun selbst der Sünde bloß« (1275)

ist. Reue aber fühlt sie nicht; denn sie ist davon überzeugt, dass ihr Tun sittlich berechtigt war: »Doch – alles, was mich dazu trieb, / Gott! war so gut! ach war so lieb!« (1276 f.)

(15) »Zwinger« (1278–1310) (II)

Schauplatz ist der »Zwinger«, der enge Raum zwischen den letzten Häusern und der Stadtmauer. In einer Mauernische steht ein »Andachtsbild der Mater dolorosa« mit »Blumenkrügen davor« (Szenenüberschrift). Es zeigt die schmerzensreiche Mutter Maria, wie sie, ursprünglich Teil einer Kreuzigungsgruppe, zu ihrem sterbenden Sohn aufschaut. Gretchen schmückt das Andachtsbild mit Blumen, die sie am frühen Morgen gepflückt hat, und fleht dann aus tiefer innerer Not Maria in einem Gebet um Hilfe an.

Das Gebet besteht aus vier Teilen. Die ersten neun Verse (1278–1286) sind das eigentliche Gebet. Goethe lehnte sich hier an den Anfang des mittellateinischen Hymnus *Stabat mater* aus dem 13. Jahrhundert an, gab ihm jedoch eine ganz andere Wendung. Als Sequenz in die katholische Liturgie eingegliedert, ermahnt der Hymnus zum Fest der Sieben Schmerzen Mariä (15. September) die Gläubigen, am Schmerz der Gottesmutter teilzunehmen. Gretchen dagegen bittet Maria, das Antlitz vom Sohn abzuwenden und auf ihre Not zu blicken.

Im zweiten Teil (1287–1298) schildert Gretchen in großer innerer Erregung ihre tiefe Not und Verzweiflung: den Schmerz, das Zittern und Bangen, das viele Weinen. Den Grund ihrer Not kann sie niemandem anvertrauen. Allein Maria weiß ihn. Der dritte Teil (1299–1306) zeigt eine konkrete Situation des Leidens: Gretchen bei Sonnenaufgang schlaflos in ihrem Bett, allein »in allem Jammer« (1305).

Am Beginn des Gebets hat Gretchen die Gottesmutter angefleht, sich ihrer Not zuzuwenden. Jetzt am Ende offenbart sie, was Maria für sie tun soll. Der vierte Teil (1307–1310) beginnt mit der flehentlichen Bitte: »Hilf retten mich von Schmach und Tod!« (1307) Danach werden die ersten drei Zeilen des Gebets wiederholt.

Gretchen fürchtet, dass ihre »Sünde« öffentlich wird. Es würde ihren Tod bedeuten.

Wilhelm von Kaulbach (*1805 Arolsen, †1874 München):
Zwinger (mit Brunnenszene im Hintergrund) (1859, Photogravüre, 9,4 x 12,5 cm)

(16) »Dom« (1311 – 1371) (12)

Gretchen und »alle Verwandte« (Szenenanweisung vor 1311) haben sich im Dom versammelt. Man zelebriert anlässlich des Begräbnisses ihrer Mutter die »Exequien« [Totenmesse] (Szenenüberschrift nach *Dom*).

Ein »Böser Geist«, der hinter Gretchen steht, bedrängt sie mit dem bohrenden Vorwurf schwerer »Missetat« (1321): Sie trage Schuld am Tod der Mutter und unter ihrem Herzen rege sich schon das uneheliche Kind. Während Gretchen vergeblich versucht, die drängenden Gedanken loszuwerden, beginnt der Chor, die mittellateinische Sequenz *Dies irae, dies illa* zu singen.

Die schon um 1200 bekannte Sequenz ist in der katholischen Liturgie der Totenmesse das fünfte Stück. Der 57 Verse umfassende Text schildert die Schrecken des Jüngsten Gerichts, bei dem alle Sünden offenbar werden und Gottes Zorn über die Strafwürdigen kommt, eröffnet aber auch die Möglichkeit, vor dem Richter bei Heiligen um Fürsprache zu bitten. Goethe lässt dagegen nur Verse singen, die das Schreckliche und Unerbittliche des Strafgerichts ausmalen (Verse 1, 2, 16 – 21).

Durch den Chorgesang, der vom »Bösen Geist« sinngemäß ins Deutsche übertragen wird, und durch die einsetzende Orgel fühlt sich Gretchen immer mehr in die Enge getrieben. Als der »Böse Geist« ihr schließlich prophezeit, dass die Heiligen sich von ihr abwenden und erschaudern würden, Fürsprache nicht zu erwarten sei, fällt sie in Ohnmacht.

Gretchen wird im Dom ohne Erbarmen moralisch vernichtet. Die Institution Kirche verkündet der gläubigen Christin, dass sie für ihren Fehltritt auch vor dem Richterstuhl Gottes auf Gnade und Vergebung nicht hoffen darf. Die gnadenlose Verurteilung wird sie in den Kindsmord treiben.

(17) »Nacht« (1372 – 1397) (13)

Der Soldat Valentin, Gretchens älterer Bruder, zu nächtlicher Stunde vor seinem Elternhaus im Selbstgespräch. Man könnte sich vorstellen, dass er gerade aus dem Wirtshaus kommt; denn er spricht etwas ungeordnet.

Valentin beklagt eine fatale Veränderung in der Geltung bei den Kameraden. Früher konnte er bei Gelagen Gretchen ohne Widerspruch als Zierde ihres Geschlechts rühmen. Jetzt muss er in ohnmächtiger Wut hinnehmen, wie man über seine Schwester abfällige Bemerkungen macht und die Nase rümpft.

Die Szene macht deutlich, dass Gretchens ›Schande‹ in die Öffentlichkeit dringt. Was die Leute über sie reden, was man schon weiß, wird nicht mitgeteilt. Zur Begegnung zwischen Valentin und Faust und zum Gefecht mit tödlichem Ausgang (wie in *Faust I*) kommt es noch nicht, obwohl dieser Ablauf offensichtlich schon geplant war (vgl. Szene 15).

(18) [ohne Szenenüberschrift] [Faust. Mephistopheles]
      (1398 – 1435) (14)

Faust, zu nächtlicher Stunde auf dem Weg zu Gretchen, im Dialog mit Mephisto. Da er das ewige Licht in der Kirche leuchten sieht, muss er bereits in der Stadt sein. Ob er schon vor Gretchens Haus steht, bleibt offen.

In *Faust I* ist der Dialog zwischen Faust und Mephisto Bestandteil der Szene *Nacht*, die vor Gretchens Haus spielt. Viele Kommentatoren sehen diese Zuordnung schon im so genannten *Urfaust* gegeben und schließen Valentins Monolog und den Dialog zu einer verbindungslos zweiteiligen Szene zusammen. Dem steht jedoch der doppelte Trennungsstrich entgegen, der in der Göchhausen'schen Handschrift zwischen Monolog und Dialog gezogen ist. Der doppelte Trennungsstrich markiert in dieser Handschrift den Szenenwechsel. Man sollte deshalb besser den Dialog wie Grumach als selbstständige Szene ansehen und ihren Schauplatz offen lassen.

Faust geht zu Gretchen nicht in freudiger Stimmung, sondern in großer »Seelennot« (1413). Es ist eine innerlich beschlossene Sache, den Schwur ewiger Liebe zu brechen und das einst geliebte Mädchen zu verlassen. Das muss er vor seinem Gewissen rechtfertigen. Faust leidet echte Not; denn er weiß, dass Gretchen am Verlust seiner Liebe zerbrechen wird. Er fühlt tief seine Schuld und klagt sich pathetisch selbst als »Unmensch ohne Zweck und Ruh« (1415) an. In seiner Zerknirschung bietet er sogar das eigene »Geschick« als Sühne an: »Mag ihr Geschick auf mich zusammenstürzen / Und sie mit mir zugrunde gehn!« (1430 f.)

Die tief gefühlte Schuld wird jedoch im gleichen Atemzuge auf andere abgewälzt. Indem sich Faust mit einem »Wassersturz« (1416) vergleicht, der unaufhaltsam von Fels zu Fels dem Abgrund zubraust, erhebt er sein Handeln in den Rang einer Naturnotwendigkeit, auf die das Ich keinen Einfluss hat. Indem er Gretchen als ein kleines Mädchen charakterisiert, das, »umfangen in der kleinen Welt« (1421), »mit kindlich dumpfen Sinnen« (1418) im »häusliche[n] Beginnen« (1420) aufgeht, macht er ihr indirekt den Vorwurf, nicht eine solche Persönlichkeit zu besitzen, die einen weltläufigen Mann wie ihn zu halten vermag. Dabei waren ihm doch am Beginn seiner Liebe »Einfalt«, »Unschuld« (954), »Demut«, »Niedrigkeit« die »höchsten Gaben / Der liebausteilenden Natur« (956 f.) gewesen. Dabei hatte Gretchen doch alle Bereitschaft gezeigt, mit dem geliebten Mann geistig zu wachsen und ihre häusliche Beschränktheit zu überwinden. Um sich zu rechtfertigen, malt Faust das Bild eines einfältigen, kleingeistigen, beschränkten Mädchens, das so nicht der Wirklichkeit entspricht. Am Ende ist sogar der »Teufel« (1428) schuld: »Du, Hölle, wolltest dieses Opfer haben!« (1427)

Faust kann mit dem Ende ihrer Beziehung vor Augen die »Himmelsfreud« (1411) in Gretchens Armen nicht mehr genießen. Deshalb möchte er lieber ein Wiedersehen vermeiden. Doch Mephisto treibt ihn.

(19) [ohne Szenenüberschrift] [Faust. Mephistopheles]
(66 Zeilen Prosa) (15)

Faust und Mephisto an einem nicht bezeichneten Ort im Dialog. In *Faust I* wird die Szene die Überschrift *Trüber Tag. Feld* erhalten.

Faust spricht in höchster Erregung; seine Äußerungen sind heftige, oft elliptische Gefühlsausbrüche, Vorwürfe und Flüche, die achtzehnmal durch Ausrufezeichen markiert werden. Er hat soeben erfahren, dass Gretchen nach langem Umherirren »als Missetäterin im Kerker zu entsetzlichen Qualen eingesperrt« (Z. 2 f.) ist. Woher er das weiß und worin die »Missetaten« bestehen, bleibt offen.

Die Nachricht hat Faust tief bestürzt. Das »Elend« des einst geliebten Mädchens, das er nur »das holde unselige Geschöpf« (Z. 3) und nicht beim Namen nennt, geht ihm durch Mark und Bein. Schuld aber fühlt er nicht. Faust ereifert sich stattdessen in einem Schwall von Worten über Mephisto: Er habe ihm den »wachsenden Jammer« (Z. 11) mit Absicht verheimlicht und lasse so Gretchen »hülflos verderben« (Z. 12).

Mephisto begegnet den Vorwürfen mit einem Satz, der sinngemäß dem Verhörprotokoll der Kindsmörderin Susanna Margaretha Brandt entnommen ist: »Sie ist die erste nicht!« (Z. 13) Der Zynismus erregt Empörung und Abscheu und führt zu neuen Beschimpfungen. Mephisto wehrt die Attacke kühl mit der Frage ab: »Warum machst du Gemeinschaft mit uns, wenn du nicht mit uns auswirtschaften kannst?« [wenn du die Gemeinschaft nicht bis zum Ende durchhalten kannst?]. (Z. 31 f.) Als Mephisto einer erneuten Verfluchung die Frage entgegensetzt »Wer war's, der sie ins Verderben stürzte? Ich oder du?« (Z. 46 f.), kann Faust nur noch wild umherblicken.

Die ausschweifenden Exklamationen haben ein Ende. Faust kommt zur Sache und gibt Mephisto den Befehl, Gretchen aus dem Kerker zu befreien. Der muss auf Gefahren verweisen: Auf der Stadt liege noch die »Blutschuld« (Z. 54), die Faust als »Mörder« (Z. 57) auf sie gebracht habe. Offenbar spielt er damit auf die Ermordung Valentins an, die aber im so genannten *Urfaust* noch nicht ausgeführt ist. Doch Faust lässt sich nicht mehr aufhalten: »Führe mich hin, sag ich dir, und befrei sie!« (Z. 59)

Mephisto muss jetzt klarstellen, was er zu tun vermag und was nicht: Er werde den Zugang zum Kerker ermöglichen und für die Flucht »Zauberpferde« (Z. 64) bereithalten. Gretchen aus dem Kerker herausführen: Das müsse Faust selber tun.

(20) »Nacht. Offen Feld« (1436–1441) (16)

Kurz-Szene von sechs Zeilen, die seit der WA als Verse gezählt werden. Faust und Mephisto reiten auf dem Weg zu Gretchens Kerker auf schwarzen Zauberpferden in großer Geschwindigkeit vorbei an einem »Rabenstein« (1436), einer Hinrichtungsstätte außerhalb der Stadt, wo sich, wie Mephisto meint, eine »Hexenzunft« (1439) zu schaffen macht.

Der gespenstische Ritt am »Rabenstein« vorbei deutet voraus auf Gretchens Hinrichtung, auch wenn sie hier nicht stattfinden wird. Gretchen wird mit dem Schwert gerichtet, und das geschieht innerhalb der Stadtmauern auf dem Marktplatz.

(21) »Kerker« (109 Zeilen Prosa) (17)

In der Nacht vor Gretchens Hinrichtung bis zum Anbruch der Morgendämmerung.

Faust, der durch Mephistos Hilfe in das Gefängnis gelangt ist, steht vor Gretchens Zelle und hört es »inwendig« (Szenenanweisung vor Z. 4) singen. Gretchen singt von einem Kindsmord, der ein gutes Ende nimmt. Es ist ein Lied aus dem Volksmärchen *Von dem Machandelboom* [Wacholderbaum], das Goethe schon als Kind in mündlicher Überlieferung kennen gelernt hat: Ein kleiner Junge, von der Stiefmutter ermordet und vom Vater unwissentlich aufgegessen, erhebt sich aus einem Wacholderbaum, unter dem die Schwester seine Knochen versteckt hat, als schöner Vogel und macht mit seinem Lied, in dem er seine Geschichte erzählt, die Bluttat offenbar. Nach dem Tod der Stiefmutter wird er, wie aus dem Märchen zu erfahren ist, seine menschliche Gestalt zurückgewinnen.

Gretchen schlüpft wie in einem Traum in die Rolle des in einen schönen Vogel verwandelten Jungen und verbindet das eigene Schicksal mit den Gestalten des Märchens. Eingangs gesteht sie, dass sie eine »Hur« (Z. 4) ist und ihr Kind umgebracht hat. Den Vater nennt sie einen »Schelm« (Z. 6). In der Verwandlung zum Vogel spricht sich ihre tiefe Sehnsucht aus, dass auch ihr Kind zu neuem Leben erwachen möge.

Faust trifft Gretchen in einem Zustand geistiger Verwirrung. Beim Singen des Liedes weiß sie Dinge, die sie gleich danach nicht mehr weiß. Als Faust ihre Ketten fasst, um sie aufzuschließen, hält sie ihn für den Henker, der sie vor der Zeit holen will. Sie fleht Faust an, sie zu

Alexander Liezen Mayer (*1839 Györ, Ungarn, †1898 München): Kerker (1868/72 [Gemälde u. Zeichnungen zu *Faust I*, gestochen v. versch. Künstlern], Stich, 8,6 x 11,6 cm)

verschonen. Sie verweist auf ihr Kind, das sie noch stillen müsse, merkt plötzlich, dass es nicht mehr da ist, und behauptet dann, man habe es ihr weggenommen, um sie bösartig des Mordes zu beschuldigen.

Aus ihrer geistigen Verwirrung taucht Gretchen auf, als Faust sie – das erste und einzige Mal – mit ihrem Namen ruft. Sie erkennt die Stimme, noch nicht den Mann. Hoffnung keimt auf. Sie will sich des Geliebten versichern und verlangt nach einem Kuss. Doch von Faust geht Fremdheit aus. Sie muss ihn erst um einen Kuss anfallen; und dieser Kuss bringt es an den Tag: »Weh! deine Lippen sind kalt! Tot! Antworten nicht!« (Z. 46f.) Schlagartig erkennt Gretchen, dass ihre Hoffnung umsonst war, dass Faust sie nicht mehr liebt, dass sie ihn endgültig verloren hat. Von einem Faust, der sie aus Mitleid und Schuldgefühl nur vor dem »schröckliche[n] Schicksal« (Z. 38) einer

Kindsmörderin bewahren möchte, will sie nicht aus dem Kerker befreit werden. Würde Faust sie noch lieben, wäre sie wohl zur Flucht bereit gewesen.

»Wo ich ihn nicht hab, / Ist mir das Grab, / Die ganze Welt / Ist mir vergällt.« (1070–1073) – die einst am Spinnrad gesprochenen Worte werden jetzt eingelöst. Nach dem Kuss wählt Gretchen den Weg zum ›Grab‹: Sie bekennt erstmals in zwei nüchternen Sätzen, dass sie ihre Mutter umgebracht und ihr Kind ertränkt hat; sie spürt an Fausts feuchten Händen das Blut ihres Bruders; sie bittet Faust, die Mutter, den Bruder, sie selbst und das Kleine in bestimmter Reihenfolge zu begraben; in erneuter geistiger Verwirrung fordert sie ihn auf, das noch im Wasser zappelnde Kind im letzten Moment vor dem Ertrinken zu retten; von Faust ergriffen, um gegen ihren Willen befreit zu werden, erlebt sie schließlich im Voraus ihren letzten Gang.

Am Ende, als der verhasste Mephisto erscheint und zum schleunigen Aufbruch mahnt, trennt sich Gretchen ganz von Faust. Vorbei an der irdischen Gerichtsbarkeit, vorbei an der Kirche, die ihr durch den Chor und seinen Dolmetscher, den »Bösen Geist«, ewige Verdammnis prophezeit hat, ruft sie unmittelbar das »Gericht Gottes« (Z. 102) an. Auch am katastrophalen Ende bereut Gretchen ihre freie Liebe zu Faust nicht. Deshalb kann sie vor den Instanzen, die sie verurteilt haben, nicht als reuige Sünderin zu Kreuze kriechen. Sie wendet sich an das Jüngste Gericht, weil sie hofft, dort Gnade zu finden. Auf der Erde endet es für Gretchen in einer Katastrophe, die durch nichts gemildert wird. Das letzte Wort hat Mephisto, der das Urteil der »richtenden gefühllosen Menschheit« in Erinnerung bringt:

> »Sie ist gerichtet!« (Z. 108) »*Er verschwindet mit Faust, die Türe rasselt zu, man hört verhallend*: Heinrich! Heinrich!« (Szenenanweisung nach Z. 108 und Z. 109)

II »Faust. Ein Fragment«

Angelika Kauffmann (*1741 Chur, Graubünden, †1807 Rom): Johann Wolfgang Goethe (e. 1787/88 in Rom, Ölgemälde)

Um einem erneuten Raubdruck des Berliner Verlegers Himburg zuvorzukommen, beschloss Goethe im Frühjahr 1786, die erste, von ihm autorisierte Sammlung seiner Werke, an der er längere Zeit schon arbeitete, ohne Verzug an die Öffentlichkeit zu geben. Im August 1786 wurden dem Publikum *Goethe's Schriften* in acht Bänden angekündigt. Der siebente Band sollte unter anderem enthalten: *Faust, ein Fragment*. Die Ankündigung schloss mit der Erklärung, »die angefangenen Arbeiten, die dem sechsten und siebenten Bande zugeteilt sind, wo nicht sämtlich, doch zum Teil vollendet zu liefern« (BA 17, 302 f.).

Goethe wusste, dass die Vollendung des *Faust* die schwierigste Aufgabe war. Der »Berg«[15] *Faust* wurde deshalb in Italien zuletzt angegangen. Die Arbeit begann vielversprechend; doch konnte sie auch nach der Rückkehr nicht, wie erhofft, in der vom Abschluss der Werkausgabe gebotenen Zeit beendet werden. Goethe entschied sich, *Faust* als unvollendetes Werk zu veröffentlichen. Anfang November 1789, wenige Monate nach Ausbruch der Französischen Revolution, lag das Werk im Manuskript abgeschlossen vor. Zur Ostermesse 1790 erschien es im siebenten Band der *Schriften*. Achtzehn Jahre lang wird es *Faust* in der Öffentlichkeit als *Fragment* geben.

Das *Fragment* umfasst 17 Szenen mit insgesamt 2 135 Versen. 15 Szenen entstammen dem Bestand der Göchhausen'schen Handschrift. In der Textfassung, die diese Szenen bei der Bearbeitung für den Druck im *Fragment* erhalten, gehen sie später in *Faust I* ein. Als völlig neue Texte kommen hinzu die Verse 249 bis 346 nach dem Dialog mit Wagner, die ganze Szene *Hexenküche* und der größte Teil der Szene *Wald und Höhle*.

Johann Heinrich Lips (*1758 Kloten b. Zürich, †1817 Zürich), Stich nach Rembrandt (eigtl. R. Harmensz van Rijn) (*1606 Leiden, †1669 Amsterdam): Bildnis eines Gelehrten (um 1652/55). Nachstich für »Faust. Ein Fragment« (1790, Frontispiz zu Bd. 7 von G.s »Schriften«)

Goethe verknüpfte die Ergebnisse der frühen *Faust*-Arbeit mit einem dichterischen Neubeginn.

In den neuen Versen 249 bis 346 wagt Faust nach dem Scheitern seiner »Beschwörungen« einen zweiten Aufbruch. Der Anspruch auf Gottgleichheit ist aufgegeben, die Einschränkung des Menschen auf das Irdische angenommen. Faust will jetzt als einzelner Mensch genießen, »was der ganzen Menschheit zugeteilt ist« (249); er will sein Ich zu einem Universal-Menschen erweitern, der als Individuum das Menschsein im Ganzen durchschreiten und alle Möglichkeiten menschlichen Lebens ausschöpfen kann. Erneut begehrt Faust Menschenunmögliches; doch treibt ihn sein Verlangen nicht mehr über das irdische Dasein hinaus. Seines abstrakten Gelehrtenlebens überdrüssig, geht Faust jetzt wirklich auf die Welt los, um sie als All-Mensch zu genießen.

Im *Fragment* wird Faust nach seinen geistigen Höhenflügen also auf die Erde zurückgeholt und ihm eine starke Sinnlichkeit beigegeben, die ihn hinaus in die Welt treibt. Damit ist erstmals ein plausibler Ansatz für eine Verbindung mit Mephisto gewonnen: Faust kann auf seiner Weltfahrt einen potenten Helfer gut gebrauchen; Mephisto wiederum stellt sich dem Drang »in die Welt hinein« (308) gern zur Verfügung, weil er Faust auf das kreatürlich-biologische Bedürfnis abzuleiten und im nie endenden Kreislauf von Bedürfnis und Befriedigung zu zerreiben hofft.

Im *Fragment* werden plausible Beweggründe für ein Bündnis eingeführt. Die Bündnisfrage selbst bleibt noch offen; denn Goethe konnte nur eine solche Verbindung akzeptieren, die Faust nicht von vornherein zum Verlierer verurteilte. Wer wie der Faust des *Fragments* nur einen unbändigen sinnlichen Appetit auf die Welt einbringt, wen sein bisheriges Gelehrtenleben so sehr anekelt, dass er die »Schätze / Des Menschengeists« (289 f.) über Bord wirft, mit dem hätte Mephisto ein leichtes Spiel gehabt. Faust hat noch nicht die Statur, gegen Mephisto zu bestehen.

In der Szene *Hexenküche* wird an Faust das Wunder einer physischen Verjüngung vollzogen. Der verbrauchte Gelehrte erlangt die nötige physische Ausstattung, die Welt und insbesondere Liebe und Sexualität frisch zu genießen.

Die Szene *Wald und Höhle* wird in die Gretchen-Szenen integriert. Sie wirft ein neues Licht auf die Faust-Gestalt, ohne dass die Liebesgeschichte in ihrem Ablauf verändert wird.

(1)   »Nacht« (1–248)

Bis auf wenige stilistische Änderungen identisch mit der Szene *Nacht* des so genannten *Urfaust* (vgl. S. 15–24).

(2)   [ohne Szenenüberschrift] (249–551)

[Faust. Mephistopheles] (249–346)
Schauplatz ist weiterhin Fausts Studierzimmer. Auslassungszeichen in der ersten Zeile weisen darauf hin, dass der Anfang der Szene fehlt und die Verbindung zum Vorangegangenen noch nicht hergestellt ist.

Faust entwickelt vor Mephisto mit dem Gestus des dringenden Begehrens hochpathetisch sein neues Lebensprogramm. Mephisto, der erstmals ohne jede Erklärung Faust zugesellt ist, hat offenbar die Funktion, für dessen Realisierung zu sorgen.

Die Erfahrung des Scheiterns hat zum Verzicht auf Gottähnlichkeit und zur Einschränkung auf den Lebensraum des Menschen geführt. Der Drang, die Grenzen des Ich zu überschreiten, ist geblieben. Faust will als Individuum alle Möglichkeiten des Menschseins schlechthin auskosten:

> »Und was der ganzen Menschheit zugeteilt ist, / Will ich in meinem innern Selbst genießen, / Mit meinem Geist das Höchst' und Tiefste greifen, / Ihr Wohl und Weh auf meinen Busen häufen / Und so mein eigen Selbst zu *ihrem* Selbst erweitern / Und, wie sie selbst, am End auch zerscheitern.« (249–254)

Mephisto versucht zunächst, Faust das vermessene Verlangen auszureden: »Glaub unsereinem, dieses Ganze / Ist nur für einen Gott gemacht; [...].« (259f.) Da das nicht gelingt, macht er Vorschläge zur Ich-Erweiterung, die er für praktikabel hält. Der erste ist ein Scherz: Es ließe sich ein Poet engagieren, der Faust mit allen »edle[n] Qualitäten« (270) ausstatten und »in Gedanken« (269) erhöhen könnte. Ganz ernst gemeint ist der Vorschlag, sich eine reale Erweiterung der individuellen Wirkungsmöglichkeiten mit Geld zu kaufen.

Faust scheint von der Aussicht, als reicher Mann die Freuden der Welt zu genießen, durchaus angetan. Als Mephisto ihn auffordert, nun »alles Sinnen sein« zu lassen und »grad mit in die Welt hinein[zugehn]« (307 f.), fragt er nur noch, wie das zu machen sei. Die stillschweigende Einwilligung ist für Mephisto das Signal zum sofortigen Aufbruch. Er will Faust keine Zeit lassen, sich die Sache anders zu überlegen.

Die Ausfahrt verzögert sich um »ein Viertelstündchen« (328) durch den Besuch eines Rat suchenden Studenten. Die Rolle des Professors, die Faust nicht mehr spielen will, übernimmt Mephisto. Zuvor enthüllt er, dem abgehenden Faust gleichsam hinterhersprechend, erstmals sein zerstörerisches Programm. Von »Fausts langem Kleide« (Szenenanweisung vor 330) eingehüllt, spricht er offen aus, warum er Fausts Überdruss an der Wissenschaft bekräftigt und den Drang in die Welt genährt hat:

> »Den schlepp ich durch das wilde Leben, / Durch flache Unbedeutenheit, / Er soll mir zappeln, starren, kleben, / Und seiner Unersättlichkeit / Soll Speis und Trank vor gier'gen Lippen schweben; / Er wird Erquickung sich

umsonst erflehn, / Und hätt er sich auch nicht dem Teufel übergeben, / Er müßte doch zugrunde gehn!« (339–346)

Die ersehnte Erfahrung der Welt soll sich reduzieren auf das Genießen von Lust. Faust soll im Sinnlichen verschlissen werden und am Ende zugrunde gehn.

[Mephistopheles. Schüler] (347–529)
Goethe hat die so genannte Studenten-Szene bearbeitet, ohne Anlage und Ton zu verändern. Der neu angekommene Student, »Schüler« genannt, hat sich noch nicht für eine bestimmte Fakultät entschieden, sodass Mephisto, jetzt eindeutig an Fausts Stelle tretend, nicht nur über die »Metaphysik« und die »Medizin« ein »kräftig Wörtchen« sagen kann, sondern auch über die »Rechtsgelehrsamkeit« und die »Theologie«. Dafür ist der Text am Anfang, der die Lebensumstände des Studentendaseins behandelt, gestrichen worden.

[Faust. Mephistopheles] (530–551)
Nach dem Abgang des Studenten steht dem Aufbruch nichts mehr im Wege. Mephisto verkündet das Reiseprogramm: »Wir sehn die kleine, dann die große Welt.« (531) Gemeint sind die private Welt des Bürgers und die vom Hochadel beherrschte Welt der Politik.

Jetzt, wo es ernst wird, überkommt Faust die Angst: »Es wird mir der Versuch nicht glücken; / Ich wußte nie mich in die Welt zu schicken.« (336 f.) Doch den »neuen Lebenslauf« (551) aufzuhalten ist nicht mehr möglich.

(3)   »Auerbachs Keller in Leipzig« (552–815)

Eine der drei Prosa-Szenen des so genannten *Urfaust*; für den Druck im *Fragment* durchgängig versifiziert. Der Goethe der Italienreise tilgte die Prosa, weil sie ihm ein zu unmittelbares, nicht genügend künstlerisch vermitteltes Verhältnis zur Wirklichkeit anzeigte.

Die inhaltliche Grundanlage der Szene wurde gewahrt. Goethe beseitigte nur die ohnehin wenig plausible Verführungsabsicht und verstärkte die Distanz zu den »lustige[n] Gesellen«. Mephisto geht nicht mehr davon aus, dass Faust dergleichen Gesellschaft gefallen könnte. Er will ihm nur zeigen, »wie leicht sich's leben läßt« (639). Faust mischt sich in keiner Weise mehr in das Geschehen ein, sondern verfolgt es nur als distanzierter Beobachter.

Goethe hat außerdem die Maulaufreißerei der »lustige[n] Gesellen« um einen bemerkenswerten Zug erweitert. Nachdem die Runde Mephistos Flohlied mit Begeisterung gefolgt ist, stimmt Altmayer einen Hochruf auf die »Freiheit« an, dem sich unvermittelt ein Hochruf auf den »Wein« (723) anschließt. Und nachdem sich die Betrunkenen freimütig zu ihrer Animalität bekannt haben, kommentiert Mephisto: »Das Volk ist frei, seht an, wie wohl's ihm geht!« (774) Goethe zitiert hier zweimal das erste Losungswort der Französischen Revolution, die mit ihren Anfängen noch in das *Fragment* hineinwirkt. Mit dem Zitat will er unterstreichen, wie gefährlich die latente Aggressivität des lustigen Volks ist, wie leicht sie in offene Gewalt umschlagen kann.

(4) »Hexenküche« (816 – 1067)

Goethe schrieb die Szene wahrscheinlich im Frühjahr 1788 in Rom. Einzelne Stellen wurden im Herbst 1789 unter dem Eindruck der revolutionären Ereignisse in Frankreich hinzugefügt.

Die »Hexenküche« ist eine absurde Gegenwelt, die in Mephisto ihren »Herrn und Meister« (945) hat. Faust ist Mephisto in diese Welt des Widersinns gefolgt, weil ihm versprochen wurde, dass er sich hier »verjüngen« (827) kann. Doch das »tolle Zauberwesen« (816), das ihm hier entgegentritt, stößt ihn ab. Kraft und Frische der Jugend möchte er durch »ein natürlich Mittel« (827) zurückgewinnen. Als Mephisto es anbietet, wird es jedoch als Zumutung zurückgewiesen. Faust möchte zwar auf natürliche Weise »genesen« (817), aber zu körperlicher Arbeit, zu einem bäuerlichen Leben in »einem ganz beschränkten Kreise« (835) kann er sich nicht bequemen. So bleibt keine andere Wahl als die Hexe. Faust muss sich auf das »Zauberwesen« einlassen, das er verabscheut.

Die Hexe ist noch außer Haus. Zugegen sind nur ihre dienstbaren Geister, eine Familie von Meerkatzen. Die flinken, zierlichen Affen vollführen »allerlei wunderliche Bewegungen« (Szenenanweisung vor 913) und sprechen in gereimten Kurzversen, die nur wie durch Zufall einen Sinn ergeben. Sie machen sich an Mephisto heran und verwickeln ihn in ihr seltsames Treiben, was er sich gern gefallen lässt.

Der Affenvater fordert Mephisto auf, ihn beim Würfeln gewinnen zu lassen; er würde gern reicher werden, weil er dadurch auch zu Verstand zu kommen hofft. Die Affenjungen rollen dann eine große Kugel herbei, die vom Vater zum Sinnbild der unbeständigen und zer-

Johann Heinrich Ramberg (*1763 Hannover, †1840 ebd.):
Hexenküche. »Hexe Au! Au! Au! Au! / Verdammtes Tier!«
(1828, Federzeichnung, als Kupferstich von C. A. Schwerd-
geburth. In: Minerva. Taschenbuch f. d. Jahr 1829)

brechlichen Welt erklärt wird. Die Jungen sollen ihre Pfoten von dieser Welt lassen, damit sie nicht unter ihren Scherben begraben werden. Schließlich wird Mephisto genötigt, mit einem Staubwedel auf einem Sessel Platz zu nehmen. Er fühlt sich dort »wie der König auf dem Throne« (911), dem nur noch die Krone fehlt. Die Tiere bringen ihm eine, die schon einen Riss hat, und fordern ihn auf, sie mit »Schweiß und mit Blut« (914) zu leimen. Doch sie gehen so ungeschickt mit der Krone um, dass sie, bevor Mephisto etwas tun kann, in zwei Stücke zerbricht.

Das Bild von der zerbrochenen Krone ist zweifellos eine Anspielung auf den Beginn der Französischen Revolution. Goethe gibt eine Bewertung der revolutionären Vorgänge, die von einem erstaunlichen politischen Weitblick zeugt. Er verkündet dem korrupten französischen Königtum schon in einer Zeit den völligen Untergang, als viele noch an seinen Fortbestand glaubten.

Während Mephisto den »Diskurs« (855) mit den Affen führt, schaut Faust immerfort in einem »Zauberspiegel« (893) auf den Körper einer vollendet schönen Frau. »Das schönste Bild von einem Weibe« (899) zieht ihn unwiderstehlich in seinen Bann; doch sobald er sich nähert, löst es sich in Nebel auf. Weibliche Schönheit von solcher Vollkommenheit scheint nicht von dieser Welt zu sein. Faust wünscht sich von der Liebe Flügel, um in die überirdischen Gefilde des »himmlisch[en] Bild[es]« (892) geführt zu werden. Die Spiegelvision will aber mit dem Bild der nackten Schönen nicht eine ideale Liebe befördern, sondern sexuelles Verlangen wecken. Mephisto holt den von weiblicher Schönheit überwältigten Faust auf die Erde zurück und versichert ihm, dass er »so ein Schätzchen« (908) wie das im »Zauberspiegel« durchaus zu beschaffen wisse. Für diesmal freilich müsse er sich mit dem Sehen begnügen. Wieder an das Bild im Spiegel gefesselt, droht Faust »schier verrückt« (919) zu werden. Als er sich in existenzieller Not endlich entschließt, sich vom Spiegel loszureißen, kehrt die Hexe mit entsetzlichem Geschrei durch den Kamin nach Hause zurück.

Die Hexe und Mephisto sind sich lange Zeit nicht begegnet. Goethe nutzt das Wiedersehn, das jetzt stattfindet, um ein für alle Mal klarzustellen, dass sein Mephisto kein christlicher Teufel ist. Die Hexe, die ihren »Herrn und Meister« (945) nicht wiedererkennt, muss einen grundlegenden Wandel zur Kenntnis nehmen. Das »nordische Phantom« mit seinen Attributen »Hörner, Schweif und Klauen« (960 f.), das er früher gewesen sei, habe sich »schon lang ins Fabelbuch« (970) verabschiedet. Die Menschen brauchten den »Bösen« (972), den »Junker Satan« (967), nicht mehr zu fürchten. Allerdings sei damit ihr Los in keiner Weise gebessert; denn »die Bösen« (972) seien geblieben. Mephisto präsentiert sich der Hexe in neuer, zeitgemäß zivilisierter Gestalt als adliger Herr; ob er zu den modernen »Bösen« gehört, lässt er vornehm offen: »Du nennst mich Herr Baron, so ist die Sache gut; / Ich bin ein Kavalier, wie andre Kavaliere.« (973 f.)

Als ein »tausendkünstiger Proteus«, der »mancherlei Form und Manier [zu] gebrauchen«[16] weiß, konnte schon der christliche Teufel auch die Gestalt eines adligen Herrn annehmen. Er wollte damit anzeigen,

59

dass er über Macht und Reichtum verfügt. Goethe verfolgt weiter gehende Absichten. Er lässt Mephisto in *Hexenküche* als Adligen auftreten, um dem Stand des Adels einen heftigen Schlag zu versetzen.

Mephisto stellt am Ende der Szene dem verjüngten Faust das arbeitsfreie Genussleben, das er antreten soll, nicht als etwas allgemein Menschliches und jederzeit Mögliches vor. Es ist vielmehr ausdrücklich die Rede von einem »edlen Müßiggang« (1059). Der vorgeblich adlige Herr legt also Wert darauf, dem »Müßiggang« das Attribut ›adlig‹ beizugeben und ihn damit als Lebensstil seines Standes auszuweisen. Offenherzig denunziert sich in der Gestalt Mephistos der Adel selbst als Stand des »Müßiggang[s]«.

Mit dem Auftreten der Hexe beginnt das eigentliche »Zauberwesen«. Faust darf den Zaubertrank nicht »unvorbereitet« (989) trinken. Er muss durch eine Folge von magischen Zeremonien auf den Höhepunkt hingeführt werden: wie der gläubige Christ durch die Messe auf das Abendmahl. Die Absicht, das komplizierte Ritual der katholischen Messfeier zu parodieren, ist unverkennbar. Am 8. Juni 1887 schrieb Goethe aus Rom an Charlotte von Stein:

> »Gestern war Fronleichnam. Ich bin nun ein für allemal, für diese Kirchliche Cerimonien verdorben, alle diese Bemühungen eine Lüge gelten zu machen kommen mir schaal vor und die Mummereyen die für Kinder und sinnliche Menschen etwas imposantes haben, erscheinen mir auch sogar wenn ich die Sache als Künstler und Dichter ansehe, abgeschmackt und klein. Es ist nichts größer als die Wahrheit und das kleinste Wahre ist groß.« (WA B 8, 230)

Die Zeremonie wird durch das »Hexen-Einmaleins« (1015) eingeleitet. Die Hexe verkündet in einer Folge von Zahlenspielereien gleichsam die Anfangsgründe ihrer Zauberkunst. Da die sprachlich korrekten Sätze auf einen verborgenen Sinn hinzudeuten scheinen, wurden sie mit verschiedenen Ansätzen (magische Quadrate, Zahlenmystik u. a.) immer wieder zu entschlüsseln versucht. Dabei ist das »Hexen-Einmaleins« nichts anderes, wie von Goethe selbst mehrfach dargelegt, als »Unsinn« (1036) in Reinkultur, die augenfälligste Selbstdarstellung der sinnentleerten »Hexenküchen«-Welt.

Faust verurteilt die Operationen der Hexe als »abgeschmackteste[n] Betrug« (997). Mephisto sieht das nicht anders. Auch für ihn sind sie ein »Hokuspokus« (1001), aber ein notwendiger. Zu allen Zeiten müsse ein Brimborium gemacht werden, damit das Volk den »Irrtum« als »Wahrheit« (1025) schlucke. Selbst Faust macht keine Ausnahme. Obwohl er den Betrug als solchen erkennt, lässt er sich von Mephisto zum Mittun nötigen; denn er ist gierig auf den Genuss der Welt. Nachdem er den Zaubertrank getrunken hat, wünscht er als Erstes, noch einmal das Frauenbild im Spiegel zu sehen. Doch mit Bildern gibt sich Mephisto jetzt nicht mehr ab. Faust soll »das Muster aller Frauen« bald »leibhaftig« (1064 f.) vor sich haben.

Die Gretchen-Szenen

Von den 17 Szenen, in denen im so genannten *Urfaust* die Liebe zwischen Faust und Gretchen dargestellt ist, werden im *Fragment* nur die Szenen 1 bis 12 abgedruckt. Die Geschichte endet im *Fragment* mit der Szene *Dom* und Gretchens Zusammenbruch. Die durch nichts abgemilderte Katastrophe glaubte Goethe offenbar seinen Lesern nicht zumuten zu können.

Auf die Szene *Am Brunnen* folgend ist neu in den Komplex die Szene *Wald und Höhle* eingebracht. Faust hat sich nach der ersten Liebesnacht von Gretchen gelöst. Er bemüht sich, das Mädchen zu vergessen, das er immer noch begehrt, aber nicht heiraten will, indem er in völliger Einsamkeit die Natur erforscht. Goethe selbst suchte in den achtziger Jahren, als ihn die unerfüllte Liebe zu Charlotte von Stein zunehmend bedrückte, seelischen Halt in ernsthaften Naturstudien. Die Szene *Wald und Höhle* wirft so ein neues Licht auf die Faust-Gestalt. Für die Gretchen-Handlung fällt sie dagegen dramaturgisch nicht ins Gewicht; denn der Rückzug in die Natur kann die Entwicklung zur Katastrophe hin, die schon begonnen hat, nicht mehr rückgängig machen. In *Faust I* folgt die Szene auf das Liebesgeständnis im Gartenhäuschen, wodurch sie eine retardierende Funktion erhält.

(15)   »Wald und Höhle« (1889 – 2044)

In einer Höhle, weitab von den Menschen, dankt Faust in Blankversen dem »Erhabne[n] Geist« (1889), dass er ihm die »herrliche Natur zum Königreich« (1892) gab. Faust hat als einsamer Naturforscher mit »strenge[r] Lust« (1911) die »Reihe der Lebendigen« (1897) studiert und erstmals wirklich die Natur kennen gelernt. Mit dem Reichtum an äußerer Erfahrung der Natur hat er zugleich eine tiefere Einsicht in das eigene Ich gewonnen.

Faust dankt dem Erdgeist, der die Natur geschaffen hat, für die tiefe innere Zufriedenheit, die ihm als Naturforscher zuteil geworden ist. In der Szene *Nacht* hatte er den Anspruch erhoben, mit der göttlich schaffenden Natur im Ganzen gleich zu werden, und war zurückgewiesen worden. Was er dagegen in *Wald und Höhle* erstrebte, das konnte der Erdgeist gewähren: die Aneignung der Natur durch das Studium ihrer einzelnen Erscheinungen. Die Verse »Erhabner Geist, du gabst mir, gabst mir alles, / Warum [worum] ich bat« (1889f.) bestätigen den neuen empirischen Zugang zur Natur. Es besteht kein Grund, sie auf die ›Beschwörungen‹ der Szene *Nacht* zu beziehen und eine Sinnwidrigkeit zu konstruieren.

Das einsame Naturforscherdasein hat Faust »neue Lebenskraft« (1950) gegeben. Der Einklang mit sich und der Welt kann indes nicht von Dauer sein, weil sich Konflikte in der Menschenwelt durch den Rückzug in die Natur zwar für eine Zeit verdrängen, aber nicht lösen lassen. Faust muss wieder, ob er will oder nicht, an das Mädchen denken, vor dem er geflohen ist und das er dennoch heftig begehrt. Noch mit sich allein, überkommt ihn ein mächtiges sexuelles Verlangen nach »jenem schönen Bild« (1920), das auf Erfüllung drängt.

Mephisto, der Faust jetzt in der »Öde« (1951) aufsucht und zur Rückkehr in die Menschenwelt auffordert, macht nur rücksichtslos ein Bedürfnis bewusst, das schon vorhanden ist. Faust mag den »Gefährten« (1915), der ihm ausmalt, wie sich Gretchen in Liebe verzehrt, in ohnmächtiger Wut verwünschen und ihm die Schuld am Verlust der Naturidylle aufbürden: Er muss ihm doch folgen und zu Gretchen zurückkehren, weil er es selber will.

Am Ende der Szene flüchtet sich Faust in die pathetische Selbstanklage, mit der er schon im so genannten *Urfaust* (1414–1431) sein Verhalten gegenüber Gretchen zu bewältigen und zu rechtfertigen suchte.

III »Faust. Eine Tragödie. Der Tragödie Erster Teil«

Dass Goethe Ende Juni 1797 nach einer mehr als siebenjährigen Pause wieder an *Faust* ging, ist der Arbeitsfreundschaft mit Friedrich Schiller (1759–1805) zu danken. Seit 1794 hatte Schiller mehrfach Interesse und Anteilnahme bekundet und zur Weiterarbeit ermutigt. Doch es bedurfte noch eines Anstoßes durch besondere äußere Umstände. Im Frühsommer 1797 sah sich Goethe angesichts des Vormarschs von Napoleons Italienarmee auf Wien gezwungen, seine langfristig vorbereitete dritte Reise nach Italien zunächst auszusetzen und die weitere Entwicklung abzuwarten. Ein nicht eingeplanter zeitlicher Freiraum tat sich auf und musste durch eine sinnvolle Beschäftigung gefüllt werden.

In einem ersten Arbeitsschritt sichtete und ordnete Goethe das Vorhandene und schon Geplante. Um sich Klarheit über den Verlauf der Handlung zu verschaffen und nachdrücklich zu kennzeichnen, was noch zu leisten war, legte er am 23. Juni 1797 ein »Ausführlicheres Schema zum Faust« (WA T 2, 74) an. Dieser Stoffplan, der Szenen oder Handlungskreise disponiert, ist nicht erhalten und lässt sich nicht rekonstruieren, auch wenn durch Zeugnisse im Tagebuch und in Briefen sowie durch eine bezifferte Ad-Zuordnung von Handschriften zum Schema bestimmte Konturen sichtbar werden.[17]

Gleichzeitig mit der Planung des Ganzen entstanden neue Texte. Ernst Grumach hat nachgewiesen, dass ein Entwurf der letzten 25 Verse von *Prolog im Himmel* der Ende Juni 1797 wieder aufgenommenen Arbeit an *Faust* zugehört.[18] Mehrere Versuche, *Prolog* erst auf die Zeit um 1800 anzusetzen, sind damit gegenstandslos geworden. Entwürfe zu *Vorspiel auf dem Theater* (Plpp. 6–10 H/10, 4, 5, 3 WA sowie WA 14, 255) fallen ebenfalls in die Zeit des Neuansatzes. Als Gegenstücke zu *Zueignung*, die im Tagebuch auf den 24. Juni 1797 datiert ist, wurden die Gedichte *Abkündigung* und *Abschied* zumindest vorgesehen.

Goethe fixierte also Ende Juni/Anfang Juli 1797 einen neuen Stoffplan für das *Faust*-Drama, das noch einteilig konzipiert war, und er entwarf eine lyrisch-dramatische Rahmendichtung. Dann trat die Arbeit an *Faust* schon wieder in den Hintergrund.

Erst am 9. April 1798 wird *Faust* wieder im Tagebuch erwähnt. Die Eintragungen reichen bis zum 21. April. Am 5. Mai schrieb Goethe an Schiller:

Theaterzettel der Uraufführung von *Faust I* in Braunschweig

»Meinen Faust habe ich um ein gutes weiter gebracht. Das alte, noch vorrätige, höchst konfuse Manuskript ist abgeschrieben und die Teile sind in abgesonderten Lagen nach den Nummern eines ausführlichen Schemas hinter einander gelegt; nun kann ich jeden Augenblick der Stimmung nutzen, um einzelne Teile weiter auszuführen und das Ganze früher oder später zusammen zu stellen.« (G/L 2, 90)

Goethe scheint die Arbeit am bezifferten *Faust*-Schema vom Juni 1797 fortgeführt und endgültig abgeschlossen zu haben.

Der Ausführung der einzelnen Teile stand nichts mehr im Wege. Doch wider Erwarten rückte die Arbeit nur sehr langsam voran. Im August 1798 rechnete Goethe noch mit vier Monaten bis zum Abschluss.[19] In einem Brief an den Verleger Johann Friedrich Cotta vom 2. Januar 1799 musste er schon gestehen, dass er die Zeit der Reife nicht mehr vorauszusagen wisse. Im Jahr 1799 wurde Arbeit am *Faust* nur für

Faust (Eduard Schütz) und Gretchen (Wilhelmine Berger) in der Uraufführung von *Faust I* am Hoftheater Braunschweig (1829, Regie August Klingemann)

zwei Tage im September vermerkt. Im März 1800 fürchtete Schiller, dass Goethe den *Faust* ganz liegen lasse. Um das zu verhindern, veranlasste er Cotta, der schon Goethes Zeitschrift »Propyläen« verlegt hatte, dem Dichter für die Herausgabe des *Faust* ein lukratives Angebot zu machen. Goethe nahm sich daraufhin im April 1800 das Drama wieder vor.

Die Arbeit trat jetzt in ihre zweite entscheidende Phase. An ihrem Beginn stand eine einschneidende konzeptionelle Veränderung. Um wenigstens teilweise bald zu einem Abschluss zu kommen, entschloss sich Goethe, das bisher einteilige Drama in zwei Teile zu trennen. Auf einem Blatt (Plp. 5 H/1 WA), das ganz sicher aus dieser Zeit stammt[20], notierte er in flüchtiger Schrift und stichwortartig Grundgedanken zum *Faust*, die erstmals von einer Zweiteilung ausgehen. Mit dem Entschluss zur Zweiteilung wurde die Gültigkeit des bezifferten *Faust*-Schemas von 1797/98 nicht notwendig aufgehoben, aber doch eingeschränkt; denn von jetzt an ordnete Goethe den *Faust*-Handschriften keine Ad-Nummern mehr zu.

Goethe arbeitete an *Faust* im April, September und Oktober 1800 und am intensivsten von Februar bis April 1801. In dieser Zeit gelang es ihm endlich, Faust und Mephisto auf dem Boden seiner Weltanschauung zu verbinden und die »große Lücke«[21] zwischen der Szene *Nacht* und der ›Ausfahrt in die Welt‹ zu schließen. *Faust I* war damit im April 1801 konzeptionell durchgebildet, aber als Werk noch nicht abgeschlossen. In diesem Zustand blieb er nochmals fünf Jahre liegen. Im Frühjahr 1806 war dann die Ablieferung des *Faust* für den Druck in der ersten dreizehnbändigen Werkausgabe bei Cotta nicht länger hinauszuzögern. Goethe verzichtete auf einst im Stoffplan vorgesehene Szenen, etwa die Disputationsszene[22], und brachte nur noch Ergänzungen an, die zum Verständnis der Handlung notwendig waren.

Die beiden entscheidenden Neuerungen der Arbeitsperiode von 1797 bis 1801 waren die Wette und der überhistorische Rahmen des *Prologs*.

Goethe hatte zwischen Faust und Mephisto eine Verbindung herzustellen, die mit seiner Weltanschauung vereinbar war. Faust musste als Gestalt so angelegt sein, dass er gegen Mephisto bestehen konnte. Um dieses konzeptionelle Problem zu lösen, bedurfte es neuer weltanschaulicher und philosophischer Einsichten.

Für den jungen Goethe waren Wert und Würde des Menschen dadurch gesichert, dass er der göttlichen Natur zugehörte. Die besondere Stellung des Menschen, seine Fähigkeit zu selbstständigem Handeln wurden nicht übersehen; doch standen die Eingliederung in das große Ganze, das Einssein mit der Natur immer im Vordergrund. Der Mensch musste die Gaben, die ihm durch seine Teilhabe an der Natur geboten wurden, nur empfangen und richtig nutzen. Dementsprechend erwartete Goethe, als er sich in den achtziger Jahren systematischen Naturstudien zuwandte, wahres Wissen über die Natur allein von der sinnlichen Wahrnehmung. Das freie Denken wurde als subjektiv und spekulativ beargwöhnt; es schien den unmittelbaren Zugang zur Natur zu verstellen und war deshalb als sachfremde Zutat aus der Naturforschung herauszuhalten. Nach einer Begegnung mit Goethe schrieb Schiller am 1. November 1790 an seinen Freund Körner:

> »Ihm ist die ganze Philosophie subjectivisch, und da hört denn Überzeugung und Streit zugleich auf. Seine Philosophie mag ich auch nicht ganz: sie holt zuviel aus der Sinnenwelt, wo ich aus der Seele hole. Überhaupt ist mir seine Vorstellungsart zu sinnlich und *betastet* mir zu viel.«[23]

Bei seinen Naturstudien musste Goethe jedoch die Erfahrung machen, dass er mit dem Gebot, immer nur zu sehen und zu beobachten, Gefahr lief, in einem Meer von Empirie zu ertrinken. Er erkannte, dass wirkliches Wissen über die Natur nicht ohne konstruktives Denken zu erlangen war. Eigene Erfahrung gab damit den Anstoß, die methodischen Richtlinien des Empirismus und Sensualismus infrage zu stellen und die geistigen Fähigkeiten des Menschen in einem neuen Licht zu sehen. Goethe wurde damit kein Kantianer. Weil er an seiner Überzeugung festhielt, dass die Natur unabhängig vom Menschen schon ein gesetzlich geordnetes Ganzes war, konnte er an Immanuel Kants (1724 bis 1804) kritischer Philosophie niemals akzeptieren, dass die Macht des theoretischen Vermögens des Menschen so weit reichen sollte, den in der sinnlichen Wahrnehmung gegebenen Erkenntnisinhalt überhaupt erst zu einer sinnvollen Erkenntnis auszuformen. Seine uneingeschränkte Zustimmung hatte jedoch Kants Grundanliegen, den Menschen als ein freies geistiges Wesen zu begreifen.

Die eigenen Erfahrungen in der naturwissenschaftlichen Arbeit und der Einfluss von Kant und Schiller bewirkten, dass Goethe im Verlauf der neunziger Jahre die übertriebene Achtung vor den Gegenständen überwand und die geistigen Fähigkeiten des Menschen als die entscheidenden anerkannte. Wert und Würde des Menschen lagen jetzt in dem Vermögen, der Natur als freies Subjekt gegenüberzutreten und sie zum Gegenstand seiner Tätigkeit zu machen. Der Mensch ist und bleibt für Goethe ein Teil der Natur. Doch wirke in ihm eine unversiegbare geistige Kraft, die aus der Kenntnis dessen, was ist, ständig entwerfe, was sein soll, die immerfort über das Erreichte hinausstrebe und damit gleichsam über die Natur hinausgehe. In *Wilhelm Meisters Lehrjahre* lässt Goethe den Oheim im Gespräch mit der »schönen Seele« erklären:

»Es muß also in dem Begriff des Menschen kein Widerspruch mit dem Begriff der Gottheit liegen; und wenn wir auch oft eine gewisse Unähnlichkeit und Entfernung von ihr empfinden, so ist es doch um desto mehr unsere Schuldigkeit, nicht immer wie der Advokat des bösen Geistes nur auf die Blößen und Schwächen unserer Natur zu sehen, sondern eher alle Vollkommenheiten aufzusuchen, wodurch wir die Ansprüche unserer Gottähnlichkeit bestätigen können. [...] Des Menschen größtes Verdienst bleibt wohl, wenn er die Umstände soviel als möglich bestimmt und sich sowenig als möglich von ihnen bestimmen läßt. Das ganze Weltwesen liegt vor uns wie ein großer Steinbruch vor dem Baumeister, der nur dann den Namen verdient, wenn er aus diesen zufälligen Naturmassen ein in seinem Geiste entsprungenes Urbild mit der größten Ökonomie, Zweckmäßigkeit und Festigkeit zusammenstellt. Alles außer uns ist nur Element, ja ich darf wohl sagen, auch alles an uns; aber tief in uns liegt diese schöpferische Kraft, die das zu erschaffen vermag, was sein soll, und uns nicht ruhen und rasten läßt, bis wir es außer uns oder an uns, auf eine oder die andere Weise, dargestellt haben.« (BA 10, 423 f.)

Die neuen Einsichten in die Bedeutung des »Menschengeists« erlaubten es Goethe, eine Faust-Gestalt zu konzipieren, die in einen Wettstreit mit Mephisto eintreten konnte, ohne von vornherein zur Niederlage verurteilt zu sein.

Faust überspringt nicht wieder seine Endlichkeit; er will kein Gott mehr werden. Doch birgt er jetzt einen Gott »im Busen« (1566): Er verfügt über einen unerschöpflichen Geist, der immer schaffen will und im Endlichen gleichsam als etwas Unendliches wirkt. Durch den »Menschengeist«, der als des »Menschen allerhöchste Kraft« (*Fragment*, 331), als Gott »im Busen« angesehen wird, gewinnt Faust die Statur, gegen Mephisto in einem Wettstreit mit offenem Ausgang anzutreten. Gegenstand der Wette ist eben dieser »Menschengeist«, aus dem die besondere Würde des Menschen erwächst. Faust sieht in einem lebenslang nicht endenden Streben des »Menschengeists« sein Wesen als Mensch. Mephisto will dagegen dieses Streben als etwas Nichtiges und Sinnloses erweisen; er will Faust dahin bringen, dass er sein Streben aufgibt.

Der »Menschengeist«, der Faust eine Position der Stärke verleiht, ist zugleich mit einem grundlegenden Makel behaftet. Er scheint nur im Innern des Menschen Macht zu haben, nicht in der Außenwelt:

> »Der Gott, der mir im Busen wohnt, / Kann tief mein Innersten erregen; / Der über allen meinen Kräften thront, / Er kann nach außen nichts bewegen; / Und so ist mir das Dasein eine Last, / Der Tod erwünscht, das Leben mir verhaßt.« (1566–1571)

Faust meint aus der Erfahrung seines bisherigen Lebens schließen zu müssen, dass ihm die Verwirklichung seines schöpferischen Geists in der Welt grundsätzlich verwehrt ist. Es bedarf der kräftigen Einwirkung Mephistos, dass Faust sein Streben überhaupt nach außen wendet. Mephisto muss Faust erst in die Welt hinaustreiben und ihm bei der wirklichen Aneignung der Welt ständig helfend zur Seite stehen. Damit wird angezeigt, dass sich der »Menschengeist« niemals rein veräußern kann, dass menschliches Handeln, sobald es die geistige Reinheit des Ich verlässt, prinzipiell gefährdet ist.

Goethe konnte nach den Erfahrungen, die er in der Weimarer Staatsverwaltung gesammelt hatte, nicht mehr daran glauben, dass sich die menschliche Gesellschaft in einem gradlinigen Fortschreiten schnell zu einem Reich der Vernunft ausbilden werde. Er musste sich eingestehen, dass neben Vernunft, Notwendigkeit und Ordnung in der Geschichte oft auch Unvernunft, Zufall und Willkür herrschten und immer herrschen werden, dass menschliches Leben oft sinnlos und vergeblich war. An diesen Widersprüchen aber zerbrach er nicht.

Nachdem er bei seinen Naturstudien Gegensätze in einem einheitlichen Ganzen als Quelle und Triebkraft von Entwicklung erkannt hatte, lernte er sie auch im sozialen Leben als produktive Kraft begreifen. Von seiner Überzeugung, der Welt und den Menschen sei durch eine übergreifende Ordnung Vernünftigkeit im Ganzen garantiert, war Goethe nicht abzubringen.

Die *Faust*-Dichtung verbreitet bei allem Stolz auf die menschliche Vernunft keinen flachen Optimismus und wiegt den Menschen nicht in einer falschen Sicherheit. Goethe war sich der prekären Lage des Menschen wohl bewusst und schloss die Möglichkeit des Scheiterns nicht aus. Gleichwohl hielt er es für unerlässlich, die Zuversicht zu vermitteln, dass die Vernunft des Menschen das Zufällige, Willkürliche und Regellose in ihm eindämmen könne. Der irdischen Wirklichkeit des *Faust* wurde deshalb ein übermenschlicher Bereich des Unbedingten vorangestellt, der eine vom Menschen unabhängige Ordnung und Sinngebung verbürgt. Der *Prolog im Himmel* soll deutlich machen, dass dem »Weltgebäude« »eine Idee zum Grund liege, wonach Gott in der Natur, die Natur in Gott, von Ewigkeit zu Ewigkeit, schaffen und wirken möge« (LA I 9, 97). Die Handlung in der Welt des Menschen beginnt erst, nachdem deren inneres Wesen, Manifestation eines göttlichen Vernunftprinzips zu sein, klargestellt ist.

Als Goethe im Juni 1797 die Arbeit an *Faust* wieder aufnahm, hatten sich seine kunst- und dramentheoretischen Vorstellungen gewandelt. Der junge Goethe war von der Evidenz der unmittelbaren Erfahrung ausgegangen, hatte aber bei seinen Naturstudien feststellen müssen, dass es zu wirklicher Erkenntnis erforderlich war, sich von den Erscheinungen zu lösen und zum Wesen vorzudringen. Dementsprechend wurde auch die Kunst auf das »Gesetzliche in der Natur«[24] verwiesen. Sie sollte das den Menschen zu allen Zeiten Wesentliche, das »reine Menschliche«[25] darstellen und Einblicke in gesetzmäßige Zusammenhänge vermitteln. Die Nähe zur erfahrbaren Wirklichkeit, die Vielfalt der Weltaspekte, das realistische Detail verbürgten nicht mehr zwangsläufig das wahre Kunstwerk. Der Vorsatz, im Kunstwerk der »empirischen Weltbreite«[26] nahe zu kommen, barg vielmehr die Gefahr, allein Zufälliges und Nebensächliches aufzuhäufen und das »reine Menschliche« zu verdecken. Besonders das Drama schien dieser Gefahr ausgesetzt. Goethe orientierte sich deshalb in *Iphigenie auf Tauris*, *Torquato Tasso* und später in *Die natürliche Tochter* an Bau- und Stilprinzipien des einst abgelehnten »regelmäßigen Theaters«[27] der französischen klassizistischen Tragödie, die es ihm ermöglichten, das »historisch-politisch-barbarisch Temporäre«[28] zurückzudrängen.

Stoffwelt und Bauform im so genannten *Urfaust* entsprachen nicht dem neuen Kunstkonzept. Angesagt war die Verteidigung der Kunst gegen den um sich greifenden »Naturalismus«[29], gegen das Streben der Zuschauer und Zuhörer, alles völlig wahr zu finden:

> »So sieht man auch im Gang der Poesie, daß alles zum Drama, zur Darstellung des *vollkommen Gegenwärtigen* sich hindrängt [...], so soll alles sinnlich wahr, vollkommen gegenwärtig, dramatisch sein, und das Dramatische selbst soll sich dem wirklich Wahren völlig an die Seite stellen. Diesen eigentlich kindischen, barbarischen, abgeschmackten Tendenzen sollte nun der Künstler aus allen Kräften widerstehn, Kunstwerk von Kunstwerk durch undurchdringliche Zauberkreise sondern, jedes bei seiner Eigenschaft und seinen Eigenheiten erhalten, so wie es die Alten getan haben und dadurch eben solche Künstler wurden und waren; [...].«[30]

Die großen und nahezu einzigen Vorbilder waren die Griechen mit ihrer »sehr geschmackvollen Sonderung und Läuterung der verschiedenen Dichtarten«[31]. Goethe hätte in der zweiten Hälfte der neunziger Jahre am liebsten nur noch die »reine Form«[32] des Epos benutzt. Ihm lag nichts mehr daran, eine mannigfaltige Welt, und schon gar keine nordische, wirklichkeitsnah dramatisch darzustellen. *Faust* war ihm eine »barbarische Komposition«[33] und in Briefen an Freunde erweckte er den Anschein, als würde er einen Abschluss nur anstreben, um sich dann »von aller nordischen Barbarei loszusagen«[34].

Man konnte an *Faust*, wie die Debatte über epische und dramatische Dichtung von 1797 zeigt, aber auch Eigenschaften entdecken, die dem neuen Kunstkonzept entgegenkamen. Goethe und Schiller wollten in der Debatte herausfinden, wie die beiden Dichtungsarten jeweils mit ihren Eigenheiten Gefahr liefen, gegen Grundgesetze der Kunst zu verstoßen, und wie dem zu begegnen war. Gut sichtbar gemacht ist dieses Anliegen durch Schiller in einem Brief vom 26. Dezember 1797, der auf den die Debatte abschließenden Aufsatz *Über epische und dramatische Dichtung* eingeht:

> »Daß der Epiker seine Begebenheit als vollkommen vergangen, der Tragiker die seinige als vollkommen gegenwärtig zu behandeln habe, leuchtet mir sehr ein. Ich setze noch hinzu. Es entsteht daraus ein reizender Widerstreit der Dichtung als Genus mit der Spezies derselben, der in der Natur wie in der Kunst immer sehr geistreich ist. Die Dichtkunst, als solche, macht alles sinnlich gegenwärtig, und so nötigt sie auch den epischen Dichter, das Geschehene zu vergegenwärtigen, nur daß der Charakter des Vergangen-

seins nicht verwischt werden darf. Die Dichtkunst, als solche, macht alles Gegenwärtige vergangen und entfernt alles Nahe (durch Idealität), und nötigt so den Dramatiker, die individuell auf uns eindringende Wirklichkeit von uns entfernt zu halten und dem Gemüt eine poetische Freiheit gegen den Stoff zu verschaffen. Die Tragödie in ihrem höchsten Begriffe wird also immer zu dem epischen Charakter *hinauf*streben und wird nur dadurch zur Dichtung. Das epische Gedicht wird eben so zu dem Drama *herunter*streben und wird nur dadurch den poetischen Gattungsbegriff ganz erfüllen; just das, was beide zu poetischen Werken macht, bringt beide einander nahe. Das Merkmal, wodurch sie spezifiziert und einander entgegen gesetzt werden, bringt immer einen von beiden Bestandteilen des poetischen Gattungsbegriffs ins Gedränge, bei der Epopee die *Sinnlichkeit*, bei der Tragödie die *Freiheit*, und es ist also natürlich, daß das *Contrepoids* gegen diesen Mangel immer eine Eigenschaft sein wird, welche das spezifische Merkmal der entgegengesetzten Dichtart ausmacht.« (G/L 1, 456)

Goethe und Schiller stimmten darin überein, dass »durch einen so schlechten Hang des Zeitalters« vor allem das Drama gefährdet war. Hier musste »durch Verdrängung der gemeinen Naturnachahmung der Kunst Luft und Licht«[35] verschafft werden. Besonders geeignet für diesen Zweck schien beiden, wie Schiller am 21. April 1797 an den Freund schreibt, ein »Hauptcharakter des epischen Gedichts«, »die Selbständigkeit seiner Teile«:

> »Die bloße, aus dem Innersten herausgeholte *Wahrheit* ist der Zweck des epischen Dichters: er schildert uns bloß das ruhige Dasein und Wirken der Dinge nach ihren Naturen, sein Zweck liegt schon in jedem Punkt seiner Bewegung; darum eilen wir nicht ungeduldig zu einem Ziele, sondern verweilen uns mit Liebe bei jedem Schritte. Er erhält uns die höchste Freiheit des Gemüts, [...].« (G/L 1, 320)

Von diesen Überlegungen ausgehend konnte die Auflösung des in Raum und Zeit eng verfugten Handlungskontinuums in eine Folge relativ selbstständiger Geschehnisteile eine ganz andere Funktion übernehmen als die ursprünglich beabsichtigte. Der junge Goethe hatte die hohe Stilisierung der höfischen Welt der Tragédie classique durchbrechen und Faust mit unterschiedlichen Wirklichkeitsbereichen konfrontieren wollen. Zwanzig Jahre später wurde die in relativ selbstständige Teile aufgelöste Handlung als eine Haupteigenschaft der Epik ausgemacht, die geeignet war, dem »Naturalismus« entgegenzuwirken. Was einst Wirklichkeitsnähe befördern sollte, wurde jetzt als Mittel zur Schaffung von Distanz verstanden.

Die »neue Theorie des epischen Gedichts« erleichterte den neuen

Zugang zu einem fremd gewordenen Werk. Goethe sah sich legitimiert, an *Faust* nach dem vorgegebenen Bauplan weiterzuarbeiten. Am 27. Juni 1797 schrieb er an Schiller:

> »Ihre Bemerkungen zu Faust waren mir sehr erfreulich. Sie treffen, wie es natürlich war, mit meinen Vorsätzen und Planen recht gut zusammen, nur daß ich mirs bei dieser barbarischen Komposition bequemer mache und die höchsten Forderungen mehr zu berühren als zu erfüllen denke [...]. Ich werde sorgen, daß die Teile anmutig und unterhaltend sind und etwas denken lassen; bei dem Ganzen, das immer ein Fragment bleiben wird, mag mir die neue Theorie des epischen Gedichts zu statten kommen.« (G/L 1, 351)

»Faust. Eine Tragödie«

»Zueignung« (1–32)

Die erste von drei Szenen, die Teil I vorausgehen und das zweiteilige Gesamtwerk einleiten.

Faust beginnt mit einem Gedicht in Stanzen: Ein lyrisches Ich spricht von einer Dichtung, die es in früher Jugend begonnen, aber nicht vollendet hat und die es nach langer Pause erneut in ihren Bann zieht. Obwohl unverkennbar von der Entstehungsgeschichte des *Faust* die Rede ist und der Dichter, wenn er von seinem »Lied« (23) spricht, sicher die folgende Dichtung *Faust* meint, sind der Autor des *Faust* und der Dichter der *Zueignung* nicht einfach gleichzusetzen. Goethe offenbart zwar seine innersten Gefühle und Gedanken, vermeidet es aber, sich zu seiner Identität zu bekennen.

Die einst geschaffenen »Gestalten« (1) ergreifen das »strenge Herz« (30) des gereiften Dichters und üben eine unwiderstehliche Faszination aus. Sie rufen die Jugendzeit zurück und wecken die Erinnerung an »erste Lieb und Freundschaft« (12). Die Sehnsucht löscht gleichwohl nicht das Bewusstsein der historischen Distanz. Was »früh sich einst dem trüben Blick gezeigt« (2), entspricht nicht mehr den Vorstellungen der Reifezeit. Verworfen werden die »ersten [Gesänge]« (18) dennoch nicht. Der Dichter beginnt nicht ganz neu: Er wird die Leistungen der Vergangenheit in das zu vollendende Werk einbringen.

Das Gedicht ist mit *Zueignung* überschrieben. Eine Zueignung an Leser, die zu erwarten war, findet aber nicht statt. Das Gedicht hat vielmehr zum Gegenstand, wie der Dichter das fremd gewordene Werk sich selbst erneut zu Eigen macht. Den künftigen Leserinnen und Lesern scheint er sich eher zu verweigern. Er spricht von einer »unbekannten Menge« (21), die selbst mit ihrem Beifall sein Herz ängstigt.

Die *Zueignung* bricht die theatralische Illusion und kennzeichnet alles Folgende als eine dichterische Hervorbringung. Darüber hinaus gibt sie bekannt, dass im folgenden Werk »Gesänge« aus verschiedener Zeit und unterschiedlichen Geistes vereint sind.

Mit *Zueignung* korrespondieren die beiden Gedichte *Abkündigung* und *Abschied* (Plpp. 2 und 3 H / WA 15/1, 344), die ebenfalls in der Arbeitsperiode von 1797 bis 1801 entstanden sind. Für diese Schlusswendungen an das Publikum hatte Goethe im späteren Plan keine Verwendung mehr.

»Vorspiel auf dem Theater« (33 – 242)

In der zweiten Rahmen-Szene tritt ›Dichtung‹, die bisher nur eine Sache des Dichters gewesen ist, als Theaterstück in ein soziales Verhältnis ein und wird Gegenstand unterschiedlicher Interessen. Goethe war mit dem Theater als Kunsttempel und als geschäftliches Unternehmen auf das Beste vertraut. Er leitete über lange Jahre das Weimarer Theater, schrieb Stücke und war in den frühen Weimarer Jahren sogar selbst als Schauspieler aufgetreten.

In *Vorspiel auf dem Theater* werden die unterschiedlichen Interessen der an der Theaterarbeit Beteiligten ebenso vorgestellt wie die Wünsche der Zuschauerinnen und Zuschauer. Zugleich wird erkennbar, wie Goethe selbst über das Theaterspielen und die Kunst im Allgemeinen denkt – freilich nicht abzulesen an den Aussagen nur einer Person. Der folgende Meinungsaustausch ist so angelegt, dass man, um Goethe auf die Spur zu kommen, jeweils einseitige Standpunkte vermitteln muss.

Während das Publikum schon im Zuschauerraum sitzt und auf den Beginn der Aufführung wartet, findet hinter der Bühne eine Beratung statt. Der Direktor eines Wandertheaters, der für das Theater arbeitende Dichter und ein als lustige Person maskierter Schauspieler tauschen ihre Meinungen darüber aus, wie das aufzuführende Stück beschaffen sein und welche Bedürfnisse es befriedigen solle. Als wäre unmittelbar vor Spielbeginn das Stück noch zu schreiben und in Szene zu setzen.

Der Direktor eröffnet die Beratung. Er lebt vom Theatermachen und wünscht sich deshalb vom Dichter ein Stück, das der »Menge« (37) gefällt und möglichst viele zahlende Zuschauerinnen und Zuschauer anlockt. Das heißt nicht, dass er sich bedenkenlos der »Menge« anpasst und nur unterhalten will. Das Stück soll »gefällig« sein, aber durchaus eine »Bedeutung« (48) haben.

Der Theaterdichter, der wie der Dichter der *Zueignung* in Stanzen spricht und sich damit von den anderen abhebt, weist das Ansinnen des Direktors, das Stück für ein großes Publikum einzurichten, unwillig von sich. Die Erwartungen der geistlosen und amusischen »Menge« erfüllen hieße, die Kunst zur »Pfuscherei« (106) zu degradieren. Über die Fähigkeit, seine Kunst aufzunehmen, würden nur ein intimer Kreis, der mit ihm durch »Lieb und Freundschaft« (65) verbunden sei, und einige wenige Geistesverwandte der »Nachwelt« (74) verfügen. Den Dichter des *Vorspiels* ängstigt die bunte »Menge« (59) nicht bloß: Er verachtet sie.

Die lustige Person kann die Verachtung des Publikums nicht gutheißen. Das Volk habe ein Recht auf eine Kunst, die ihm »Spaß« (77) bereite. Einen »großen Kreis [...] zu erschüttern« (83 f.) sei durchaus mit echter Kunst vereinbar. Der Dichter müsse in seinem Werk nur alles aufbieten, was den Menschen ausmache:

»Laßt Phantasie, mit allen ihren Chören, / Vernunft, Verstand, Empfindung, Leidenschaft, / Doch, merkt Euch wohl! nicht ohne Narrheit hören.« (86–88)

Die Empfehlung, allem etwas »Narrheit« beizugeben, wird mit solchem Nachdruck vorgetragen, dass sie aufhorchen lässt. Offenbar soll auf ein Stück vorbereitet werden, das nicht nur komische Züge hat, sondern durchgängig von einer komödischen Sehweise geprägt ist.

Das Bekenntnis der lustigen Person zu einer Kunst für die »Menge« und die praktischen Ratschläge des Direktors zur Anlage des Stücks, die sich anschließen, erregen den Dichter auf das Äußerste. Er muss sich jetzt rückhaltlos zum Beruf des Dichters erklären, um mit echter Kunst unvereinbare Ansprüche ein für alle Mal abzuweisen. Diese Grundsatzerklärung und der folgende Dialog zwischen Theaterdichter und lustiger Person bilden das Kernstück des *Vorspiels*.

Der Dichter sieht sich als Schöpfer einer »zweiten Natur«. Während »die Natur des Fadens ew'ge Länge / Gleichgültig drehend, auf die Spindel zwingt« (142 f.), rufe er, das Gleichgültige aussondernd, »das Einzelne zur allgemeinen Weihe« (148) und schaffe damit eine Welt, die unmittelbar auf die »Herzen« (138) der Menschen wirke. Goethe dachte nicht anders. In den Anmerkungen, die er 1798 seiner

Ludwig Gottlieb Karl Nauwerk (*1772 Ratzeburg, †1855 Neustrelitz): Vorspiel auf dem Theater (1826, Titelblatt einer Lithographiensammlung von L. G. K. N.)

Übersetzung von Denis Diderots (1713–1784) *Essai sur la peinture* (1765; dt. *Versuch über die Malerei*) beigab, heißt es:

> »Die Natur scheint um ihrer selbst willen zu wirken, der Künstler wirkt als Mensch, um des Menschen willen. Aus dem, was uns die Natur darbietet, lesen wir uns im Leben das Wünschenswerte, das Genießbare nur kümmerlich aus; was der Künstler dem Menschen entgegenbringt, soll alles den Sinnen faßlich und angenehm, alles aufreizend und anlockend, alles genießbar und befriedigend, alles für den Geist nährend, bildend und erhebend sein; und so gibt der Künstler dankbar gegen die Natur, die auch ihn hervorbrachte, ihr eine zweite Natur, aber eine gefühlte, eine gedachte, eine menschlich vollendete zurück.« (BA 21, 740)

Die lustige Person hat gegen die hohe Meinung vom Beruf des Dichters nichts einzuwenden. Die »schönen Kräfte« (158) müssten nur genutzt werden. Wer über die besondere Gabe verfüge, »Menschenleben« (167) »interessant« (169) darzustellen, sei verpflichtet, sie zum Wohle möglichst vieler zu gebrauchen. Die Menschen, die ein Bedürfnis hätten, dem einförmigen Alltag zu entfliehen, würden von den »bunten Bildern« (170) des Dichters »erquickt und auferbaut« (173) und zu einer besseren Selbstkenntnis geführt. Vor allem die jungen Menschen dürften nicht mit ihren Sehnsüchten allein gelassen werden. Sie würden sich als besonders dankbar erweisen und dem Werk des Dichters wie einer Offenbarung lauschen.

Der Theaterdichter weiß gegen die soziale Verantwortung des Künstlers, die ihm von der lustigen Person ans Herz gelegt wird, nichts Prinzipielles mehr vorzubringen. Sein Widerstand erschöpft sich in dem Argument, dass man, um auf die Jugend zu wirken, selber jung sein müsse, und bricht in sich zusammen. Die Erziehung des Dichters ist offensichtlich abgeschlossen. Der Direktor beendet die Beratung und fordert den Dichter auf, sich unverzüglich an die Arbeit zu machen.

Das *Vorspiel auf dem Theater* bricht die theatralische Illusion ein zweites Mal und kennzeichnet das Folgende als Hervorbringung des Theaterdichters, als Theaterstück.

»Prolog im Himmel« (243–353)

Das Theaterstück beginnt in einem überirdischen Raum. Der Herr hat die »himmlischen Heerscharen« (Szenenanweisung vor 243) versammelt, um sich »einmal wieder« (271) vom Zustand seiner Schöpfung berichten zu lassen.

Den Bericht geben die drei Erzengel. Raphael spricht kurz vom »Anblick« (247) der Sonne; Gabriel und Michael schildern ausführlicher den »Anblick« der Erde. Es entsteht das Bild eines großen wohlgeordneten Ganzen, wobei Ordnung und Gesetzlichkeit nicht nur Harmonie und Frieden bedeuten. Auf der Erde waltet auch Zerstörung, »ein blitzendes Verheeren« (263), ohne freilich der »Pracht« (252) des Ganzen Abbruch zu tun. Am Ende befinden die Erzengel unisono, dass sich an der Schöpfung nichts geändert habe: Sie sei »herrlich wie am ersten Tag« (270).

Mephisto, der nicht zu den »himmlischen Heerscharen« gehört, aber im »Himmel« zugelassen ist, mag sich der Lobpreisung der »hohen Werke« (249, 269) des Herrn nicht anschließen. Eine Lücke im Bericht bietet ihm die Möglichkeit zum Einspruch. Er kann sich als Anwalt des Menschen ausgeben und das Gespräch auf dessen schweres Los bringen, weil davon im Bericht nicht die Rede war:

> »Von Sonn' und Welten weiß ich nichts zu sagen, / Ich sehe nur, wie sich die Menschen plagen.« (279 f.)

Goethe: Prolog im Himmel (e. 1797/1800 [6 Blätter], Federzeichnung, 21,6 x 17,1 cm)

Mephisto will aber nicht nur auf die Mühsal der Menschen verweisen. Seine unerwartete Intervention zielt auf den Sinn menschlicher Existenz überhaupt: Sie provoziert einen Streit um das menschliche Wesen schlechthin und führt auf das zentrale Thema.

Goethe verstand in der Denktradition des deutschen Idealismus unter dem menschlichen Wesen einen überhistorischen »Kern« des »rein Menschlichen« (WA B II, 273), der sich als überpersonaler Vernunftbegriff auf unterschiedliche Weise in den einzelnen Menschen verkörpert und durch seine unveräußerliche Idealität in den historischen Erscheinungsformen menschlichen Seins eine Entwicklung auf ein ideales Ziel hin und eine übergreifende Sinngebung gewährleistet. Grundeigenschaften des Menschen, die dem bürgerlichen Humanismus des 18. Jahrhunderts als wesentlich und erstrebenswert galten, wurde die Würde einer Objektivität und Überzeitlichkeit verliehen, die unabhängig vom Meinen der Menschen durch ein göttliches Vernunftprinzip verbürgt waren.

Zwei Grundeigenschaften sind es, die das Wesen des Menschen ausmachen: die Begabung mit Vernunft und das Bestreben, stets tätig zu sein. Zur Diskussion stehen damit zwei der großen Leitvorstellungen des um seine Emanzipation ringenden Bürgertums.

Der erwerbstätige Bürger dokumentierte in der hohen Wertschätzung des Tätigseins ein neues soziales Selbstwertgefühl. Er verstand sich als Mensch, der etwas Produktives leistete, während der Adel sich dem Genuss hingab und auf Kosten anderer lebte, und leitete daraus den

Anspruch ab, ein gleichberechtigtes Glied der Gesellschaft zu werden. Auf die Macht der Vernunft berief er sich, wenn es um seine geistige Befreiung ging, wenn er sich das Recht nahm, die gegebenen weltlichen und geistlichen Autoritäten und deren Normen infrage zu stellen.

Der Herr und Mephisto gehen beide von der Voraussetzung aus, dass in der Begabung mit Vernunft und einem steten Drang zum Tätigsein das menschliche Wesen liegt. Sie sind gegensätzlicher Meinung, wie diese Eigenschaften zu bewerten sind: Mephisto hält menschliches Denken und Handeln grundsätzlich für sinnlos. Die Vernunft, die als »Schein des Himmelslichts« (284) den Menschen eigentlich über die anderen Lebewesen erheben sollte, leite ihn nicht zu einem Tun, das weiterführende Ergebnisse erbringe; er gebrauche sie allein, »Nur tierischer als jedes Tier zu sein« (286). Der Mensch in seinem vergeblichen Mühen komme ihm, Mephisto, vor wie »eine der langbeinigen Zikaden, / Die immer fliegt und fliegend springt, / Und gleich im Gras ihr altes Liedchen singt« (288–290). Der Herr, seiner Schöpfung sicher und an einem abstrakten Streit nicht interessiert, geht zunächst auf Mephistos Menschenbild überhaupt nicht ein und verweist nur auf einen einzelnen Menschen, der freilich ein ganz besonderer ist: den Doktor Faust. Mephisto greift den Verweis dankbar auf; denn gerade durch diesen Doktor Faust, der wahnwitzige Ziele verfolge, der vom menschlichen Leben verlange, was es nicht leisten könne, findet er seine Sicht des Menschen besonders beweiskräftig bestätigt.

Der Herr kann jetzt die eigene Sicht nicht mehr zurückhalten. Er räumt ein, dass Faust ihm gegenwärtig »nur verworren dient« (308). Doch werde er ihn »bald in die Klarheit führen« (309). Der Herr leugnet nicht das zutiefst Problematische menschlichen Tuns und besteht gleichzeitig auf einer übergreifenden Sinngebung. Da der Mensch als Individuum nie die Übersicht über das Ganze, »Klarheit«, erlange, sei er immer der Gefahr des Irrens ausgesetzt. Außerdem würden Widerstände von außen die Ergebnisse seiner Tätigkeit oft zunichte machen. Trotz allen Irrens und aller Vergeblichkeit bliebe aber der Mensch nicht »stets von gleichem Schlag« (281), sondern es gäbe eine Entwicklung, die aufs Ganze gesehen zu Höherem und Besserem führt. Der Herr, ebenfalls ein Bild gebrauchend, vergleicht Faust mit einem »Bäumchen«, von dem der »Gärtner« beim Grünen wisse, »Daß Blüt und Frucht die künft'gen Jahre zieren«. (310 f.)

Mephisto wechselt nun gleichfalls vom Streit in der Theorie auf das Feld der Praxis über. Er bietet eine »Wette« (331) an. Am Leben des einen Menschen Faust werde sich erweisen, dass er mit seiner Auffassung vom Menschen Recht habe. Der Herr nimmt die Herausforderung an, auch wenn er das Wettangebot selbst übergeht. Er zweifelt keinen Augenblick, dass Faust immer ein »guter Mensch« (328) bleiben und sich des »rechten Weges« (329) bewusst sein wird. Deshalb lässt er seinem Widersacher vollkommen freie Hand. Mephisto erhält die Erlaubnis, mit allen Mitteln auf Faust einzuwirken, dass dieser sich als Mensch aufgibt und sein Tun für sinnlos hält.

Mephisto darf auch deshalb ohne jede Behinderung und Beschränkung seinen »Zweck« (332) verfolgen, weil er ohne sein Wissen als Element eines übergeordneten Ganzen im Dienste des Herrn steht. Als er schon im Vorgefühl seines »Triumph[es]« (333) schwelgt, gibt ihm der Herr das offen zu verstehen. Stets mit dem Erreichten unzufrieden, strebe der Mensch zwar ständig nach Höherem. Doch neige er gleichzeitig im Genießen des Geleisteten zum Stillstand. Ein »Teufel«, ein Geist, der verneint, müsse deshalb den Menschen stets mit Versuchung und Vernichtung bedrängen, um seine Ruhe zu stören und ihn zu neuer Tätigkeit anzustacheln:

> »Des Menschen Tätigkeit kann allzuleicht erschlaffen, / Er liebt sich bald die unbedingte Ruh; / Drum geb ich gern ihm den Gesellen zu, / Der reizt und wirkt und muß als Teufel schaffen.« (340–343)

Nachdem der Herr Mephisto über seine wahre Funktion aufgeklärt hat, beendet er die Audienz mit einer kurzen Ansprache an die Erzengel, die »echten Göttersöhne« (344). »Der Himmel schließt, die Erzengel verteilen sich.« (Szenenanweisung vor 350)

Mephisto, allein auf der Bühne zurückgeblieben, kann sich mit einem dienstbaren Geist, der mit seinen zerstörerischen Bemühungen nur das Gegenteil dessen bewirkt, was er erreichen will, natürlich nicht identifizieren. Mit ungebrochenem Selbstbewusstsein präsentiert er sich lässig als der eigentliche Herr des Ganzen, dem es beliebt, »von Zeit zu Zeit« (350) mit einem anderen »großen Herrn« (352) Umgang zu pflegen.

Die christliche Theologie hat in *Prolog im Himmel*, auch wenn darin der Herr, die Erzengel und der Teufel auftreten, keine Gültigkeit mehr. Der Himmel ist hier nicht die transzendente Welt und Wirklichkeit Gottes, der die Menschen im Glauben entgegengehen und wo den Erlösten in der Anschauung Gottes die vollendete und ewige Seligkeit zuteil wird. Der Herr ist nicht der personale transzendente Gott des

Christentums, der sich den Menschen offenbart hat, der in Jesus Christus geschichtliches Handeln an der Welt geworden ist und der den Menschen durch seine Gnade und Barmherzigkeit die Hoffnung auf eine ewige Seligkeit in unmittelbarer Gottesgemeinschaft gewährt. Bei Ähnlichkeiten in der Anlage, die von Goethe selbst im Gespräch mit Eckermann vom 18. Januar 1825 angemerkt wurden, erfüllen denn auch die Exposition des Buches *Hiob* und *Prolog im Himmel* ganz unterschiedliche Funktionen. Wenn der Herr im *Alten Testament* Hiob an den Satan ausliefert, dann geht es um das richtige Verhältnis des Menschen zu Gott. Hiob wird einem extremen Leidensdruck ausgesetzt, um seinen Gottesbegriff zu prüfen, um ihn, als er an der Gerechtigkeit Gottes zweifelt, auf den rechten Weg des Gottvertrauens zurückzuführen. Wenn der Herr im *Prolog* Mephisto bei Faust freie Hand lässt, dann geht es einzig und allein um den Menschen. Faust wird der Einwirkung Mephistos ausgesetzt, um sich als vernunftbegabtes, ständig nach Höherem strebendes, tätiges Wesen zu bewähren. Die Bindung an den christlichen Gott als Mitte des Seins ist aufgelöst. Im Mittelpunkt steht der Mensch selbst.

Nichts liegt Goethe hier also ferner als eine theozentrische Weltanschauung, die den Sinn allen Seins in seiner Bezogenheit auf Gott begründet sieht. Der *Prolog* spielt, wie nicht zu bestreiten ist, in einem Himmel, in einem besonderen überirdischen Raum; er repräsentiert eine höhere Ordnung, aus der heraus die Welt des Menschen existiert und ihren Sinn hat. Faust, der in der Binnenhandlung autonom, ohne Bezug auf Gott agiert, wird dadurch einem übergreifenden Ganzen unterstellt, das nicht vom Menschen gemacht ist. Das schränkt seine Autonomie ein, hat aber nichts mit Theozentrismus zu tun.

Mit dem Theozentrismus brach Goethe schon in der Jugend, als er in Anlehnung an Spinoza Gott in die Welt als deren immanenten Grund hineinnahm. Dabei ging er in seiner spontanen Diesseitsbejahung noch radikaler vor als sein Gewährsmann. Bei Spinoza kam der göttlichen Substanz als Grund ihrer selbst noch ein höherer Wert zu als der von ihr bewirkten Naturwirklichkeit, obwohl sie nur in dieser Entäußerung und niemals für sich real gegeben war; denn mit den beiden Attributen ›Ausdehnung‹ und ›Denken‹ und deren Modifikationen, die der Mensch allein als erfahrbare Wirklichkeit wahrnehmen konnte, war sie in ihrer unendlichen Fülle bei weitem nicht ausgeschöpft. Goethe führte das Immanenzprinzip bis zur letzten Konsequenz, indem er göttliche Substanz als Natura naturans [schaffende Natur] und Wirklichkeit als Natura naturata [geschaffene Natur] vollkommen gleichstellte. Geradezu darauf versessen, Gott und Welt nahtlos zu verschmelzen, durfte er ein Wertgefälle und Abstriche an der Einheitlichkeit nicht zugeben. Die Einzeldinge der Wirklichkeit sollten der göttlichen Substanz gegenüber nicht minderen Wertes sein, auch wenn sie nur beschränkt an deren Unendlichkeit teilhatten. Auf der anderen Seite konnte sich Goethe die Entwicklung des Menschen und des pflanzlichen und tierischen Organismus nicht erklären ohne Annahme einer besonderen, mit dem Stofflichen nicht identischen Wirkkraft. Er musste innerhalb der Welt ein Bewirkungsverhältnis, ein Verhältnis zwischen Unbedingtem (Grund, Ursache) und Bedingtem (Folge, Wirkung) voraussetzen, womit das einheitliche Ganze in zwei Bereiche von unterschiedlicher Qualität gespalten wurde. In den siebziger und achtziger Jahren setzte Goethe alles daran, diese Aufspaltung zu verschleiern, weil er eine Wertminderung des »Gezeugten« gegenüber dem »Zeugenden«[36] befürchtete. Erst die Begegnung mit Schiller und der kritischen Philosophie Kants bewirkten hier eine größere Unbefangenheit. Goethe räumte jetzt einen Qualitätsunterschied zwischen »Zeugendem« und »Gezeugtem« ein, weigerte sich aber standhaft, daraus einen Unterschied im Wert, in der Würde abzuleiten. Alle Dinge der Wirklichkeit sollten »gleiche Rechte«[37] haben und in gleichem Maße als Manifestation des Göttlichen gelten können. Nach der Lektüre des spätantiken Philosophen Plotin (204–270) im Herbst 1805 merkte Goethe in einer Reflexion an:

> »Man kann den Idealisten alter und neuer Zeit nicht verargen, wenn sie so lebhaft auf Beherzigung des *einen* dringen, woher alles entspringt und worauf alles wieder zurückzuführen wäre. Denn freilich ist das belebende und ordnende Prinzip in der Erscheinung dergestalt bedrängt, daß es sich kaum zu retten weiß. Allein wir verkürzen uns an der andern Seite wieder, wenn wir das Formende und die höhere Form selbst in eine vor unserm äußern und innern Sinn verschwindende Einheit zurückdrängen.« (BA 18, 577)

Die Zwangslage eines Einheitsdenkens, das im Gegensatz zur christlichen Theologie auf der Einheit der Welt bestand und gleichzeitig nicht ohne die Annahme eines Bewirkungsverhältnisses auskommen konnte, war in der Theorie nicht aufzulösen. Als Dichter wusste sich Goethe aus der Zwangslage zu befreien. In *Prolog im Himmel* nimmt er sich die Freiheit, »das belebende und ordnende Prinzip«, das nur »in der Erscheinung« existiert, von der »Erscheinung« zu isolieren und *für sich* auf die Bühne zu bringen. Um zu zeigen, dass es vorhanden ist, offenbart sich das Unbedingte in der Person des Herrn ausnahmsweise einmal in einem überirdischen Raum in seiner Unbedingtheit. Danach kehrt es in die Normalität des bedingten Seins zurück. Der sich kurzzeitig öffnende Himmel und die sich anschließende Lebenswirklichkeit des Menschen sind mithin keine in ihrem Wesen grundverschiedenen Bereiche, die ohne Verbindung nebeneinander existieren. *Faust* zerfällt nicht in einen theozentrischen Rahmen und ein anthropozentrisches Binnenspiel, wo allein der Mensch der Herr ist. Es ist immer ein und dieselbe Welt. Nur einmal wird offen gezeigt, was sonst im Verborgenen bleibt: dass diese Welt nicht aus sich heraus besteht, sondern in einem unbedingten göttlichen Wirkprinzip ihren Grund hat.

»Der Tragödie Erster Teil«

(1) »Nacht« (354–807)

Zu den 248 Versen, die dem so genannten *Urfaust* entstammen, kommen in *Faust I* 205 Verse hinzu: Goethe lässt Faust das Begehren nach Gottähnlichkeit aufgreifen und in einem dritten Versuch auf die Spitze treiben.

Faust, den das Gespräch mit Wagner von seinem Zusammenbruch abgelenkt hatte, wird sich, wieder allein, seines Scheiterns bewusst. Er hatte den »Erdensohn« (617) abstreifen und »Götterleben« (620) genießen wollen und sieht sich nun zurückgestoßen ins irdische »Gewühle« (639), ins »ungewisse Menschenlos« (629). Der Höhe des Anspruchs entspricht die Tiefe des Falls: vom »Ebenbild der Gottheit, das sich schon / Ganz nah gedünkt dem Spiegel ew'ger Wahrheit« (614 f.), in einem rasenden Absturz zum »Zwerg« (613), zum »Wurme […], der den Staub durchwühlt« (653). Zurückverwiesen auf die Erde, die doch mit der »Natur« einen neuen, freudig begrüßten Daseinsraum eröffnete, dem mächtigen Ansturm aber gleich nicht mehr genügte, versinkt Faust in völlige »Verzweiflung« (610). Das menschliche Leben besteht ihm nur noch aus »Sorge« (644), Irrtum und Quälerei.

Faust scheint sich aufzugeben. Doch gerade im Moment der tiefsten Verzweiflung, der tiefsten Resignation erwacht die Sehnsucht nach Gottähnlichkeit plötzlich zu neuem Leben. Vom Anblick einer mit tödlichem Gift gefüllten »Phiole« (690) wie berauscht, steigert sich Faust in den Wahn hinein, er könne die »Götterhöhe« (713) doch noch erreichen, indem er sich das Leben nimmt. Die Selbsttötung wandelt sich dem Verblendeten, der schon im Vorgefühl der »Götterwonne« (706) schwelgt, in eine heroische Tat der Grenzüberschreitung, die zu »neuen Ufern« (701), zu »neuen Sphären reiner Tätigkeit« (705) führt. Die »Gefahr, ins Nichts dahinzufließen« (719), wird noch gesehen, aber in Kauf genommen. Faust will diesmal alles in die Waagschale werfen: selbst sein Leben.

Das Vorhaben der Selbsttötung bringt ans Licht, was bei der Makrokosmos-Vision und bei der Beschwörung des Erdgeists vielleicht noch zu übersehen war: Der maßlose Anspruch auf freies, gottgleiches Schöpfertum treibt Faust über die Welt hinaus ins Nichts. Nachdem er in seinen Visionen schon bildlich den Boden unter den Füßen verloren hat, steht er jetzt kurz davor, die Erde ganz zu verlassen. Faust setzt schon »die Schale an den Mund« (Szenenanweisung nach 736), als plötzlich, wohl aus einer nahe gelegenen Kirche, »Glockenklang und Chorgesang« (Szenenanweisung vor 737) zu ihm herüberdringen und ihm »mit Gewalt das Glas von [s]einem Munde« (743) ziehen. Nach dem Vorbild der altchristlichen Ostervigil verkündet ein dreigeteilter Chor in Wechselgesängen (Responsorien) die Auferstehung Christi. Man hört den Chor der Frauen, die am Ostermorgen zum Grabe gehen und es leer finden, den Chor der Engel, die den Frauen die Auferstehung verkünden, und den Chor der Jünger, die sich zu der an sie weitergegebenen Botschaft äußern. Aus der Überlieferung stammt in den Gesängen nur die wiederholte Mitteilung: »Christ ist erstanden!« (737, 757, 797) Ansonsten entfernt sich der Text weit von jeder Liturgie. Vor allem im abschließenden Chor der Engel sind zudem die reimenden Kurzverse von derart hochgestochener Künstlichkeit, dass sie fast schon parodistisch wirken.

An die christliche »Botschaft« (765) von der Auferstehung Christi als Überwindung von Sünde und Tod kann Faust nicht mehr glauben. Seinen Glauben hat er, wie in der nächsten Szene zu erfahren ist, schon als »Jüngling« (1060) verloren. Was ihn so mächtig anrührt, was ihn vom »letzten, ernsten Schritt« (782) abhält, ist die Erinnerung an vergangene glückliche Zeiten, die der vertraute Klang der Glocken und der »Himmelslieder« (783) in ihm wachruft. Faust erinnert sich an die Ostern seiner Kindheit und Jugend und fühlt sich in das unbefangene, unverbrauchte, erwartungsfrohe Weltverhältnis von damals zurückversetzt. Die gewaltige Anspannung der Nacht löst sich in Tränen auf.

Faust kommt erst in der Welt an, nachdem er sie fast verlassen hätte.

(2) »Vor dem Tor« (808–1177)

Der Nacht vor Ostern ist ein heller, sonniger Ostertag gefolgt. Zusammen mit seinem Famulus hat Faust Studierzimmer und Stadt verlassen und tritt zum ersten Mal im Stück in eine direkte sinnliche Beziehung zur Natur und zu den Menschen.

Die Szene beginnt als Revue. Der erst später einsetzenden Faust-Handlung wird ein realistischer sozialer Hintergrund gegeben. »Spaziergänger aller Art« (Szenenanweisung vor 808) passieren das Stadttor, nehmen kurze Zeit die Aufmerksamkeit des Zuschauers in Anspruch und entziehen sich im Weitergehen wieder dem Blick. Offenkundig gehören sie sämtlich dem dritten Stand an. Goethe stellt eine bürgerliche Welt dar, die schon auf die Gretchen-Szenen vorausweist.

Die männliche Jugend hat es vor allem auf das weibliche Geschlecht abgesehen: Derb geradezu, auch mit Lust zu »Händel[n] von der ersten Sorte« (816), sind die Handwerksburschen; ihrer sozialen Höherstellung wohl bewusst die Schüler; stürmisch, allein auf Eroberung aus und notwendig treulos, die Soldaten. Auch die Mädchen zieht es zum andern Geschlecht. Freilich müssen sie sich damit begnügen, sich zur Schau zu stellen. Die Bürgermädchen tun es mit »stille[m] Schritt« (840). Die Dienstmädchen, weniger streng durch die Sitte gebunden, können wackrer ausschreiten.

Den jungen Menschen stehen drei saturierte Bürger gegenüber. Auch sie hat der Frühling vors Stadttor gelockt. Doch ist in ihrem Innern so gar nichts in Bewegung geraten. Den gewohnten Gang bei »sich zu Hause« (871) schätzen sie über alles; was draußen in der Welt passiert, das berührt sie nicht. Man schilt den »neue[n] Burgemeister« (846), weil das Neue immer schlechter als das Alte ist. Man freut sich, wenn »hinten, weit, in der Türkei, / Die Völker aufeinander schlagen« (862 f.), weil »ein Gespräch von Krieg und Kriegsgeschrei« (861), geführt aus sicherer Distanz, den Genuss des eigenen Friedens noch erhöht:

> »Sie mögen sich die Köpfe spalten, / Mag alles durcheinandergehn; / Doch nur zu Hause bleib's beim Alten.« (869–871)

Die plebejischen Schichten sind vertreten durch einen singenden Bettler und eine Alte, die den Bürgermädchen kupplerische Dienste anbietet.

Zu Beginn führt die Szene im bunten Reigen unmittelbar Geschehen vor. Danach beschreibt und kommentiert Faust das Ostertagstreiben von einem Hügel aus in einem Monolog, der als *Osterspaziergang* seit jeher im Deutschunterricht mit Vorliebe behandelt wird.

Zuerst zeichnet er das Bild der aus den Fesseln des Winters sich lösenden Natur (903–915). Dann lenkt er, sich umkehrend, den Blick von der freien Natur zurück auf die Stadt im Tal, aus der er selber kommt. Aus der Stadt mit ihren niedrigen Häusern und quetschend engen Straßen strömt »ein buntes Gewimmel« (919) durch das finstere Stadttor ins Freie. Von der Last des städtischen Alltags befreit, drängen alle ans Licht (916–928). Draußen in der Natur löst sich das Gewimmel schnell auf. Die Menschen verbreiten sich in Gärten und Feldern, fahren Kahn auf dem Fluss, spazieren auf den Bergpfaden und wandern sogar bis ins nächste Dorf, um dort mit den Bauern zu feiern.

Faust beschreibt das alles mit inniger Anteilnahme, ja mit einem gewissen Enthusiasmus. Er kann die aus dem Dorf herüberschallende jauchzende Freude teilen und sich im Gegensatz zu Wagner, den das ausgelassene Treiben abstößt, ganz in die Gemeinschaft der feiernden Menschen einbeziehen:

> »Ich höre schon des Dorfs Getümmel, / Hier ist des Volkes wahrer Himmel, / Zufrieden jauchzet groß und klein: / Hier bin ich Mensch, hier darf ich's sein!« (937–940)

Goethe nutzt das Osterfest, um die Natur, die Stadt- und Dorfbewohner und Faust in einer weit gefassten verweltlichten Auferstehung zu verbinden. Eins spiegelt sich im andern: Die Natur ist auferstanden aus den Fesseln des Winters. Die Städter genießen ihre ›Auferstehung‹ in neu erwachter Daseinsfreude bei einem feiertäglichen Spaziergang in die Natur, der sie die enge, dunkle Stadt und ihren Arbeitsalltag vergessen lässt. Den reichsten Sinn hat Auferstehung für Faust. Er ist aus dem »Kerker« seines Studierzimmers auferstanden für die Natur und er ist auferstanden für die Erde, für das Leben auf ihr, nachdem er fest entschlossen war, es hinter sich zu lassen.

Nach Fausts Bekenntnis wechselt die Szene zur dörflichen Frühlingsfeier, die schon von weitem zu hören war. Auf dem Dorfplatz »unter der Linde« (Szenenanweisung vor 949) singt man das Lied *Der Schäfer putzte sich zum Tanz*. Faust hat sich mit seinem Begleiter mitten in das »Volksgedräng« (983) begeben. Ein alter Bauer erkennt ihn und dankt ihm hocherfreut für die Ehre des Besuchs. Einen »Erquickungstrank« (991) reichend, wünscht er Gesundheit und langes Leben. Faust nimmt den Krug an und erwidert die Wünsche. Dass »ein so Hochgelahrter« (984) sich unter das einfache Volk mischt, hat Aufsehen erregt. Man unterbricht Tanz und Gesang und »sammelt sich im Kreis umher« (Szenenanweisung nach 992). Der alte Bauer bringt jetzt die Rede darauf, wie Faust vor Jahren als junger Arzt an der Seite seines Vaters Menschen aus dem Dorf dem Pesttod entriss und der Seuche tatkräftig ein Ende setzen half. Tief beeindruckt und voller Dankbarkeit rufen alle: »Gesundheit dem bewährten Mann, / Daß er noch lange helfen kann!« (1007f.) Befremdend knapp und formelhaft erwidert Faust: »Vor jenem droben steht gebückt, / Der helfen lehrt und Hülfe schickt.« (1009f.) Dann geht er unvermittelt zusammen mit Wagner weiter.

Die Rede des alten Bauern hat in Faust eine sehr schmerzliche Erinnerung wachgerufen. Auf dem Rückweg in die Stadt an einem »Stein« (1022) rastend, erzählt er seinem Famulus, wie er hier oft allein saß und sich »mit Beten und mit Fasten [quälte]« (1025). Damals noch »im Glauben fest« (1026), habe er mit »Tränen, Seufzen, Händeringen« (1027) von Gott das Ende der Pest erzwingen wollen. Er müsse gestehen, dass ihm jetzt der Beifall der Dorfbevölkerung »wie Hohn« (1030) in den Ohren klinge; denn Vater und Sohn hätten keinesfalls das Übel der Pest gemildert oder ihr gar ein Ende gesetzt. Sein Vater habe die Pest in »Redlichkeit, jedoch auf seine Weise« (1036) zu bekämpfen versucht, nämlich mit den Mitteln der Alchemie. Diese »höllischen Latwergen« [dickflüssige Arzneien] (1050), die »in Gesellschaft von Adepten« (1038) zusammengekocht wurden, hätten jedoch »Weit schlimmer als die Pest getobt« (1052). Er selber habe das Gift an Tausende gegeben und müsse nun erleben, dass »man die frechen Mörder lobt« (1055).

Von der schmerzlichen Erinnerung an jene Zeit der ersten schweren Glaubens- und Vertrauenskrise übermannt, scheint Faust, der eben noch von neuer Daseinsfreude beseelt war, erneut am menschlichen Tun zu verzweifeln:

> »O glücklich, wer noch hoffen kann, / Aus diesem Meer des Irrtums aufzutauchen! / Was man nicht weiß, das eben brauchte man, / Und was man weiß, kann man nicht brauchen.« (1064–1067)

Doch ist es nicht mehr jene radikale Verzweiflung, die in der vorangegangenen Nacht den Wunsch erzeugte, die Grenzen der Erde zu überschreiten. Faust hat inzwischen eine solche Bindung an die Welt gewonnen, dass er sich den Blick für deren Schönheit nicht mehr durch seinen »Trübsinn« (1069) verstellen lässt. Er sieht in der Glut der Abendsonne die »grünumgebnen Hütten schimmern« (1071). Der »Trübsinn« weicht einer stillen Begeisterung. Faust kann, da der Tag zur Neige geht, vom Anblick der schönen »stille[n] Welt« (1077) nicht genug haben. Er möchte sich mit Flügeln vom Boden erheben und der

Eugène Delacroix (*1798 Charenton-St.-Maurice b. Paris, †1863 Paris): Pudelerscheinung [»Vor dem Tor«] (e. 1826/28 [17 Motive zu »Faust«], Lithographie, 20,6 x 23,5 cm)

untergehenden Sonne nacheilen, um sich den Anblick zu bewahren. Gleichzeitig bleibt ihm immer bewusst, dass er nur einen »schöne[n] Traum« (1089) träumt, sodass die Gefahr einer erneuten schweren Enttäuschung gebannt ist.

Dem Famulus genügen die »Geistesfreuden« (1104), die ihn von »Buch zu Buch, von Blatt zu Blatt« (1105) tragen. Für den Drang, sich wie ein Vogel in die Lüfte zu erheben und die Welt von oben zu betrachten, fehlt ihm jegliches Verständnis. Faust antwortet, um sich näher zu erklären, mit der berühmten Rede von den »Zwei Seelen« (1112) in seiner Brust. Dabei kommt heraus, worauf der Drang nach oben eigentlich abzielt: Es ist ein Drang nach sinnlichem Genuss der Welt. Faust will von Geistern in der Luft zu »neuem, buntem Leben« (1121) hinweggeführt werden; auf einem »Zaubermantel« (1122) soll es in »fremde Länder« (1123) gehn. Auf einem solchen Mantel werden Faust und Mephisto später ihre Weltfahrt antreten.

Die Anrufung der Windgeister verhallt ungehört. Aber ein anderer Geist scheint den Bedarf nach Zauberei gespürt zu haben. Am Ende der

Szene tritt Mephisto erstmals in Erscheinung – in Gestalt eines schwarzen Hundes. Faust hat beim ersten Anblick das sichere Gefühl, dass etwas mit dem Hund nicht geheuer ist. Wagner dagegen kann nichts Auffälliges bemerken. Sie nehmen den Hund mit in die Stadt hinein.

(3) »Studierzimmer« (I) (1178–1529)

Goethe gliederte die Entwicklung Fausts auf Mephisto hin, die zum Abschluss der Wette führt, in zwei selbstständige Szenen auf. Sie tragen beide die Überschrift *Studierzimmer* und folgen unmittelbar aufeinander.

Faust ist nach dem turbulenten Ostertag zusammen mit dem schwarzen Pudel in sein Studierzimmer heimgekehrt. Wieder ist es Nacht. Der Ort, der zu Beginn als »Kerker«, als »dumpfes Mauerloch« verflucht wurde, ist jetzt willkommene Zuflucht vor dem Trubel der Welt, anheimelnde Stätte für innere Sammlung und Einkehr. Die »wilde[n] Triebe« (1182), die nach draußen drängten, scheinen abgetan. Faust scheint in einem Gelehrtenleben in der Welt der Bücher zu seinem inneren Frieden zurückzufinden. Doch der Schein trügt.

Schon das normale Verhalten eines Hundes kann den scheinbar Abgeklärten ablenken und aus der Ruhe bringen. Ohne wirklich zwingenden Anlass unterbricht Faust zweimal mit großer Geste seine innere Einkehr, um ausführlich mit dem Pudel zu sprechen und ihm eine Aufmerksamkeit zu schenken, die er angesichts der feierlichen Stimmung nicht verdient hat. Es muss bedenklich stimmen, dass die Ermahnungen zur Stille, die kurz und bündig sein könnten, denselben Umfang erreichen wie die Monologe, in denen Faust von den »heiligen Tönen« (1202) in seiner Seele spricht.

Der innere Frieden kann nur kurze Zeit währen, weil Faust bei Werten Halt sucht, die ihm wenig oder nichts mehr bedeuten. Die »Liebe Gottes« (1185), womit nur der Amor Dei intellectualis [intellektuelle Liebe zu Gott] des Spinoza[38] gemeint sein kann, und die »Menschenliebe« (1184), die sich eingangs in seinem Busen regen, haben einen viel zu abstrakten Charakter, als dass sie irgendeine Befriedigung verschaffen könnten. Vollends der Selbsttäuschung erliegt Faust, wenn er sich nach »Offenbarung« (1217) sehnt und zum *Neuen Testament* greift; denn nachdem er eben noch gestanden hat, nicht an die »Botschaft« der Auferstehung Christi zu glauben, wird er sich kaum über Nacht zum gläubigen Christen gewandelt haben. Faust nimmt denn auch das »heilige Original« (1222) nicht als Zeugnis göttlicher Offenbarung, das es durch eine möglichst adäquate Übersetzung tiefgründig zu erfassen gilt. Das Johannes-Evangelium, das er aufschlägt, darf ihn mit seinem ersten Satz auf das philosophische Problem führen, was »Im Anfang war« (1224), das heißt, worin die Welt ihren »Anfang«, ihren Grund, ihr Wesen hat. Dann bricht er die Lektüre schon ab. Faust interessiert nicht, was der Evangelist unter »Logos« als dem »Anfang« versteht und wie dieser Begriff am besten zu übersetzen ist. Er hätte sonst weiterlesen müssen. Ihm liegt nur daran, auszusprechen, was er selber für den »Anfang« hält. Nach dem Vorbild der Luther'schen Übersetzung von ›Logos‹ wird zuerst ›Wort‹ erwogen. Doch das »Wort« kann er »so hoch unmöglich schätzen« (1226), dass es »alles wirkt und schafft« (1232). Nach zwei Zwischenstufen findet er schließlich den Begriff, der seiner Weltanschauung gemäß ist: »Im Anfang war die Tat!« (1237)

Faust, der sich vornimmt, ein Zeugnis göttlicher Offenbarung zu ergründen, offenbart sich selbst. Was anfangs wie eine Übersetzung des Johannes-Evangeliums aussieht, endet als persönliches Bekenntnis. Ohne sich auf weitere Kommentare einzulassen, bekennt Faust in einem Satz aus fünf Worten, dass er der »Tat« einen außerordentlich hohen Wert beimisst, dass für ihn Welt und Mensch in der »Tat« ihren »Anfang« haben.

In der hohen Wertschätzung von Tätigkeit manifestiert sich eine Grundüberzeugung des deutschen Idealismus von Kant bis Hegel. Die absolute Substanz, meinte Georg Friedrich Wilhelm Hegel (1770 bis 1831) mit Blick auf Spinoza, sei nicht nur als »der absolut unten festbleibende Grund« zu verstehen, sondern müsse »auch als in sich tätig, lebendig gedacht werden«[39]. Faust erweist sich mit dem Satz »Im Anfang war die Tat!« als philosophischer Kopf, der auf der Höhe der Zeit steht. Doch welche Taten vollbringt der Denker in der Außenwelt? Es sind die lächerlichen Prozeduren einer Geisterbeschwörung.

Faust will den Hund, der mit Bellen und Heulen immer mehr stört, aus dem Hause weisen. Als dieser zu einem Nilpferd mit schrecklichem Aussehen anschwillt, wird ihm schnell klar, dass er einem Geist gegenübersteht, den man, um ihn zu bannen, durch Zauberformeln zwingen muss, sich in seiner eigentlichen Gestalt zu zeigen. Weil Faust in der Hundegestalt einen der vier Elementargeister vermutet, benutzt er zunächst den »Spruch der viere« (1272), der die Geister mit Qualen bedroht. Doch der Spruch versagt. Faust weiß jetzt, dass er einen »Flüchtling der Hölle« (1299), einen echten Höllengeist vor sich hat. Deshalb greift er zu einem »Zeichen« (1300) des Göttlichen, das Teufel nicht vertragen können. Meist wird es als Kruzifix mit der Aufschrift INRI gedeutet. Denkbar ist auch ein Zauberzeichen, das durch magische Schriftzeichen und Bilder auf Gott und seinen Sohn hindeutet. Die Gestalt schwillt weiter an zu Elefantengröße, löst sich in Nebel auf, der den ganzen Raum ausfüllt, und enthüllt sich, wie der Nebel fällt, hinter dem Ofen hervortretend, als Mephistopheles.

Bei seinem ersten Auftritt trägt Mephisto die Kleidung eines von Universität zu Universität ziehenden Studenten, eines »fahrende[n] Scholastikus« (Szenenanweisung vor 1322), was wohl auf den nicht ausgeführten Plan zurückgeht, dass Faust erstmals bei einer gelehrten Disputation mit Mephisto zusammentreffen sollte (vgl. die Plpp. 14–20 H/11–19 WA). Faust möchte natürlich wissen, wer die wider Erwarten harmlose Erscheinung ist, und gibt damit Mephisto die Gelegenheit, sich ausführlich vorzustellen.

Die Selbstdarstellung beginnt mit einem kurzen »Rätselwort« (1337). Mephisto nennt sich einen »Teil von jener Kraft, / Die stets das Böse will und stets das Gute schafft« (1335 f.). Es hat den Anschein, als würde er seine zerstörerischen Bemühungen als vorwärts bringende Kraft begreifen, als hätte er die Rolle des produktiven Verneiners, die ihm vom Herrn im *Prolog im Himmel* zugewiesen wurde, innerlich angenommen. Doch die folgende Erläuterung zeigt es unmissverständlich: Mephisto will niemals aufbauen, sondern immer nur zerstören:

> »Ich bin der Geist, der stets verneint! / Und das mit Recht; denn alles, was entsteht, / Ist wert, daß es zugrunde geht; / Drum besser wär's, daß nichts entstünde. / So ist denn alles, was ihr Sünde, / Zerstörung, kurz, das Böse nennt, / Mein eigentliches Element.« (1338–1344)

Mephisto begreift sich niemals als Werkzeug in der Hand des Herrn. Wenn er vorgibt, trotz böser Absichten stets das »Gute« zu schaffen, versteht er entweder stillschweigend unter dem »Gute[n]« doppelzüngig das »Gute« in seinem Sinne oder er führt mit einer Lüge bewusst in die Irre. Denn niemals könnte er – auch nicht für einen Moment – akzeptieren, dass er gegen seinen Willen konstruktives Element in einer vom Herrn gestifteten Ordnung ist. Er würde sich sonst selbst aufgeben und eine lächerliche Figur werden.

Mephisto wähnt sich dem Herrn gegenüber autonom. Das belegt auch die Geschichte, die er von seiner altehrwürdigen Abstammung erzählt. Es ist eine Weltentstehungsgeschichte, in der kein Gott vorkommt. Am Anfang sei die Finsternis gewesen. Sie habe sich dann das Licht geboren, das ihr jetzt den ersten Rang streitig mache, obwohl es zu seiner Erscheinung der Körperwelt bedürfe. Von dieser Finsternis, die »anfangs alles war« (1349), sei er, Mephisto, ein Teil. Aus der Priorität der Finsternis schöpft Mephisto die Hoffnung, dass in nicht zu ferner Zeit das Licht zusammen mit den Körpern wieder untergehen werde. Gleichwohl muss er eingestehen, dass er trotz aller zerstörerischer Bemühungen dieser »plumpe[n] Welt« (1364), die sich »dem Nichts entgegenstellt« (1363), bisher nicht beizukommen wusste. Und schon gar nichts sei dem »verdammten Zeug, der Tier- und Menschenbrut« (1369), anzuhaben; denn trotz ständigen Sterbens zirkuliere immer wieder »ein neues, frisches Blut« (1372).

Mephisto tritt beim ersten Zusammentreffen mit Faust nicht als Verführer auf. Er will aber auch nicht bedrohlich wirken. Das Programm der Welt- und Menschenvernichtung wird in aller Offenheit zugegeben. Gleichzeitig werden die zerstörerischen Bemühungen in gespielter Verzweiflung als letztlich vergebens hingestellt. Mephisto gibt Auskunft über seine Person und scheint ansonsten keine weiteren Absichten zu verfolgen.

Faust fühlt sich als der Überlegene. Er ahnt nicht, dass des »Chaos wunderlicher Sohn« (1384) mit ihm sein Spiel treibt. Mephisto, mit der Zusage eines weiteren Treffens die Unterhaltung fürs Erste beendend, gibt vor, wegen eines fehlerhaft gezogenen Pentagramms, das als Dämonen bannendes Zeichen in die Schwelle geritzt ist, nicht wieder das Studierzimmer verlassen zu können. Faust sieht es mit Wohlgefallen, dass selbst die Hölle einschränkenden Gesetzen unterworfen ist. Da ließe sich gegebenenfalls ein Pakt schließen. Das Überlegenheitsgefühl hat sich noch verstärkt. Faust genießt es, den Teufel in seiner Gewalt zu haben, und will ihn nicht ziehen lassen. Mephisto beugt sich schließlich und verspricht, »zur Gesellschaft hier zu bleiben« (1431), freilich nur unter der Bedingung, dass er Faust mit seinen Künsten würdig die Zeit vertreiben dürfe. Faust willigt ein, nicht ahnend, was auf ihn zukommt.

Mephisto kennt Fausts innere Problematik und weiß, wie er sie für seine Zwecke aufs Äußerste zuspitzen muss. Faust soll für seine »Sinnen / In dieser Stunde mehr gewinnen, / Als in des Jahres Einerlei« (1436–1438), aber nur im Traum und nicht in Wirklichkeit. Die von Mephisto herbeigerufenen »zarten Geister« (1439) singen ihn mit einlullender Wortmusik in einen rauschartigen Schlaf. Die »dunkeln / Wölbungen« (1447 f.) des Studierzimmers öffnen sich und geben den Himmel frei. Faust entschwebt wie schwerelos in eine Welt einzigartiger sinnlicher Fülle. Er erlebt mit allen fünf Sinnen das »neue, bunte

Leben«, das er so heiß begehrt, in betörenden »süßen Traumgestalten« (1510). Die Szene endet damit, dass Faust, aus dem Traum erwachend, angesichts der tristen Realität seines Studierzimmers vor übermächtiger Enttäuschung in sich zusammensinkt:

> »Bin ich denn abermals betrogen? / Verschwindet so der geisterreiche Drang, / Daß mir ein Traum den Teufel vorgelogen / Und daß ein Pudel mir entsprang?« (1526–1529)

(4) »Studierzimmer« (II) (1530–2072)

Als armer reisender Student schien Mephisto mit Faust keinerlei Absichten zu verfolgen. Wenn er jetzt nach kurzer Umkleidepause in neuer äußerer Erscheinung – in »rotem, goldverbrämtem Kleid« (1536), das »Mäntelchen von starrer Seide« (1537), die »Hahnenfeder auf dem Hut« (1538) und mit einem »langen spitzen Degen« (1539) – »als edler Junker« (1535) in das Studierzimmer zurückkehrt, geht er auf Faust schnurstracks mit der Empfehlung los, ein neues Leben zu beginnen. Kleid, Mantel, Hahnenfeder und Degen sind traditionelle Insignien des Teufels. Doch wird nicht unbesehen eine Tradition einfach fortgeschrieben. Das Gewand eines reichen hochadligen Herrn hat die Aufgabe, das soziale Profil des empfohlenen Lebenswandels zu bezeichnen. Faust soll keineswegs »unter das Pack« (1640) gestoßen werden; er soll das von Arbeit und materiellen Sorgen freie Leben eines privilegierten Adligen führen:

> »Und rate nun dir, kurz und gut, / Dergleichen gleichfalls anzulegen; / Damit du, losgebunden, frei, / Erfahrest, was das Leben sei.« (1540–1543)

Der Rat trifft auf einen Faust, der in die Welt hinaus wollte, nun aber nach erneuter schwerer Enttäuschung felsenfest davon überzeugt ist, dass ihm die Welt »Nicht e i n e n Wunsch erfüllen wird« (1557).

Der Gelehrte, der sich kraft seines Geists in seinem Innern reich fühlt, glaubt nicht mehr an die Möglichkeit, auch draußen in der Welt die Freuden eines reichen, sinnerfüllten Lebens genießen zu können:

> »Der Gott, der mir im Busen wohnt, / Kann tief mein Innerstes erregen; / Der über allen meinen Kräften thront, / Er kann nach außen nichts bewegen; / Und so ist mir das Dasein eine Last, / Der Tod erwünscht, das Leben mir verhaßt.« (1566–1571)

Die ›Auferstehung‹ am Ende der Szene *Nacht*, die einen neuen, frischen Anfang in der Aneignung von Welt in Aussicht stellte, hat sich als Selbsttäuschung erwiesen. Faust sieht keinen anderen Weg zur Auflösung des aufreibenden Widerspruchs zwischen seinem inneren Reichtum und der Armut seiner äußeren Existenz, als von der Erde abzutreten. Doch Mephisto meldet, auf den Selbstmordversuch anspielend, seine Zweifel an, ob der Tod wirklich »ein ganz willkommner Gast« (1572) sei. Faust fühlt sich ertappt und reagiert auf den Zynismus mit hemmungsloser verbaler Aggression. In die Enge getrieben, lässt er sich in seiner ohnmächtigen Wut zum Äußersten hinreißen: zum Fluch. Die Verfluchung umfasst summarisch alles, was den Menschen an »Lock- und Gaukelwerk« (1588), an »Blend- und Schmeichelkräften« (1590) hindert, die »Trauerhöhle« (1589) Erde zu verlassen. Sie beginnt bei materiellen und geistigen Gütern, wovon Faust die wenigsten selbst schon besessen hat, erstreckt sich dann auf die drei christlichen Tugen-

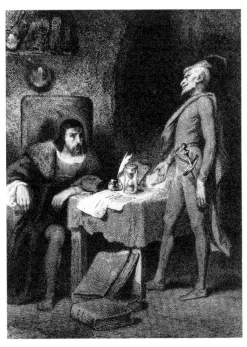

Tony Johannot (*1803 Offenbach, †1852 Paris): Studierzimmer (e. 1845/47, Stich, 8,6 x 11,6 cm)

den Glaube, Hoffnung und Liebe und endet bei der Geduld. Faust flucht »vor allen der Geduld« (1606), die ihn am Leben auf dieser Welt festhalten lässt, weil er ahnt, dass er trotz heftigster Bekundungen von Abscheu keineswegs schon mit der Welt fertig ist. Ein unsichtbarer Geisterchor deutet die Verfluchung als reale Zerstörung der »schöne[n] Welt« (1609). Faust wird aufgefordert, eine neue Welt aufzubauen und einen »Neuen Lebenslauf« (1622) zu beginnen. Die Entwicklung auf Mephisto hin ist mit der Verfluchung abgeschlossen.

Die Verbindung zwischen Faust und Mephisto war zweifellos das schwierigste gestalterische Problem des ganzen Komplexes, der die »große Lücke« schließt. Goethe konnte seiner Weltanschauung wegen nicht dem Vorbild des mittelalterlichen christlichen Teufelspakts folgen. Gleichwohl hatte er zwischen den beiden Protagonisten eine stabile Verbindung herzustellen, weil sie im Haushalt der Dichtung nicht zu entbehren war. Der Text zeugt mit seinen Einschnitten und jähen Wendungen von den Schwierigkeiten, die Goethe dabei zu überwinden hatte.

Es ist Mephisto, der Faust an sich binden will. Deshalb geht von ihm die Initiative aus. Natürlich schlägt er eine Verbindung vor, in der er sein Ziel der Vernichtung des Menschen am sichersten zu erreichen hofft. Das ist ein Pakt in der Art der *Historia Von D. Johann Fausten* (1587): Der Teufel verpflichtet sich, für eine bestimmte Frist auf Erden Faust zu dienen, und darf als Gegenleistung im Jenseits über dessen Seele verfügen. Faust verwirkt, indem er die Dienste des Teufels annimmt, unwiderruflich das höchste Gut, das ein Mensch aus christlicher Sicht besitzt, das Heil seiner Seele.

Ein solcher Pakt konnte in letzter Instanz in einem Goethe'schen *Faust* nicht abgeschlossen werden, weil dafür die weltanschauliche Voraussetzung, der christliche Dualismus von Diesseits und Jenseits, nicht mehr gegeben war und weil sich der Mensch durch ihn endgültig der Vernichtung ausgeliefert hätte. Dennoch ist Faust durch seine Verfluchung der »schöne[n] Welt« in eine so große innere Nähe zu Mephisto geraten, dass ein Pakt nicht von vornherein unmöglich scheint. Mephisto jedenfalls hält es für sinnvoll, den Versuch zu wagen und seine Dienste anzubieten. Das Angebot wird dann auch nicht rundheraus abgelehnt. Faust fragt nach den Bedingungen, wodurch Mephisto ermutigt wird, zur Sache zu kommen:

> »Ich will mich h i e r zu deinem Dienst verbinden, / Auf deinen Wink nicht rasten und nicht ruhn; / Wenn wir uns d r ü b e n wiederfinden, / So sollst du mir das Gleiche tun.« (1656 – 1659)

Kaum sind die Bedingungen genau benannt, zeigt Faust plötzlich ein starkes Bedürfnis, Mephisto und seinem Paktangebot zu widersprechen. Der Widerspruch entzündet sich am Verweis auf ein ›Drüben‹. Der eben noch die »schöne Welt« verflucht hat, bekennt sich jetzt mit Nachdruck zur Erde als einzigem Daseinsraum. Das ›Drüben‹ kümmere ihn wenig; er wolle davon »nichts weiter hören« (1667); seine Freuden wie seine Leiden würden einzig aus »dieser Erde quillen« (1663). Eine der wesentlichen Prämissen des christlichen Teufelspakts ist damit außer Kraft gesetzt.

Faust, eben noch die »hohe Meinung« verfluchend, »Womit der Geist sich selbst umfängt« (1591 f.), eben noch in Gefahr, sich an einen Teufelspakt zu verlieren, entfernt sich in schneller Wendung wieder von Mephisto, indem er sich auf das »hohe Streben« des menschlichen Geists zurückbesinnt. Mephisto muss sich sagen lassen, dass er wegen mangelnder Leistungsfähigkeit für einen Pakt nicht infrage kommt.

> »Was willst du armer Teufel geben? / Ward eines Menschen Geist, in seinem hohen Streben, / Von deinesgleichen je gefaßt?« (1675 – 1677)

Aus seinem neuen Selbstbewusstsein erwächst Faust die Kraft, den bisher führenden Mephisto in die Defensive zu drängen. Die Wünsche und Forderungen, die er jetzt in Frageform vorträgt, sollen erweisen, dass Mephisto niemals wird das Verlangen des menschlichen Geistes befriedigen können. Sie zielen zumeist auf Paradoxes und artikulieren eine Sehnsucht nach dem Unmöglichen. Zuerst begehrt Faust Gegenstände mit widersinnigen Eigenschaften: eine »Speise, die nicht sättigt« (1678), sich wie Quecksilber verflüssigendes und verschwindendes »rotes Gold« (1679), ein »Spiel, bei dem man nie gewinnt« (1681). Danach kommt er in Bereiche, die Mephistos Möglichkeiten näher liegen: ein treuloses Mädchen, das an der Brust des einen schon mit dem anderen liebäugelt, und Ehre, die wie ein Meteor wieder schnell verschwindet, müssten zu beschaffen sein. Auch biologische Gesetze zu durchbrechen dürfte eigentlich nicht schwer fallen. Die letzten Wünsche sind offenbar so formuliert, dass Mephisto sie für erfüllbar hält.

Mephisto hofft immer noch auf einen Pakt und verspricht, mit all den angeforderten »Schätzen« (1689) zu dienen. Den etwas spöttischen Einwurf, Faust werde nicht für alle Zeit auf derart extravaganten Wünschen bestehen, kann er sich nicht verkneifen:

> »Doch, guter Freund, die Zeit kommt auch heran, / Wo wir was Guts in Ruhe schmausen mögen.« (1690 f.)

Der leicht hingeworfene Satz hat weit reichende Folgen. Das Wort »Ruhe« wirkt auf Faust wie ein rotes Tuch und provoziert einen höchst grundsätzlichen Widerspruch. Faust fühlt sich herausgefordert, seine Auffassung vom Sinn des menschlichen Lebens vorzutragen und sie zum Gegenstand einer Wette zu machen. Mephisto hat ungewollt das Stichwort geliefert, das die entscheidende Wende vom Teufelspakt zur Weltanschauungswette in Gang setzt.

Das Wettgeschehen gliedert sich in zwei Teile: in die eigentliche Wette, die durch den Handschlag besiegelt wird (1692–1698), und eine nachträgliche Kommentierung und Präzisierung (1699–1706, 1708–1711), die im strengen Sinne nicht mehr dazugehört, aber zumindest von Mephisto mit in die Verbindlichkeit hineingenommen wird. Der Inhalt der Wette ist in den ersten zwei Versen, die Faust zu Mephisto spricht, schon vollständig angegeben. Die darauf folgenden vier Verse entfalten ihn:

> »Werd ich beruhigt je mich auf ein Faulbett legen, / So sei es gleich um mich getan! / Kannst du mich schmeichelnd je belügen, / Daß ich mir selbst gefallen mag, / Kannst du mich mit Genuß betrügen, / Das sei für mich der letzte Tag! / Die Wette biet ich!« (1692–1698)

Am Anfang von *Studierzimmer (I)* hat Faust in der ›Übersetzung‹ des Johannes-Evangeliums die allgemeine These aufgestellt, dass »im Anfang« der Welt und des Menschen die »Tat« gewesen sei. Jetzt wirft er in einer Wette die eigene Person in die Waagschale. Er behauptet, dass er niemals aufhören werde, tätig zu sein. Selbstgefälligkeit und Genusssucht, die ein Aufhören des Tätigseins bewirken könnten, würden niemals die Oberhand gewinnen. Damit es nicht bei der Behauptung bleibt, bietet Faust eine Wette an. Sie setzt die Theorie der Praxis aus. Faust will mit seinem eigenen Leben den Beweis führen, dass der Mensch in seinem Kern ein tätiges Wesen ist.

Das eigene Leben ist der Einsatz, der bei dieser Wette gefordert ist. Weil für Faust im Tätigsein der Sinn des menschlichen Lebens liegt, bietet er, was er im Falle des ›Beharrens‹ auch ohne eine Wette verlieren würde: sein Menschsein. ›Beharren‹ ist mit dem Verlust des Menschseins, das im leiblichen Tod sein Bild hat, identisch:

> »Wie ich beharre, bin ich Knecht, / Ob dein, was frag ich, oder wessen.« (1710 f.)

Faust wettet zuerst mit sich selbst. Eine Beziehung zum Wettpartner stellt sich erst her, wenn der Selbstverlust als Mensch dem Verfall an

Faust (Fred Düren) und Mephisto (Dieter Franke) in der
Inszenierung des *Faust I* am Deutschen Theater Berlin (1968,
Regie Adolf Dresen und Wolfgang Heinz)

Mephisto gleichgesetzt wird. Nur in diesem Sinne darf bei Goethes *Faust* noch von der Möglichkeit gesprochen werden, dass Faust vom Teufel geholt wird.

Mephisto geht sofort auf das Wettangebot ein, ohne vorher seine eigene Position klarzustellen. Das ist auch nicht nötig; denn als er sich in *Studierzimmer (I)* vorstellte, hat er seine Auffassung vom Wert des Menschen bereits unmissverständlich dargelegt. Außerdem ist sie in Fausts Formulierung der Wette, die sich gegen Mephisto richtet, mit enthalten. Eine Auskunft über den Wetteinsatz kann desgleichen entfallen, weil auch auf der Seite Mephistos das eigene Programm selbst den Einsatz ausmacht.

Nachdem die Wette durch Handschlag besiegelt ist (1698), redet Faust in steigender innerer Erregung sofort weiter. Diese spontane Weiterführung bringt in das Wettgeschehen zwei neue Momente ein, die von Bedeutung sind.

In der eigentlichen Wette hängt die Entscheidung über den Ausgang davon ab, ob sich Faust jemals »beruhigt [...] auf ein Faulbett legen« werde. Eine allgemeine Bedingung für Gewinn oder Niederlage ist damit gegeben, aber keine Handhabe, eine Faulheit so eindeutig als ein Versagen im Sinne der Wette zu bestimmen, dass ein Streit zwischen den Wettpartnern ausgeschlossen wäre. Diese Unbestimmtheit wird jetzt von Faust gleichsam im Vorübergehen beseitigt, indem er die Entscheidung über den Ausgang der Wette an das Aussprechen eines bestimmten Satzes knüpft:

> »Werd ich zum Augenblicke sagen: / Verweile doch! du bist so schön! / Dann magst du mich in Fesseln schlagen, / Dann will ich gern zugrunde gehn!« (1699–1702)

Eine Diskussion muss nicht mehr stattfinden. Mephisto erhält die Möglichkeit, im entscheidenden Moment Faust beim Wort zu nehmen.

Das zweite neue Moment: Faust sagt für den Fall seiner Niederlage Mephisto des »Dienstes« (1704) frei, den er eigentlich abgelehnt hat. Eben noch hat er Mephisto für außerstande erklärt, dem »hohen Streben« des Menschengeists in irgendeiner Weise zu dienen. Jetzt wird plötzlich stillschweigend ein ›Dienst‹ als angenommen vorausgesetzt. Auch Mephisto geht wie selbstverständlich davon aus, wenn er verspricht, gleich heute beim Doktorschmaus »als Diener« (1713) seine Pflicht zu erfüllen. Faust und Mephisto schließen demnach nicht nur eine Wette um zwei entgegengesetzte Auffassungen vom Menschen ab. An die Wette lagert sich ein ›Dienst‹ Mephistos an, der auf gegenseitigem Einvernehmen beruht, aber nicht durch einen Vertrag abgesichert ist. Mephisto kann nur hoffen, dass sich seine Wettaussichten dadurch verbessern. Eine Gegenleistung darf er nicht erwarten. Durch den ›Dienst‹ ist eine enge Verbindung zwischen Faust und Mephisto hergestellt, wie sie von einer Wette allein nicht zu erwarten war. Faust hat sich einem Pakt entzogen und stattdessen eine Wette initiiert. Gleichzeitig wird er – wie bei einem Pakt – für das ganze weitere Leben Mephisto als »Diener« zur Seite haben.

Als Faust die Wette formulierte, war er ganz Mensch in seinem »hohen Streben«. Die Gefahr, sich an Mephisto zu verlieren, schien völlig gebannt zu sein. Mit dem Bekanntwerden eines einvernehmlich akzeptierten »Dienstes« gewinnt Mephisto jetzt wieder mehr und mehr die Oberhand. Er fordert von Faust »ein paar Zeilen« (1715), unterzeichnet mit einem »Tröpfchen Blut« (1737), obwohl die Wette schon durch Handschlag sanktioniert ist. Ein schriftliches Dokument ist sachlich nicht geboten. Da zudem der Text des Dokuments nicht mitgeteilt wird, scheint Goethe das alte Motiv der Blutsunterschrift aus der *Historia* nur deshalb aufzugreifen, um vorzuführen, wie Faust zunehmend dem Einfluss Mephistos verfällt. Faust findet die Forderung nach »was Geschriebne[m]« (1716) entwürdigend, begehrt heftig dagegen auf – und unterwirft sich.

Nachdem die Unterschrift geleistet ist, wird sich Faust seiner Unterwerfung schmerzlich bewusst. Es bleibt kein anderer Ausweg als die Flucht nach vorn. Was Mephisto am Beginn der Szene vorgeschlagen hat, will Faust, zu allem entschlossen, jetzt selbst: den kühnen Sprung ins Leben. Er will sogleich in die Welt hinaus und alle Seiten des Lebens, die guten wie die schlechten, in rastlosem Genuss auskosten:

> »Stürzen wir uns in das Rauschen der Zeit, / Ins Rollen der Begebenheit! / Da mag denn Schmerz und Genuß, / Gelingen und Verdruß / Miteinander wechseln, wie es kann; / Nur rastlos betätigt sich der Mann.« (1754–1759)

An dieser Stelle stoßen wir auf die aus dem *Fragment* übernommenen Verse: »Und was der ganzen Menschheit zugeteilt ist, / Will ich in meinem innern Selbst genießen, / […].« (1770f.)

Studierzimmer (II) geht nach Vers 1769 bis zum Szenenende, Vers 2072, weiter mit den Versen 249 bis 551 des *Fragments*. Folgende Szenenteile werden im Wortlaut aus *Fragment* in *Faust I* übernommen: der Dialog zwischen Faust und Mephisto (*Fragment*, 249–329 = *Faust I*, 1770–1850), der Monolog Mephistos (*Fragment*, 330–346 = *Faust I*, 1851–1867), die so genannte Schüler-Szene (*Fragment*, 347–529 = *Faust I*, 1868–2050) und der Dialog zwischen Faust und Mephisto vor der Ausfahrt (*Fragment*, 530–551 = *Faust I*, 2051–2072).

Für die übernommenen Texte ist auf die Interpretation im Zusammenhang des *Fragments* zu verweisen (vgl. S. 54–56). Hier interessiert nur, ob der erste Dialog zwischen Faust und Mephisto aus dem *Fragment* neue Momente in Fausts Lebensprogramm nach dem Abschluss der Wette einbringt. Wir erinnern uns: Faust, zum ersten Mal ohne Erklärung mit Mephisto verbunden, treibt es nach dem Scheitern der ›Beschwörungen‹ erneut aus seinem »Kerker«. Doch er ist bescheidener geworden. Nicht mehr »Ebenbild der Gottheit« (614) will er sein, sondern eine Art All-Mensch, der als Individuum das Ganze der Lebensmöglichkeiten aller Menschen unmittelbar durchleben kann. Auch den Faust von *Studierzimmer (II)* treibt es nach dem Abschluss der Wette in die Welt hinaus. Nur ist sein Drang jeder Idealität entkleidet. Faust weiht sich einem rastlosen Genuss des Lebens, er will dabei die Möglichkeiten des Individuums auskosten, aber nicht überschreiten. Der nahtlos angefügte Text aus dem *Fragment* kann den Drang in die Welt wieder auf eine idealere Stufe heben. Wenn sich Faust jetzt vornimmt, die Schranken des Individuums zum All-Menschen zu durchbrechen, leben Momente eines »hohen Strebens« auf, das kurz nach der Unterschrift mit Blut ganz erloschen schien.

(5) »Auerbachs Keller in Leipzig« (2073–2336)

Im Wortlaut identisch mit der gleichnamigen Szene des *Fragments* (vgl. S. 56f.).

(6) »Hexenküche« (2337–2604)

Bis auf zwei kleine Zusätze identisch mit der gleichnamigen Szene des *Fragments* (vgl. S. 57–61). Neu hinzugekommen sind die Verse 2366 bis 2377 und 2390–2393.

Die Gretchen-Szenen

Wie im so genannten *Urfaust* enden die Gretchen-Szenen mit der Katastrophe. Nachdem im *Fragment* schon die Szene *Wald und Höhle* hinzugekommen ist, wird der Komplex außerdem erneut thematisch ausgeweitet durch die Szenen *Walpurgisnacht* und den ihr zugeordneten *Walpurgisnachtstraum*.

(7)   »Straße« (2605–2677)

(8)   »Abend« (2678–2804)

(9)   »Spaziergang« (2805–2864)

(10) »Der Nachbarin Haus« (2865–3024)

(11) »Straße« (3025–3072)

(12) »Garten« (3073–3204)

(13) »Ein Gartenhäuschen« (3205–3216)

Szenen 7 bis 13 im Wortlaut der gleichnamigen Szenen des *Fragments*, die wiederum weitgehend mit den entsprechenden Szenen aus dem so genannten *Urfaust* identisch sind (vgl. S. 33–40).

(14) »Wald und Höhle« (3217–3373)

Im Wortlaut identisch mit der gleichnamigen Szene des *Fragments* (vgl. S. 61f.). Die Szene, die im *Fragment* auf die Szene *Am Brunnen* folgt, ist in *Faust I* nach vorn gezogen. Sie unterbricht den Fluss der Gretchen-Szenen nach der Szene *Ein Gartenhäuschen* und erhält damit eine retardierende Funktion. Faust versucht, ein Mädchen zu vergessen, mit dem er sich in Liebe verbunden weiß, das er aber noch nicht besessen hat. Noch könnte die Katastrophe vermieden werden.

(15) »Gretchens Stube« (3374–3413)

(16) »Marthens Garten« (3414–3543)

(17) »Am Brunnen« (3544–3586)

(18) »Zwinger« (3587–3619)

Szenen 15 bis 18 im Wortlaut der gleichnamigen Szenen des *Fragments*, die wiederum weitgehend mit den entsprechenden Szenen aus dem so genannten *Urfaust* identisch sind (vgl. S. 41–44).

(19) »Nacht« (3620–3775)

Schon im so genannten *Urfaust* gab es, der Szene *Dom* nachgestellt, eine Szene *Nacht* (vgl. S. 46). Sie hatte zu bezeugen, wie Gretchens »Schande« in die Öffentlichkeit gedrungen ist. Gretchens Bruder, der Soldat Valentin, beklagte »vor Gretchens Haus« (Szenenanweisung vor 1372) voll ohnmächtiger Wut die ersten Anzeichen sozialer Verachtung. Auf die Szene *Nacht* folgte dann eine Szene ohne Szenenüberschrift (vgl. S. 46f.). Sie zeigte, ebenfalls nachts, Faust zusammen mit Mephisto auf dem Weg zu Gretchen. Ob die beiden schon vor deren

Haus oder erst in nächster Nähe waren, blieb offen. Auf jeden Fall bestand zwischen ihnen und Valentin keinerlei Verbindung. Die Szene hatte zu klären, wie Faust, der das letzte Mal in der Liebesnacht bei Gretchen gewesen war, jetzt nach langer Abwesenheit zu seiner Geliebten stand. Er erging sich in einer pathetischen Selbstanklage, die vom *Fragment* an in die Szene *Wald und Höhle* aufgenommen wurde.

In *Faust I* sind die beiden *Urfaust*-Szenen in einer Szene *Nacht* zusammengeführt. Außerdem wurde der Szene in der Endphase der Arbeit an *Faust I* im Frühjahr 1806 eine weitere Funktion übertragen. Sie leitet zu *Walpurgisnacht* über, was ursprünglich eine eigenständige »Aufmunterung zur Walpurgisnacht« (Plp. 40 H/31 WA) leisten sollte.

Valentin beklagt des Nachts »vor Gretchens Türe« (Szenenanweisung vor 3620), wie im so genannten *Urfaust*, die ersten Auswirkungen der »Schande«. Dann hört er, wie sich »ihrer zwei« (3647) heranschleichen. Zusammen mit Mephisto ist Faust wiederum auf dem Weg zu Gretchen. Er braucht sich nicht mehr als »Flüchtling«, als »Unmensch ohne Zweck und Ruh« zu deklarieren, weil das schon in *Wald und Höhle* geschehen ist. Nicht mehr wie im so genannten *Urfaust* von »Seelennot« gequält, ist er jetzt ganz degentragender adliger Galan, den es wie in der ersten Gretchen-Szene nur drängt, »so grade zu genießen« (2722). Bezeichnenderweise wird auch das Geschenkmotiv aufgenommen. Nach der ersten Begegnung mit Gretchens Welt hat sich Faust gescheut, ein Geschenk zu machen, weil er die Freiwilligkeit der ersehnten Liebe nicht verletzen wollte. Jetzt empfindet er keine Scham mehr. Gretchen ist zur »liebe[n] Buhle« (3671) geworden, die man nicht »ohne Geschenke« (3675) aufsucht.

Mephisto ist, einem brünstigen Kater gleich, ebenfalls auf Sexualität aus. Er gesteht, dass ihm

> »schon durch alle Glieder / Die herrliche Walpurgisnacht [spukt]. / Die kommt uns übermorgen wieder, [...].« (3660 – 3662)

Einstweilen hat er seine Freude daran, dem Liebhaber Faust zu sekundieren, indem er Gretchen zur Zither ein Lied singt. Es ist »ein moralisch Lied« (3680); denn es warnt ein »Kathrinchen« (3684) genanntes Mädchen, das vor ihres Liebchens Tür steht, vor der Gefährlichkeit ihres Tuns und gibt ihm den dringenden Rat, sich niemals ohne den »Ring am Finger« (3697) hinzugeben. Gerichtet an Gretchen, die im Vertrauen auf Fausts Liebe nicht auf den bindenden Ring achtete, ist das Lied der Gipfel des Hohns und des Zynismus.

Auf das Ständchen folgt das Duell. Bruder Valentin stürzt sich aus dem Hinterhalt wutentbrannt auf den »Sänger« (3701), zerschlägt die Zither und will ihm den Schädel spalten. Mephisto wehrt die Schläge ab, geht aber nicht zum Angriff über. Die Schuld am Tod Valentins soll Faust auf die eigenen Schultern laden. Kaum hat dieser befehlsgemäß den tödlichen Stoß ausgeführt, treibt Mephisto auf der Stelle zur Flucht. Was er zur Begründung sagt, scheint kaum glaubhaft. Er wisse zwar »trefflich mit der Polizei« (3714), das heißt mit der für kleinere Vergehen zuständigen Ordnungsmacht, doch »schlecht« »mit dem Blutbann« (3715), das heißt mit der Gerichtsbarkeit über Leben und Tod, umzugehen. Eher dringt er wohl auf hastiges Entfernen, weil sich Faust, der eigentlich nur in Notwehr gehandelt hat, als flüchtiger Mörder fühlen soll.

Im letzten Teil der Szene geht der sterbende Valentin vor dem herbeigeeilten Volk mit seiner Schwester schwer ins Gericht. Dabei weiß er noch gar nicht, dass sie schwanger ist und unwissentlich den Tod der Mutter verursacht hat. Dass sie einen Liebhaber hatte, reicht dem selbstgerechten Richter aus. Er beklagt die unerträgliche »Schande« (3740), die über die Familie gekommen ist. Er schimpft Gretchen eine »Hur'« (3730), eine »Metze« (3753) und verflucht sie am Ende erbarmungslos: »Und wenn dir dann auch Gott verzeiht, / Auf Erden [sollst] sein vermaledeit!« (3762 f.)

(20) »Dom« (3776–3834)

Szene 20 im Wortlaut der gleichnamigen Szene des *Fragments*, die wiederum weitestgehend mit der entsprechenden Szene aus dem so genannten *Urfaust* identisch ist. Ursprünglich war durch eine Angabe in der Szenenüberschrift festgelegt, dass die kirchliche Zeremonie eine Totenmesse für Gretchens Mutter ist, an der alle Verwandten teilnehmen. Seit dem *Fragment* ist diese Festlegung aufgehoben. Gretchen nimmt »unter vielem Volke« an einem »Amt« (Szenenanweisung vor 3776) teil, von dem ungewiss bleibt, zu wessen Begräbnis es abgehalten wird.

Im so genannten *Urfaust* war die Szene zwischen den Szenen *Zwinger* und *Nacht* platziert. Im *Fragment* war sie nach *Zwinger* die letzte Szene. Im *Faust I* ist sie der neu gefassten Szene *Nacht* nachgestellt: Auf die erbarmungslose moralische Vernichtung durch den Bruder folgt die gnadenlose Verurteilung durch die Institution Kirche.

Johannes Prätorius (eigtl. Schultze) (*1630 Zethlingen, Altmark, †1680 Leipzig): Bloks Bergs Verrichtung (1668, Titelkupfer)

(21) »Walpurgisnacht« (3835–4222)

Die Walpurgisnacht ist die Nacht vom 30. April zum 1. Mai. Im heidnisch-germanischen Kult galt sie als Beginn der Frühlingsfeier. In der christlichen Umdeutung wurde daraus die Nacht, in der sich die Hexenwelt um Satans Thron versammelte und in wüsten Orgien ihre sündhafte Sinnlichkeit austobte. Nach einer alten Überlieferung fand die jährliche Zusammenkunft auf dem Brocken (Blocksberg) statt, dem höchsten Berg des Harzes.

Goethe, ein guter Kenner des Harzes und selbst Brocken-Besteiger, bediente sich der Harzsage, um auf der Erde eine Gegenwelt aufzubauen, in der Mephisto uneingeschränkt der Herr ist. Für das Szenarium nutzte er Berichte und Bilddarstellungen der Sage aus dem 17. Jahrhundert.

© Ernst und Hans Barlach Lizenzverwaltung Ratzeburg

Ernst Barlach (*1870 Wedel, Holst., †1938 Rostock): Faust und Mephistopheles II (1923, Holzschnitt, 14 x 18,7 cm)

In *Walpurgisnacht* wird das Reich des Menschenfeindes Mephisto, das im kleinen Ausschnitt schon in *Hexenküche* zu besichtigen war, im weit ausgreifenden, großflächigen Überblick vorgeführt. Die Darstellung der Kräfte und Mächte in *Faust I*, die das Gegenteil von produktiver menschlicher Tätigkeit verkörpern, erreicht hier ihren Höhepunkt. Faust verfolgt an Mephistos Seite das Geschehen im »Haus« des »Bösen« (3980) die meiste Zeit als neugieriger, aber distanzierter Betrachter. Am Ende wird ihm die Möglichkeit geboten, selbst an den Ausschweifungen teilzunehmen und seine Sexualität hemmungs- und folgenlos auszuleben.

Walpurgisnacht ist eine so genannte Wandelszene. Es gibt kein stehendes Bühnenbild. Faust wechselt von Station zu Station: Er steigt zusammen mit Mephisto den Brocken hinan (3835–3955), gerät in den Strudel des Hexensturms (3956–4015) und wandert schließlich auf einem Plateau an einer Reihe von Feuern entlang, um die sich Personal der Mephisto-Welt versammelt hat. Inmitten eines lauten, wilden Treibens wird getanzt, gesungen und musiziert. Die verschiedensten Lichterscheinungen, die das nächtliche Lokal stets nur ungenügend erhellen, schaffen die gespenstische Atmosphäre einer Traum- und Zauberwelt.

Die Szene beginnt mit dem Anstieg. Mephisto möchte lieber, auf einem »Bock« (3836) fliegend, schnell zum »Ziele« (3837) gelangen. Faust aber besteht auf einem Fußmarsch, weil er sich den Berg erwandern und die erwachende frühlingshafte Natur aus nächster Nähe erleben will. Ein »Irrlicht«, das von Mephisto aufgefordert wird, in der Dunkelheit den Weg zu weisen, warnt die Wanderer, der Berg sei »heute zaubertoll« (3868). Sie würden jetzt in eine »Traum- und Zaubersphäre« (3871) eintreten. Die erste wunderbare Erscheinung ist ein Berg, der mit seinen Erzadern im Innern, die sonst unsichtbar sind, leuchtet und glüht. Faust bewundert das magische Leuchten als ein einzigartiges Naturschauspiel. Mephisto dagegen sieht eine Selbstdarstellung des »Mammon«, des Reichtums als Mittel der Macht:

> »Erleuchtet nicht zu diesem Feste / Herr Mammon prächtig den Palast? / Ein Glück, daß du's gesehen hast; [...].« (3932–3934)

Gerade ist Faust noch in den Anblick des glühenden Berges versunken, da rast in der Luft, von der »alte[n] Baubo« (3962), die auf einem »Mutterschwein« (3963) reitet, angeführt, wie ein Orkan ein gewaltiger Zug von Hexen und Hexenmeistern vorüber. Sie sprechen in Chören und einzelnen Stimmen von dem, was sie tun: von ihren dummen, rohen und viehischen Verrichtungen.

Durch den Hexensturm ist Faust von Mephistos Seite gerissen worden; schon viel weiter oben, strebt er im allgemeinen Gedränge dem Gipfel entgegen. Aber dort will Mephisto ihn nicht haben. Er eilt heran und zieht ihn aus dem Gedränge zur Seite ins Gebüsch. Faust ist zu Recht befremdet. Konnte er doch davon ausgehen, dass die Fahrt zum Brocken nicht zu dem Zweck unternommen wurde, um sich irgendwo unterhalb des Gipfels seitwärts in die Büsche zu schlagen:

> »Doch droben möcht ich lieber sein! / Schon seh ich Glut und Wirbelrauch. / Dort strömt die Menge zu dem Bösen; / Da muß sich manches Rätsel lösen.« (4037–4040)

Mephisto bietet nun seine ganze Beredsamkeit auf, Faust von seinem Wunsche abzubringen. Er solle die »große Welt nur sausen« (4042) lassen; denn hier knüpfe sich auch manches Rätsel. Er werde im »Kleinen« (4036) vollwertigen Ersatz bekommen: vor allem »junge Hexchen nackt und bloß« (4046). Ohne weiteren Widerstand wird Mephisto wieder als Führer akzeptiert.

Man wandert jetzt auf einem Plateau von Lagerfeuer zu Lagerfeuer. Zuerst macht Mephisto Station bei »einigen, die um verglimmende Kohlen sitzen« (Szenenanweisung vor 4072). Was hier sitzt, ist in jeder Hinsicht »am Ende« (4072), am Ende der Feuerreihe, am Ende einer einstigen politischen, sozialen und literarischen Geltung, am Ende des Lebens. Es ist das historisch Überlebte und Nichtige, das sich unwiderruflich entlarvt und jede Anziehungskraft verloren hat. Mephisto fragt die vier »alten Herrn« (4072), warum sie denn nicht »hübsch in der Mitte« (4073) säßen. Als Antwort kommt ohnmächtige Klage. Ein General, ein Minister, ein Parvenu und ein Autor stimmen ein Klagelied an, dass die alte, »die rechte goldne Zeit« (4083), wo sie »alles galten« (4082), vorbei sei und nun »immerfort die Jugend« (4079) obenan stehe. Die drei ersten Herren klagen über die großen Umwälzungen der Französischen Revolution. Der General und der Minister können als typische Vertreter des Ancien Régime gelten, die durch die Revolution einen tiefen Fall erlitten. Aber auch der Parvenu, der durch die Revolution erst hochgekommen war, ist in einer Um-und-Umkehrung wieder von seiner Höhe gestürzt worden. Der Autor schließlich beklagt die Verflachung des literarischen Zeitgeschmacks und die Abwendung von aufklärerischer Literatur.

Der Anblick der historisch überlebten Gestalten macht auf Mephisto einen derart niederschmetternden Eindruck, dass er selbst »auf einmal sehr alt erscheint« (Szenenanweisung vor 4092):

»Zum Jüngsten Tag fühl ich das Volk gereift, / Da ich zum letztenmal den Hexenberg ersteige, / Und weil mein Fäßchen trübe läuft, / So ist die Welt auch auf der Neige.« (4092–4095)

Die Szenenanweisung spricht gegen die geläufige Auffassung, Mephisto würde hier nur in parodistischer Absicht die »alten Herrn« nachäffen. Es hat den Anschein, dass er selbst plötzlich für kurze Zeit von einer Weltuntergangs- und Endzeitstimmung betroffen ist.

Die nächste Station ist der »Laden« (4100) einer »Trödelhexe«, in dem Waren feilgeboten werden, die »einmal zum tücht'gen Schaden / Der Menschen und der Welt gereicht« (4102 f.): Dolche, durch die Blut floss; Kelche, aus denen sich Gift ergoss; Schmuck, der ehrbare Frauen verführte; Schwerter, die hinterrücks mordeten. Mephisto kann den marktschreierisch angebotenen Stücken nichts abgewinnen. Sie würden nicht mehr in die heutige Zeit passen. Er rät der Trödel-

Fritz Cremer (*1906 Arnsberg, †1993 Berlin): Tanz mit der
Hexe (e. 1956/59, Lithographie, 9,6 x 12,8 cm)

hexe, sich auf »Neuigkeiten« (4112), auf verfeinerte, subtilere Mittel zu
verlegen.

Im Weitergehen treffen Faust und Mephisto endlich auf die versprochenen Hexen. Eine Frau mit »schönen Haaren« (4120) weckt Fausts Neugier. Doch kaum hat er von Mephisto erfahren, dass es Lilith ist, »Adams erste Frau« (4119), das Urbild des verführerischen, die Männer verderbenden Weibes, lässt er von ihr ab und lenkt die Aufmerksamkeit auf zwei namenlose Hexen, eine junge und eine alte, die »schon was Rechts gesprungen [haben]« (4125). Der neuen Verlockung kann Faust nicht länger widerstehen. Er greift sich die Junge, die man sich »nackt und bloß« denken muss, und beginnt mit ihr einen neuen Tanz.

Die folgende Tanz-Szene bringt Faust in Gefahr, nackter liebloser Sexualität zu verfallen. Während er mit der jungen Hexe tanzt, erzählt er von einem »schönen Traum«, den er »Einst« (4128) hatte: wie er an einem Apfelbaum zwei schöne Äpfel glänzen sah, wie ihn die Äpfel reizten und wie er den Baum zu besteigen begann. Das ist in der Metaphorik des *Hohe Lieds Salomos* ein sexueller Traum, der eindeutig das Verlangen nach sexueller Befriedigung anzeigt. Die schöne junge Hexe bietet sich an, an ihr die Besteigung zu wiederholen. Mephisto, der sich die Alte zum Tanz gegriffen hat, erzählt den sexuellen Traum noch einmal, aber in einer »wüsten« (4136) Version mit krass obszönen Worten, die in den Drucken durch ›Anstandsstriche‹ ersetzt wurden. Die alte Hexe bekundet in gleicher Derbheit ebenfalls ihre Bereitschaft, den Traum in Wirklichkeit zu überführen.

Die Orgie deutet sich an. Doch die sexuelle Vereinigung findet am Ende nicht statt, weder im Traum noch in der Realität. Zunächst stört die beiden Paare mit seinem Dazwischenreden ein »Proktophantasmist«, der die Tanzenden für Geister hält und sie vertreiben will. Verspottet wird hier der Berliner Aufklärer Friedrich Nicolai (1733–1811), der 1775 eine Parodie der *Leiden des jungen Werthers* veröffentlicht hatte. In den neunziger Jahren hatte sich Nicolai dann allgemein lächerlich gemacht, als er, der unermüdliche Kämpfer gegen den Aberglauben, selbst von Phantasmen heimgesucht wurde und diese mit am Hinterteil angesetzten Blutegeln zu beseitigen suchte. Jetzt muss er wieder mit Geistern kämpfen, deren Existenz er standhaft leugnet. Mephisto empfiehlt ihm, die Kur mit den Blutegeln zu wiederholen.

Während Mephisto noch den »Proktophantasmist« saugrob abfertigt, lässt Faust, den Tanz abbrechend, plötzlich die schöne junge Hexe fahren. Völlig verschreckt und verstört berichtet er, wie ihr mitten im Gesang eine rote Maus aus dem Mund sprang und wie er jetzt dort hinten ein »blasses schönes Kind allein und ferne stehen« (4184) sieht:

> »Sie schiebt sich langsam nur vom Ort, / Sie scheint mit geschloßnen Füßen zu gehen. / Ich muß bekennen, daß mir deucht, / Daß sie dem guten Gretchen gleicht.« (4185–4188)

Mephisto rät Faust dringend, sich von der gespenstischen Erscheinung, die auch er wahrnimmt, schleunigst abzuwenden. Es sei ein lebloses »Zauberbild«, ein »Idol« (4190), dem zu begegnen nicht gut sei. Durch den »starren Blick« (4192) werde es wie die Medusa sein Blut zum Erstarren bringen und ihn »fast in Stein« (4193) verwandeln. Doch Faust kann vom Anblick des vermeintlichen Gretchens nicht lassen. Die Erinnerung an das eine Mädchen, das er als ganzen Menschen geliebt hat, gewinnt über die verführerischen Reize der jungen Hexe die Oberhand. Die Gefahr, Gretchen ganz zu vergessen und dem nackten Sexualtrieb zu verfallen, ist gebannt. Die Walpurgisnacht muss ohne Faust weitergehen.

Mephisto kann den immer noch verwirrten Faust auf ein »Hügelchen« (4210) ziehen, wo ein Theater aufgeschlagen ist. Ein »Servibilis« kündigt die Vorstellung eines von Dilettanten gespielten und von einem Dilettanten geschriebenen Stückes an. Mephisto findet ein Dilettantentheater auf dem Brocken am rechten Platz. Die Vorstellung beginnt. Faust und Mephisto werden als Zuschauer anwesend sein, aber nicht sprechend eingreifen.

(22) »Walpurgisnachtstraum« (4223 – 4398)

Die Szene heißt nach dem Stück, das auf dem Brocken-Theater gespielt wird und mit dessen Aufführung die Walpurgisnacht endet: *Walpurgisnachtstraum oder Oberons und Titanias goldne Hochzeit. Intermezzo.*

Walpurgisnachtstraum ist nicht im Zusammenhang der Arbeit am *Faust* entstanden. Nachdem 1796 die *Xenien*, eine erste Sammlung zeitsatirischer Distichen, erschienen waren, plante Goethe eine Fortsetzung des Unternehmens. Wiederum wollte er eine Anzahl von Spottversen zu einem Ganzen bündeln, diesmal mit Hilfe des Oberon-Titania-Stoffs. Noch im Sommer 1797 ging Schiller ein Text *Oberons goldne Hochzeit* (G/L 1, 415) zu, um in den *Musenalmach für das Jahr 1798* eingerückt zu werden. Schiller leitete ihn jedoch nicht zum Druck weiter, was Goethe nachträglich am 20. Dezember 1797 billigt:

> »Oberons goldne Hochzeit haben Sie mit gutem Bedacht weggelassen, sie ist die Zeit über nur um das Doppelte an Versen gewachsen, und ich sollte meinen, im Faust müßte sie am besten ihren Platz finden.« (G/L 1, 450)

Wie sich das Manuskript *Oberons goldne Hochzeit*, das Schiller 1797 vorlag, zur *Faust*-Szene *Oberons und Titanias goldne Hochzeit* verhält, inwieweit es für den Druck im *Faust* bearbeitet wurde, wissen wir nicht, weil wir dieses Manuskript nicht kennen. Die *Faust*-Szene kann zu keinem vergleichbaren Text außerhalb des *Faust* in Beziehung gesetzt werden. Überlegungen, ob Goethe einen Text *Oberons goldne Hochzeit* in den *Faust* zu Recht eingebracht habe oder nicht, sind deshalb müßig. Der Text, den wir allein haben, ist ein Teil des *Faust* und muss als solcher verstanden werden.

Die Einordnung von *Walpurgisnachtstraum* in die Mephisto-Welt der Walpurgisnacht erklärt sich schon aus den Personen, die darin auftreten. Wie Faust in der Walpurgisnacht Verkörperungen des Nichtigen und Unproduktiven kennen lernte, indem er mit Mephisto von Lagerfeuer zu Lagerfeuer ging, sieht er jetzt analoge Gestalten auf einem Theater an sich vorüberziehen. Die Akteure bereichern – zum Großteil wenigstens – das Bild, das in der eigentlichen Walpurgisnacht vom Gegenteil produktiver Tätigkeit gezeichnet wurde. Den Ausschlag gab jedoch der dilettantische Charakter des Brocken-Theaters, den der »Servibilis« in seiner Ankündigung mehrfach hervorhebt.

Goethe und Schiller hatten sich 1799 eingehend mit dem Problem der Laienkunst beschäftigt. Beunruhigt über die Kunstentwicklung in Deutschland am Ende des 18. Jahrhunderts, wollten sie klären, wie »Nutzen und Schaden fürs Subject sowohl als für die Kunst und für das Allgemeine der Gesellschaft«[40] bei liebhaberischer Betätigung in den einzelnen Künsten zu veranschlagen seien:

> »Begriff des Künstlers im Gegensatz des Dilettanten. / Ausübung der Kunst nach Wissenschaft. Annahme einer objektiven Kunst. [...] Es giebt in allen Künsten ein Objectives und ein Subjektives, und je nachdem das eine oder das andere darin die hervorstechende Seite ist, hat der Dilettantism Wert oder Unwerth. Wo das Subjective für sich allein schon viel bedeutet, muß der Dilettant sich dem Künstler nähern z. B. Tanz, Musik, schöne Sprache, lyrische Poesie. Wo es umgekehrt ist, scheiden sich der Künstler und Dilettant strenger und der Dilettantism kann schädlich wirken, wie bei der Architektur, Zeichenkunst, Schauspielkunst, epischer oder dramatischer Dichtkunst.«[41]

Liebhaberkunst wurde also von Goethe und Schiller keineswegs pauschal abgelehnt. In verschiedenen Schemata stellten sie für die einzelnen Künste jeweils »Nutzen und Schaden« gegenüber. In der lyrischen Poesie beispielsweise hatte laienhaftes »Selbstproducieren«[42] für sie folgenden Nutzen:

> »Ausbildung der Gefühle und des Sprachausdrucks derselben; Kultur der Einbildungskraft besonders als integrierender Theil der Verstandesbildung«.[43]

Auch in den meisten »objektiven« Künsten, wo »der Dilettantism mehr Schaden«[44] anrichtet, entdeckten sie noch fördernde Wirkungen. Ohne jede Einschränkung wurde die Liebhaberei allein in der »pragmatischen Poesie« und in der »Schauspielkunst« abgelehnt:

> »Dilettant wird nie den Gegenstand, immer nur sein Gefühl über den Gegenstand schildern. Er flieht den Charakter des Objekts. Alle dilettantischen Geburten in dieser Dichtungsart werden einen pathologischen Charakter haben, und nur die Neigung und Abneigung ihres Urhebers ausdrücken.«[45] »Zerstörte Idealität der Kunst, weil der Liebhaber, der sich

nicht durch Aneignung der Kunstbegriffe und Traditionen erheben kann, alles durch eine pathologische Wirklichkeit erreichen muß.«[46]

Wenn Goethe und Schiller bei einem Stück und seiner Aufführung von ›Dilettantismus‹ reden, bewerten sie das Ganze als kunstfeindliche »Pfuscherei«[47]. Es ist jetzt klar, warum *Walpurgisnachtstraum*, von einem Dilettanten geschrieben und von Dilettanten gespielt, auf dem Brocken-Theater am rechten Platz ist. Als »Pfuscherei« verkörpert es eine Kunst, die dem Herrschaftsbereich Mephistos gemäß ist.

Gleichwohl ist *Walpurgisnachtstraum* nicht nur das Werk von Dilettanten, sondern zugleich ein Kunstwerk. Der Künstler Goethe produziert sich als Dilettant, wirkt aber dem Dilettantismus durch den Einsatz vielfältiger Kunstmittel entgegen. Elemente dilettantischer Kunstausübung und Zeugnisse eines hohen Kunstverstands verschmelzen zu einer widersprüchlichen Einheit.

Der »pathologische Charakter« von *Walpurgisnachtstraum* manifestiert sich schon in der formalen Anlage. Es ist nicht einfach ein Stück im Stück *Faust*, das gegeben wird. Die Zuschauerinnen und Zuschauer, zu denen Faust und Mephisto gehören, erblicken auf dem Theater Personen, die wiederum einem Spiel auf einer improvisierten Bühne zuschauen. *Walpurgisnachtstraum* hat einen Rahmen, der die Theatersituation verdoppelt. Das Theater auf dem Theater wurde von deutschen Romantikern (Tieck, Brentano) gern als Mittel der Illusionsbrechung und Ironisierung genutzt. Goethe greift das Verfahren auf, um es zu übertreiben. *Walpurgisnachtstraum* führt »de facto ad absurdum«, was es »lächelnd zu akzeptieren scheint«[48].

In der Rahmenhandlung wird das Thema der Versöhnung von Oberon und Titania aus Shakespeares *A Midsummer Night's Dream* (1595; dt. *Ein Sommernachtstraum*) aufgegriffen und parodistisch ins Bürgerliche gewendet. Das Elfenkönigspaar zeigt sich nicht allein »aufs neu verbunden« (4234), sondern begeht nach fünfzig Jahren Ehe das Fest der goldenen Hochzeit. Zur Feier des Tages gibt es einen Festzug. Vor dem Jubelpaar und den Veranstaltern (Theatermeister, Herold) zieht in der Szenerie der Harzlandschaft – auf ein eigenes Bühnenbild wurde verzichtet – ein Reigen seltsamer Gestalten vorbei, die sich in Vierzeilern selbst erklären oder von anderen Sprechern vorgestellt werden.

Der Festzug selbst ist künstlerisch gestaltet, wobei sich Kunst und Dilettantismus vermengen. Ein aus Tieren bestehendes Orchester begleitet das Defilee mit einer dilettantisch misstönenden Musik. Ariel dagegen, der Luftgeist aus Shakespeares *The Tempest* (1611; dt. *Der Sturm*), »bewegt den Sang / In himmlisch reinen Tönen« (4239 f.). Er bringt im Gegensatz zum Dilettantenorchester die »höchste ästhetische Herrlichkeit der Musik« hervor und gibt damit, wie Goethe am 31. Januar 1798 an Schiller schreibt, sich auf eine Oper von Domenico Cimarosa (1749–1801) beziehend, dem »Albernen, ja dem Absurden« (G/L 2, 32) eine Art humoristischer Verklärung. Ariels Gesang ist es auch zu verdanken, dass im Festzug nicht nur die »Fratzen« (4241), sondern auch die »Schönen« (4242) vertreten sind: »Weltkind«, »Tänzer«, »Tanzmeister« und »Fiedler«. Der Kobold Puck aus *A Midsummer Night's Dream* animiert durch sein Vorbild die Gestalten des Festzugs, sich tänzerisch fortzubewegen. Nach dem Kommentar des Tanzmeisters kommt dabei freilich nur ein groteskes Gespringe und Gehupfe heraus.

Im Festzug lässt Goethe vor allem Typen, aber auch namentlich genannte Personen aus seinem Umfeld auftreten, die er mit den Mitteln der Satire verspottet. Die Figuren gruppieren sich nach den Themen und den Wirklichkeitsbereichen, die den Gegenstand der Satire bilden. Im Großen ist eine Dreiteilung zu erkennen.[49]

Den Zug eröffnet bezeichnenderweise ein Dilettant. Ein »Geist, der sich erst bildet«, ist nicht fähig, aus sich ein organisches Ganzes zu formen; ein »Gedichtchen« (4262) meint er dennoch herstellen zu können. »Ein Pärchen« macht ihm klar, dass es trotz angestrengten Trippelns mit ihm »nicht in die Lüfte« (4266) gehen werde. Eine »neugieriger Reisender« genannte Figur wundert sich über alle Maßen, hier auf dem Brocken »Oberon, den schönen Gott« (4269), vorzufinden. Sein Problem besteht darin, dass er zwar viel reist und alles selbst betrachten muss, die Wirklichkeit aber nur im Rahmen seines Vorstellungsvermögens und nicht als Eigenwert wahrnehmen kann. »Orthodox« erklärt Oberon, obwohl er »keine Klauen, keinen Schwanz« (4271) sieht, kurzerhand zum »Teufel« (4274). Er entlarvt sich damit als religiöser Eiferer, der in allem, was nicht orthodox christlich ist, den Teufel wittert. Damit wird auf Friedrich Leopold Graf zu Stolberg (1750–1819) angespielt, der in seinem Aufsatz *Gedanken über Herrn Schillers Gedicht »Die Götter Griechenlands«* (1788) Schiller »heidnischer« Auffassungen bezichtigt hatte. Während »neugieriger Reisender« und »Orthodox« sich ihres Urteils über Oberon völlig sicher sind, bekennt ein »nordischer Künstler«, dass er Wirklichkeit erst nur »skizzenweise« (4276) erfassen könne. Er werde sich aber bald auf einer »italien'schen Reise« (4278) weiterbilden. »Purist« bekundet intensivstes Interesse für die Hexen, von denen er sich eigentlich fernhalten müsste. Natürlich wendet er sich dem sittlichen Verfall nur zu, um ihn zu verurteilen. »Junge Hexe« stellt unverhohlen ihre Nacktheit zur Schau. »Matrone«, die das nicht mehr kann, tröstet sich mit dem Gedanken, dass auch die Jugend einst »verfaulen« (4290) wird.

Der zweite Teil beginnt mit dem Auftritt von »Windfahne«. »Nach der einen Seite« (Szenenanweisung vor 4295) lobt sie die Brocken-Gesellschaft in den höchsten Tönen; »nach der andern Seite« (Szenenanweisung vor 4299) wünscht sie ihr das sofortige Verderben. In diesen Typus des gesinnungslosen Opportunisten wird man mehrere Personen einzeichnen können. »Xenien« sind als »Insekten [...] mit kleinen scharfen Scheren« (4303f.) gekommen, um Satan, ihrem »Herrn Papa« (4305), die Ehre zu erweisen. In Wahrheit sind sie satirische Distichen und haben Goethe und Schiller zum Vater. »Hennings« [der Publizist August von Hennings, 1746–1826], bezweifelt, dass die »Xenien« »gute Herzen« (4310) haben, von seiner Warte aus zu Recht; denn sie haben ihn schon angegriffen. Jetzt wird er erneut verspottet. Als »Musaget« [Führer der Musen und Titel einer von Hennings betreuten Gedichtsammlung] bekennt er freimütig, eher ein »Hexenheer« (4311) als Musen anführen zu können. »Ci-devant [vormals] Genius der Zeit« [eine von Hennings herausgegebene Zeitschrift], früher auf dem »deutschen Parnaß« (4317) tätig, erklärt ebenfalls den Brocken zu seinem eigentlichen Betätigungsfeld. »Neugieriger Reisender« lenkt bei seinem zweiten Auftritt die Aufmerksamkeit auf einen »steife[n] Mann« (4319), der, wie ein Hund schnuppernd, auf »Jesuiten« (4322) Jagd macht. »Kranich«, der sich als ›frommer Herr‹ (4325) vorstellt, bekennt als Grund seines Besuchs auf dem Brocken, dass er gern »auch im trüben fischen« (4324) mag. Aus Eckermanns Bericht vom 17. Februar 1829 wissen wir, dass mit »Kranich« der Schweizer Pfarrer und Schriftsteller Johann Kaspar Lavater (1741–1801) gemeint ist. Der einst hochverehrte Freund wurde auf den Blocksberg versetzt, weil er sich als religiöser Eiferer auch unlauterer Mittel bediente. »Weltkind« – Goethe nannte sich selbst so in seinem Gedicht *Diner zu Koblenz im Sommer 1774* – stellt aus eigener Erfahrung fest, dass den »Frommen« (4327) für ihre Zwecke jedes Mittel recht ist. Sie würden sogar auf dem Blocksberg »Gar manches Konventikel« (4330) gründen.

Lautstark, schon von fern hörbar, meldet sich eine neue Gruppe an. Fünf Philosophen liegen in einem heftigen Streit. »Tänzer«, »Tanzmeister« und »Fiedler« klären uns auf, dass wir die Philosophen als »Lumpenpack« (4339) anzusehen und ihrem Streit keinerlei Bedeutung beizumessen haben. Der Streit geht um die Realität und die Seinsweise des »Teufel[s]« (4345). Die geäußerten unterschiedlichen philosophischen Standpunkte haben gemeinsam, dass sie dem Problem ›Teufel‹ nicht beikommen. »Dogmatiker« schließt nach dem Vorbild des ontologischen Gottesbeweises vom Begriff auf reales Sein. Der Teufel müsse »doch etwas sein« (4345), da es das Wort ›Teufel‹ gäbe. Am »Idealisten« offenbart sich das Dilemma der Ich-Philosophie Johann Gottlieb Fichtes (1762–1814), der zur Begründung des freien Handelns den Menschen aus jeder Objekt-Bindung emanzipiert und dessen Ich-Vernunft zum alleinigen Träger von Objektivität und Vernunft erhoben hatte. »Idealist« trifft auf eine Wirklichkeit, die nicht seinem Wollen entspricht. Bei Goethe, nicht in der Wirklichkeit, zieht er daraus die Konsequenz, sich für »närrisch« (4350) zu halten. »Realist« fühlt sich durch die Existenz eines Wesens, das ihm »recht zur Qual« (4351) ist und ihn »baß verdrießen [muß]« (4352), stark verunsichert. Als Mann der Empirie glaubte er bisher, die Wirklichkeit im Griff zu haben. Jetzt muss er angesichts einer schockierenden Erfahrung bekennen, dass er »zum erstenmal / Nicht fest auf [s]einen Füßen« (4353f.) steht. »Supernaturalist« freut sich, eine weitere Bestätigung für die Realität überirdischen Seins zu finden. Er fasst den Teufel als bösen Geist auf, von dem man auf »gute Geister« (4358) schließen könne. Am Ende kocht auch »Skeptiker«, für den der Schatz ›Erkenntnis‹ prinzipiell nicht zu heben ist, mit dem Teufel nur sein eigenes Süppchen. Ihm reimt sich »Teufel« nur auf »Zweifel« (4361).

Den dritten Teil des Festzugs bildet eine Gruppe politischer und sozialer Typen nach der Französischen Revolution. »Die Gewandten« verstehen es als geschickte Opportunisten, mit jeder Umwälzung fertig zu werden. »Die Unbehülflichen«, die sich früher am Hof »manchen Bissen erschranzt[en]« (4371), haben durch den Sturz des französischen Königtums ihre Lebensgrundlage verloren und müssen nun als Emigranten im Ausland »auf nackten Sohlen« (4374) laufen. Die »Irrlichter« sind durch die Revolution aus dem »Sumpfe« (4375) des dritten Standes aufgestiegen und leisten sich jetzt einen aristokratischen Lebensstil. ›Sumpf‹ (frz. marais) war die Bezeichnung für die gemäßigte Mehrheit des Konvents (frz. convention nationale) im Gegensatz zur radikalen Bergpartei (frz. montagne). »Sternschnuppe«, die der Umwälzung eine plötzliche Tagesberühmtheit verdankte, liegt abgestürzt im Gras und versucht vergeblich, wieder auf die Beine zu kommen. »Die Massiven«, die Volksmassen, die auf der Straße der starke Arm der Revolution waren, kommen mit ihren »plumpe[n] Glieder[n]« (4386) daher, schaffen sich rücksichtslos Platz und trampeln »die Gräschen« (8384) nieder.

Die Vierzeiler des letzten Teils erhellen in Schlaglichtern, wie Goethe vor dem Machtantritt Napoleons die revolutionären Ereignisse in Frankreich bewertete. Goethe kannte die tiefe Korruptheit des feudalabsolutistischen Systems in Frankreich; er war sich bewusst, dass das französische Königtum selbst für die gewaltsame Umwälzung verantwortlich war. Gleichzeitig sah er in der Umwälzung wiederum nur einen zügellosen Egoismus privater Interessen am Werk. Die »wohltätigen Folgen«[50] der Revolution für das Ganze konnte er erst erkennen und würdigen, nachdem sich mit Napoleon ein neuer Herrscher an die Spitze gesetzt und eine neue Ordnung konstituiert hatte.

Mit dem Anbrechen der Morgendämmerung geht der Festzug zu Ende. Von Ariel angespornt, findet das Dilettantenorchester die Kraft, mit einem »Pianissimo« (Szenenanweisung vor 4395) das Stück versöhnlich ausklingen zu lassen.

Die Paralipomena zur Szene »Walpurgisnacht« (Plpp. 40 – 69 H)

In Goethes Nachlass sind zu dieser Szene eine Reihe von skizzenartigen Entwürfen und ausgeführten Textfragmenten überliefert. Sie machen deutlich, dass sie ursprünglich eine Gestalt haben sollte, die konzeptionell von der 1808 veröffentlichten Fassung entschieden abweicht.

Der Goethe-Philologe Siegfried Scheibe, der erstmals die wichtigsten dieser Handschriften gründlich auf ihre entstehungsgeschichtlichen Indizien hin untersucht hat, gibt von der Entwicklung der Szene folgendes Bild: Goethe begann mit der Ausarbeitung Ende 1797. In dieser Zeit schrieb er die Satansrede und die Rede Mephistos (Plp. 52 H/50 WA), den Chor der Hexen (Plp. 65 H/50 WA), den Chor der Hochgerichtserscheinung (Plp. 69 H/50 WA) und die Satanszeremonie (Plp. 53 H/50 WA). Die Szene sollte also ursprünglich mit dem Auftreten Satans auf dem Gipfel des Brockens beginnen:

> »In der Zeit bis Herbst 1800 scheint sich der Plan der Szene modifiziert zu haben: Goethe wollte die Szene nicht mehr mit dem Höhepunkt beginnen lassen [...], sondern er wollte den Höhepunkt vorbereiten [...]. So begann er, der eigentlichen Satansszene die Wanderung Fausts und Mephistos zum Brocken, den Aufstieg zum Gipfel voranzustellen [...]. Hauptsächlich an diesem Szenenkomplex arbeitete Goethe vom Herbst 1800 bis zum Frühjahr 1801, bis dann die Arbeit plötzlich abgebrochen wurde.«[51]

Nach jenem Plan, der beim Abbruch der Arbeit 1801 wahrscheinlich noch gültig war, muss der Bau der Szene wie folgt gedacht werden:

»Auf eine Szene *Aufmunterung zur Walpurgisnacht* [Plp. 40 H/31 WA] […] folgte die eigentliche Walpurgisnachtszene, wie sie uns heute vorliegt, mit der Wanderung Fausts und Mephistos, dem Herannahen der Hexenschwärme, dem Gespräch mit den vier alten Herrn […] und dem Gespräch mit der Trödelhexe. Danach geraten Faust und Mephisto in einen Menschenstrudel, der sie nach oben zieht. Es folgte wohl, nach dem Plan der Szene, die Aufführung des *Intermezzos* und endlich schloss sich auf dem Gipfel des Brockens die Satansszene an. Nach dem Versinken der Erscheinung Satans fliegen die Hexen nach Hause und auch Faust und Mephisto reiten vom Blocksberg hinweg. Beide geraten durch Zufall zu einer Hochgerichtserscheinung, wo Faust Gretchens Schicksal erfährt […].«[52]

1806 beschäftigte sich Goethe wieder mit dem *Faust*-Drama, weil er den Erstdruck in der ersten Cotta'schen Ausgabe nicht länger verzögern konnte. In dieser Zeit wurde der Plan von 1801 aus uns unbekannten Gründen aufgegeben und die Szene *Walpurgisnacht* so gestaltet, wie sie im Erstdruck des *Faust I* von 1808 vorliegt.

Die entscheidende Änderung betrifft mithin die Satans-Szene. Im Plan von 1801 gipfelt die Erscheinungsreihe des »Bösen« (4039) im Auftritt seines obersten »Herrn«. Satan selbst offenbart sich, um den »Völker[n]« seine Gebote zu verkünden. Eine Skizze umreißt die Szenerie:

»Einsamkeit, Öde, Trompetenstöße. Blitze, Donner von oben. Feuersäulen, Rauch – Qualm. Fels, der daraus hervorragt. Ist der Satan. Großes Volk umher.« (Plp. 48 H/48 WA)

Es ist offensichtlich, dass hier die Offenbarung des Herrn auf dem Berg Sinai vor Moses und dem Volk Israel parodiert wird:

»Als es am dritten Tage Morgen ward, brachen Donner los und Blitze. Eine schwere Wolke hing auf dem Berge, und mächtiger Hörnerschall ertönte […]. Dann führte Moses das Volk Gott entgegen aus dem Lager, und am Fuße des Berges stellte es sich auf. Der ganze Berg Sinai aber rauchte, weil der Herr auf ihn im Feuer niedergefahren war.« (Exodus, 19. Kapitel, 16 bis 18. Zit nach: Die Heilige Schrift des Alten Bundes. Übertr. Paul Riessler. Leipzig: St. Benno 1957.)

Die »Völker« müssen in der Satans-Szene zur Unterweisung »am heiligen Ort« nach den beiden Geschlechtern getrennt Aufstellung nehmen und als Zeichen der Verehrung »aufs Angesicht nieder«fallen. Den Männern, die als »Böcke« und damit als Tiere angeredet werden, gebietet Satan, »zwei Dinge / So herrlich und groß« zu erringen: das

»glänzende Gold« und den »weibliche[n] Schoß«. Den Weibern, die als »Ziegen« auftreten, werden ein »glänzender Schwanz« und ebenfalls das »leuchtende Gold« (Plp. 52 H/50 WA) als höchste Güter angepriesen. Animalischer Sexualtrieb und Gier nach materiellem Reichtum, die in *Walpurgisnacht* schon ihre zerstörerische Wirkung gezeigt haben, erhalten durch Satan die Weihe eines göttlichen Gebots. Von höchster Stelle wird bezeugt, dass sie die größten Feinde des Menschseins sind.

Auf die Offenbarung sollten »Einzelne Audienzen« (Plp. 53 H/ 50 WA) folgen. Nur eine ist ausgeführt: Satan belehnt einen »Vasall[en]« mit »Millionen Seelen«, weil er seinen Arsch auf hervorragende Weise gelobt hat. Hier wird am Gesellschaftssystem des Feudalabsolutismus eine vernichtende Kritik geübt. Der absolute Herrscher belohnt nicht jenen, der etwas Großes geleistet hat, sondern den besten Schmeichler und Arschkriecher. Die scharfe politische Satire richtet sich aber auch gegen die Verfechter einer Volksherrschaft. Sie werden als gesinnungslose Opportunisten denunziert, die unter dem Mantel des Gemeinwohls nur ihrem persönlichen Vorteil nachjagen. »Vasall«, der in der Audienz dem »Tyrann[en]« vollendet zu schmeicheln wusste, ist ursprünglich ein »Demokrat« gewesen.

Der Plan von 1801 lief darauf hinaus, dem Herrn als Anwalt des Menschen auf gleicher Ranghöhe einen Gegenspieler zur Seite zu stellen. *Walpurgisnacht* hätte dadurch eine ähnlich herausragende Stellung im Werkzusammenhang erhalten wie *Prolog im Himmel*. Im Druck von 1808 hat Goethe dieses Konzept aufgegeben und auf die Satans-Szene verzichtet. Was ihn dazu veranlasst hat, wissen wir nicht. Die Rücksichtnahme auf das zeitgenössische Publikum könnte eine Rolle gespielt haben; denn schon ohne die Satans-Szene erregte *Walpurgisnacht* einen Sturm der Entrüstung. Vielleicht signalisiert die Auslassung aber auch einen ureigenen Gesinnungswandel Goethes. Womöglich hielt er die Ranghöhe, die er dem Gegenspieler des Herrn zugebilligt hatte, nicht mehr für angemessen.

(23) »Trüber Tag. Feld« (63 Zeilen Prosa)

Bis auf geringfügige stilistische Änderungen identisch mit der Szene 19 (ohne Szenenüberschrift) des so genannten *Urfaust* (vgl. S. 48). Goethe übernahm nur in diesem einen Fall Sturm-und-Drang-Prosa unverändert in *Faust I*.

(24) »Nacht, offen Feld« (4399–4404)

Bis auf eine stilistische Änderung (Vers 4401) identisch mit der gleichnamigen Szene (Nr. 20) des so genannten *Urfaust* (vgl. S. 49).

(25) »Kerker« (4405–4612)

Die Szene *Trüber Tag. Feld* ließ Goethe trotz neuer ästhetischer Überzeugungen noch in der alten Form bestehen. In der Szene, die in die Katastrophe führt, konnte er jedoch die wirklichkeitsnahe Prosa des Sturm und Drang nicht mehr ertragen. Der ›Naturalismus‹ der Darstellung musste durch Poetisierung gedämpft werden. Am 5. Mai 1798, kurze Zeit nach Wiederaufnahme der Arbeit, schrieb Goethe an Schiller:

> »Das alte, noch vorrätige, höchst konfuse Manuskript ist abgeschrieben und die Teile sind in gesonderten Lagen nach den Nummern eines ausführlichen Schemas hinter einander gelegt; nun kann ich jeden Augenblick der Stimmung nutzen, um einzelne Teile weiter auszuführen und das Ganze früher oder später zusammen zu stellen.
> Ein sehr sonderbarer Fall erscheint dabei: Einige tragische Szenen waren in Prosa geschrieben, sie sind durch ihre Natürlichkeit und Stärke, in Verhältnis gegen das andere, ganz unerträglich. Ich suche sie deswegen gegenwärtig in Reime zu bringen, da denn die Idee wie durch einen Flor durchscheint, die unmittelbare Wirkung des ungeheuren Stoffes aber gedämpft wird.« (G/L 2, 90 f.)

Die Überarbeitung rührt nicht an die inhaltliche Substanz der *Urfaust*-Szene. Sie dämpft nur die niederschmetternde Wucht des tragischen Geschehens, indem sie die harte Prosa in Verse umsetzt. Die Szene gewinnt dadurch erheblich an Umfang. Abgemildert wird auch die unversöhnliche Härte des katastrophalen Endes. Goethe entschließt sich, die strikte Immanenz nach *Prolog im Himmel* noch einmal für einen Moment zu durchbrechen. Gretchens verzweifelte Anrufung des »Gericht[s] Gottes« (4605), die im so genannten *Urfaust* ungehört verhallt, bleibt in *Faust I* nicht ohne Antwort. Das letzte Wort hat nicht Mephisto, der das Urteil der »richtenden gefühllosen Menschheit« in Erinnerung bringt. Der gnadenlosen Verurteilung »Sie ist gerichtet!« (4611) entgegnet eine »STIMME *von oben*«: »Ist gerettet!« (Szenenanweisung in 4611)

Szenen- und Versübersicht zu Teil I

Der so genannte Urfaust	Faust. Ein Fragment	Faust. Eine Tragödie	
—	—	Zueignung	1–32
—	—	Vorspiel auf dem Theater	33–242
—	—	Prolog im Himmel	243–353
		Der Tragödie Erster Teil	
1 Nacht	1 Nacht	1 Nacht	**354–807**
1–248	1–248		354–605
			606–807
—	—	2 Vor dem Tor	808–1177
—	—	3 Studierzimmer I	1178–1529
	2 [ohne Titel]	4 Studierzimmer II	**1530–2072**
			1530–1769
	[Faust. Meph.]		1770–1867
	[Meph. Schüler]		1868–2050
2 [ohne Titel] [Meph. Student] 249–444	[Faust. Meph.] 347–529		2051–2072
	249–346		
	530–551		
	249–551		**249–551**
3 Auerbachs Keller	3 Auerbachs Keller	5 Auerbachs Keller	**2073–2336**
445–452	552–559		2073–2080
210 Zeilen Prosa	560–815		2081–2336
	552–815		

4 Landstraße	453–456				
—		4 Hexenküche	816–1067	—	
5 Straße	457–529	5 Straße	1068–1140	6 Hexenküche	2337–2604
6 Abend	530–656	6 Abend	1141–1267	7 Straße	2605–2677
7 Allee	657–718	7 Spaziergang	1268–1327	8 Abend	2678–2804
8 Nachbarin Haus	719–878	8 Der Nachbarin Haus	1328–1487	9 Spaziergang	2805–2864
9 [ohne Titel] [Faust. Meph.]	879–924	9 Straße	1488–1535	10 Der Nachbarin Haus	2865–3024
				11 Straße	3025–3072
10 Garten	925–1053	10 Garten	1536–1664	12 Garten	3073–3204
11 Ein Gartenhäuschen	1054–1065	11 Ein Gartenhäuschen	1665–1676	13 Ein Gartenhäuschen	3205–3216
—		—		14 Wald und Höhle	**3217–3373**
					3217–3341
					3342–3373
12 Gretchens Stube	1066–1105	12 Gretchens Stube	1677–1716	15 Gretchens Stube	3374–3443
13 Marthens Garten	1106–1235	13 Marthens Garten	1717–1846	16 Marthens Garten	3414–3543
14 Am Brunnen	1236–1277	14 Am Brunnen	1847–1888	17 Am Brunnen	3544–3586
		15 Wald und Höhle	**1889–2044**		
			1889–2013		
			2014–2044		

15 Zwinger	1278–1310	16 Zwinger	2045–2077	18 Zwinger	3587–3619
16 Dom	1311–1371	17 Dom	2078–2135	—	
17 Nacht	1372–1397			19 Nacht	**3620–3775**
					3620–3645
					3646–3649
18 [ohne Titel]	**1398–1435**				
[Faust. Meph.]	1398–1407				3650–3659
[Faust. Meph.]	1408–1435	= (15) 2014–2044		= (14) 3342–3373	
					3660–3775
				20 Dom	3776–3834
				21 Walpurgisnacht	3835–4222
				22 Walpurgisnachtstraum	4223–4398
19 [ohne Titel] [Faust. Meph.]	66 Zeilen Prosa			23 Trüber Tag. Feld	65 Zeilen Prosa
20 Nacht. Offen Feld	1436–1441			24 Nacht. Offen Feld	4399–4404
21 Kerker	109 Zeilen Prosa			25 Kerker	4405–4612

IV »Faust. Eine Tragödie.
Der Tragödie Zweiter Teil in fünf Akten«

Als Goethe im Frühjahr 1800 im so genannten Schema zur gesamten Dichtung (Plp. 5 H/1 WA) erstmals die Zweiteilung des *Faust* fixierte, hatte er schon ein Konzept für die Arbeit am Teil II. Es setzte die entscheidende Leistung, die Faust zu vollbringen hatte, in die Aneignung der Kultur der Antike und entsprach damit einer der wesentlichen Forderungen des eigenen Kunstprogramms der neunziger Jahre. Fausts Verbindung mit der »Schönheit« Helena, so schrieb Goethe am 23. September 1800 an Schiller, sollte das geistige Zentrum des Teils II sein, dessen »Gipfel«, von dem aus »sich erst die rechte Aussicht über das Ganze zeigen« würde. (G/L 2, 333). Schiller kommentierte das Vorhaben noch am selben Tag in einem Antwortbrief:

> »Gelingt Ihnen die Synthese des Edeln mit dem Barbarischen, wie ich nicht zweifle, so wird auch der Schlüssel zu dem übrigen Teil des Ganzen gefunden sein, und es wird Ihnen alsdann nicht schwer sein, gleichsam analytisch von diesem Punkt aus den Sinn und Geist der übrigen Partien zu bestimmen und zu verteilen. Denn dieser Gipfel, wie Sie ihn selbst nennen, muß von allen Punkten des Ganzen gesehen werden und nach allen hinsehen.« (G/L 2, 324)

Goethe arbeitete an der *Helena*-Dichtung im September 1800: Helena kehrt mit ihrem Gatten vom Trojanischen Krieg heim und stößt vorauseilend im Palast auf Mephisto-Phorkyas. Nach Vers 265 bricht die Dichtung ab. Helena exponiert sich, ohne noch Faust zu begegnen. Das Ganze (Plp. 4 H/ WA 15/2, 72 – 81) trägt den Titel *Helena im Mittelalter. Satyr-Drama. Episode zu Faust. Conzept*. Horst Rüdiger hat die Gattungsbezeichnung wie folgt erklärt:

> »Die *Helena* sollte wie eine griechische Tragödie beginnen und im nordischen Zauberspuk enden; anders schien die Verbindung zwischen der klassischen Hetäre und dem mittelalterlichen Ritter nicht möglich. So wäre das mittelalterlich-nordische Stilelement dem Satyrspiel nach der griechischen Tragödie vergleichbar gewesen.«[53]

Nach der *Helena*-Dichtung vom Herbst 1800 kam die Arbeit an *Faust II* für lange Zeit zum Erliegen. Erst im Zusammenhang mit seiner Autobiografie *Dichtung und Wahrheit* wurde Goethe wieder auf

Faust zurückgeführt. Weil er nicht mehr an eine Vollendung glaubte, wollte er seinen Lesern wenigstens mitteilen, wie er sich den ausstehenden Teil vorgestellt hatte. Er diktierte am 16. Dezember 1816 eine Handlungsskizze, die in das 18. Buch von *Dichtung und Wahrheit* aufgenommen werden sollte, nahm jedoch später von der Veröffentlichung Abstand. Die Skizze (Plp. 70 H/63 WA) gewährt einen wertvollen Einblick in die Konzeptionsbildung. Sie ist nach *Helena im Mittelalter* das einzige Dokument, das auch für *Faust II*, der in einer relativ geschlossenen Arbeitsperiode entstanden ist, eine Vorgeschichte eröffnet.

»Zu Beginn des Zweiten Teils findet man Faust schlafend.« Nach dem Erwachen begibt er sich, »gereinigt und frisch, nach dem Höchsten strebend«, zu Kaiser Maximilian I. (1459 – 1519), der in Augsburg Reichstag hält, um ihn auf »höhere Forderungen und höhere Mittel« hinzuweisen, das heißt, um als Fürstenerzieher zu wirken. Doch der Kaiser »versteht ihn nicht« und verlangt nur »Erscheinungen« und »Zauberei« zur Beseitigung »irdische[r] Hindernisse«. Sie werden am Abend geliefert. Mephisto in Fausts Gestalt beschwört auf einem »magischen Theater« die Gestalten der Helena und des Paris. Nach einer Weile verschwinden »Theater und Phantome« wieder. Faust »liegt im Hintergrunde ohnmächtig«. Wieder erwachend, verlangt er leidenschaftlich nach Helena. »Unendliche Sehnsucht Fausts nach der einmal erkannten Schönheit.« Mephisto holt mit Hilfe eines »magischen Ringes«, der Körperlichkeit zurückzugeben vermag, Helena aus dem »Orkus« und führt sie auf ein »altes Schloß«, wo sich Faust anstelle des rechtmäßigen Besitzers, der in »Palästina Krieg führt«, als »deutscher Ritter« niedergelassen hat. Die »antike Heldengestalt«, die »soeben von Troja zu kommen und in Sparta einzutreffen« glaubt, findet den Ritter Faust zunächst abscheulich. Da er zu schmeicheln versteht, wird er schließlich »der Nachfolger so mancher Heroen und Halbgötter«. »Ein Sohn entspringt aus dieser Verbindung, der, sobald er auf die Welt kommt, tanzt, singt und mit Fechterstreichen die Luft teilt.« Der »immer zunehmende Knabe« übertritt jedoch trotz strengen Verbots die »Zaubergrenze« des Schlossbezirks, »innerhalb welcher allein diese Halbwirklichkeiten gedeihen können«, verwickelt sich in Händel mit Landleuten und Soldaten und wird zuletzt erschlagen. Mit dem Sohn verliert Faust auch die Mutter. Mephisto versucht, ihn zu »trösten und ihm Lust zum Besitz einzuflößen«. Die Inhaltsskizze endet damit, dass Faust in einem Krieg gegen »Mönche«, die sich des Schlosses bemächtigen wollen, »große Güter« gewinnt. (BA 8, 580 – 583)

Über Jahre hinweg trat *Faust* wieder aus Goethes Gesichtskreis. Im

Februar 1825 wurde endlich der Beschluss gefasst, ernsthaft an die Vollendung des Teils II zu gehen. Mehrere Gründe mögen den Dichter dazu veranlasst haben: die Planung einer *Vollständigen Ausgabe letzter Hand* bei Cotta, die Beschäftigung mit den *Aesthetischen Vorlesungen über Goethe's Faust* [...] (Halle 1825) von Hermann Friedrich Wilhelm Hinrichs, auch die Nachricht vom Tode George Gordon Noel Byrons vor Missolunghi am 19. April 1824. Für den 25. Februar 1825 verzeichnet das Tagebuch: »Für mich Betrachtungen über das Jahr 1775, besonders *Faust*.« (WA T 10, 23) Und für den nächsten Tag: »An *Faust* einiges gedacht und geschrieben.« (WA T 10, 23) Von nun an wurde die Arbeit an *Faust II* mit bewundernswerter Konsequenz zu Ende geführt.

Goethe setzte aus einem aktuellen Anlass dort wieder an, wo er im September 1800 aufgehört hatte: bei der *Helena*-Episode. Noch immer sah er »Klassiker« und »Romantiker« in einem heftigen Streit über Wert und Unwert von Dichtungsformen liegen, wo doch Formen – wie er, den eigenen Formendogmatismus der endneunziger Jahre überwindend, einzusehen gelernt hatte – nicht eine ganz bestimmte Bedeutung eingeprägt war und sie durchaus zu unterschiedlichen Zwecken genutzt werden konnten. Gerade mit *Helena*, in der antike und mittelalterliche Kultur zusammentreffen, bot sich die Möglichkeit, praktisch vorzuführen, dass »klassische« und »romantische« Formen nicht notwendig einen unversöhnlichen weltanschaulichen Gegensatz einschlossen, dass auch ein »vernünftiger« Dichter sich »romantischer« Formen bedienen konnte. Weil *Helena* somit unmittelbar in die neueste Literatur eingreifen und dazu beitragen sollte, dass »der leidenschaftliche Zwiespalt zwischen Classikern und Romantikern sich endlich versöhne«[54], war geplant, die *Helena*-Dichtung nach Fertigstellung als *Zwischenspiel zu »Faust«* sofort separat in Druck zu geben. Am 10. Juni 1826 entwarf Goethe eine Ankündigung (Plp. 72 H/123 WA), die den Leser über die Voraussetzungen für Helenas Auftreten und die Geschichte der Arbeit an *Zwischenspiel* informieren sollte. Offenbar wieder einmal im Zweifel, Teil II vollenden zu können, wurde dann am 17. Dezember 1826 eine neue, weit umfangreichere Ankündigung (Plp. 73 H/123 WA) niedergeschrieben, in der die »große Kluft zwischen dem bekannten jammervollen Abschluß des Ersten Teiles und dem Eintritt einer griechischen Heldenfrau« durch eine ausführliche Inhaltsangabe überbrückt wird. Im ersten, kürzeren Teil, der »bei einem Feste an des deutschen Kaisers Hof« spielt, knüpfte Goethe an die Inhaltsangabe von 1816 an. Neu sind die Rückkehr in Fausts Studierzimmer, wo Wagner soeben »ein chemisch Menschlein« erzeugt hat, und eine sehr detaillierte Schilderung des »Festes der klassischen Walpurgisnacht«. (BA 8, 589 – 595) Wilhelm von Humboldt und Eckermann konnten Goethe bewegen, diese sehr ausführliche Darstellung der »Antezedentien« [Vorausgegangenes, Vorgeschichte] (BA 8, 596) des *Zwischenspiels* zurückzuhalten. Das inzwischen fertig gestellte Manuskript ging im Januar 1827 an Cotta, es erschien kurz darauf in Band 4 der *Vollständigen Ausgabe letzter Hand* unter dem Titel *Helena. Klassisch romantische Phantasmagorie. Zwischenspiel zu Faust.* Damit trat zum ersten Mal ein Text aus Teil II der *Faust*-Dichtung an die Öffentlichkeit.[55] Auf die Publikation des *Zwischenspiels* wurde durch eine Ankündigung (Plp. 74 H/WA 41/2, 290 bis 292) vorbereitet, die dem ersten Entwurf vom Juni 1826 ähnelte und in keiner Weise der dichterischen Gestaltung weiterer Teile vorweggriff.

1825 und 1826 arbeitete Goethe hauptsächlich am späteren dritten Akt. Daneben konzipierte er ausführlich *Klassische Walpurgisnacht*. Wahrscheinlich bedachte er auch schon die zweite Hälfte des fünften Akts. In den folgenden Jahren wurden die politischen und sozialen Themen des Teils II bearbeitet. Goethe erklärte jetzt, alle Zweifel überwindend, die Vollendung des *Faust II* ausdrücklich zu seinem »Hauptgeschäft«[56]. Der 1827 begonnene erste Akt lag im Januar 1828 bis Vers 6036 vor. In dieser Gestalt erschien er separat Ostern 1828 in Band 12 der *Vollständigen Ausgabe letzter Hand*. Es war der letzte Text aus Teil II, den Goethe noch selbst in Druck gab. Die Arbeit stockte danach, wurde aber im Winter 1829 wieder aufgenommen. Anfang 1830 vollendete Goethe den ersten Akt. Danach arbeitete er bis Juni 1830 *Klassische Walpurgisnacht* aus. Jetzt fehlten nur noch der vierte Akt und der Anfang des ersten. Goethe schloss diese Lücke in einer letzten großen Arbeitsperiode, die vom Dezember 1830 bis zum Juli 1831 reichte. In dieser Zeit erhielt auch Fausts Schlussmonolog die letzte Gestalt. Am 22. Juli 1831 vermerkt er im Tagebuch: »Das Hauptgeschäft zu Stande gebracht. Letztes Mundum [Reinschrift].« (WA T 13, 112) Goethe ließ das Manuskript verschnüren und versiegeln, damit es der Versuchung weiteren Feilens entzogen war. Im Januar 1832 konnte er dem Drang, an einzelnen Partien Verbesserungen vorzunehmen, nicht mehr widerstehen. Am 24. Januar 1832 heißt es im Tagebuch: »Neue Aufregung zu *Faust* in Rücksicht größerer Ausführung der Hauptmotive, die ich, um fertig zu werden, allzu lakonisch behandelt hatte.« (WA T 13, 216) Der Tod setzte bald darauf der »neuen Aufregung« ein Ende.

Die erste vollständige Ausgabe von *Faust II* erschien nach Goethes Tod 1832 in Band 41 der *Vollständigen Ausgabe letzter Hand*. Der Dichter hatte die postume Veröffentlichung verfügt, weil er sich, von schlechten Erfahrungen belehrt, nicht mehr den Reaktionen des Publikums aussetzen wollte:

> »Der Tag aber ist wirklich so absurd und konfus, dass ich mich überzeuge, meine redlichen, lange verfolgten Bemühungen um dieses seltsame Gebäu würden schlecht belohnt und an den Strand getrieben wie ein Wrack in Trümmern daliegen und von dem Dünenschutt der Stunden zunächst überschüttet werden.«[57]

Goethe verfolgte mit *Faust II* eine grundlegend veränderte darstellerische Absicht. Während in *Faust I* das Individuum Faust mit seiner Lebensgeschichte noch eindeutig im Mittelpunkt des Interesses stand, ging es im *Faust II* um die wesentlichen sozialen und kulturellen Entwicklungen der ganzen historischen Periode, deren Zeuge der Dichter in seinem langen Leben geworden war: Überwindung des in Deutschland und anderen europäischen Staaten noch bestehenden Spätfeudalismus, der ›Tatkraft‹ nur hemmte und nicht förderte, und Begründung einer dem Wesen des Menschen gemäßen ›tätigen‹ Gesellschaftsordnung. Goethe wollte vorführen, wie sich ihm der Übergang vom feudalen zum bürgerlichen Zeitalter darstellte, welche Gewinne und Verluste er sah und was in der Zukunft noch zu leisten war. Geplant war also die Darstellung übergreifender gesellschaftlicher Prozesse, die sich am Leben eines zentralen Helden nicht mehr veranschaulichen ließen. Im Mittelpunkt sollten nicht mehr einzelne Individuen mit ihrem subjektiven Erleben, sondern gesellschaftliche Vorgänge und Verhältnisse stehen.

Die Zeitgenossen wurden von Goethe selbst mehrfach mit Nachdruck auf das neue Darstellungskonzept hingewiesen. Zu Versuchen mehrerer Schriftsteller, den als fragmentarisch empfundenen Teil I fortzusetzen, heißt es in der publizierten Ankündigung des *Helena*-Zwischenspiels vom Mai 1827:

> »Darüber aber mußte ich mich wundern, daß diejenigen, welche eine Fortsetzung und Ergänzung meines Fragmentes unternahmen, nicht auf den so naheliegenden Gedanken gekommen sind, es müsse die Bearbeitung eines zweiten Teils sich notwendig aus der bisherigen kümmerlichen Sphäre ganz erheben und einen solchen Mann, in höheren Regionen, durch würdigere Verhältnisse durchführen.« (BA 8, 596 f.)

Der französische Übersetzer seiner dramatischen Werke, Frédéric Albert Alexandre Stapfer (1802–1892), der sich nach Stellung und Bedeutung des *Helena*-Zwischenspiels erkundigt hatte, erhielt am 3. April 1827 zur Antwort:

»Das neue von mir angekündigte Drama dagegen, *Helena* überschrieben, ist ein Zwischenspiel, in den zweyten Theil gehörig. Dieser zweyte Theil nun ist in Anlage und Ausführung von dem ersten durchaus verschieden, indem er in höheren Regionen spielt und dadurch von jenem sich völlig absondert.« (WA B 42, 118 f.)

Seinem Sekretär Eckermann, der angemerkt hatte, es komme »doch in diesem zweyten Teil [...] eine reichere Welt zur Erscheinung als im ersten«, erwiderte Goethe im Gespräch am 17. Februar 1831:

»Der erste Teil ist fast ganz subjektiv; es ist alles aus einem befangeneren, leidenschaftlicheren Individuum hervorgegangen, welches Halbdunkel den Menschen auch so wohltun mag. Im zweiten Teile aber ist fast gar nichts Subjektives, es erscheint hier eine höhere, breitere, hellere, leidenschaftslosere Welt, und wer sich nicht etwas umgetan und einiges erlebt hat, wird nichts damit anzufangen wissen.« (Gespr., 410)

Das neue Darstellungskonzept führte zu grundlegenden Veränderungen in »Anlage und Ausführung« von *Faust II*. Die Wirklichkeitsbereiche, die in die Dichtung eingebracht wurden, ließen sich nicht mehr alle auf einen Protagonisten beziehen. Faust verlor die Funktion der alles organisierenden Mitte. Sein Anteil am Text ging um die Hälfte zurück, von 30 Prozent im ersten Teil auf 13 Prozent im zweiten.

Aufgrund der ungleich größeren Vielfalt und Komplexität des Dargestellten entfernt sich Teil II insgesamt noch weiter vom Modell der Tragédie classique, als schon in Teil I geschehen. Die einzelnen Geschehniskomplexe, meist mit den Akten identisch, gewinnen weiter an Eigenständigkeit. Die Selbstständigkeit der Teile, in der »neuen Theorie des epischen Gedichts« als dessen wesentliche Eigenschaft ermittelt, bot sich schon in den neunziger Jahren als Hilfsmittel gegen den »Naturalismus« der dramatischen Dichtung an. In *Faust II* ist sie zum entscheidenden Strukturprinzip erhoben. Eine ausdrückliche Bestätigung dafür findet man im Gespräch mit Eckermann vom 13. Februar 1831:

»Er [Goethe] erzählt mir, daß er im vierten Akt des *Faust* fortfahre und dass ihm jetzt der Anfang so gelungen, wie er es gewünscht. ›[...] Dieser Akt bekommt wieder einen ganz eigenen Charakter, so daß er, wie eine für sich bestehende kleine Welt, das übrige nicht berührt und nur durch einen leisen Bezug zu dem Vorhergehenden und Folgenden sich dem Ganzen anschließt.‹ ›Er wird also‹, sagte ich [Eckermann], ›völlig im Charakter des übrigen sein; denn im Grunde sind doch der Auerbachsche Keller, die Hexenküche, der Blocksberg, die Maskerade, das Papiergeld, das Laboratorium, die Klassische Walpurgisnacht, die Helena, lauter für sich bestehende kleine Weltenkreise, die, in sich abgeschlossen, wohl aufeinander wirken, aber doch einander wenig angehen. Dem Dichter liegt daran, eine mannigfaltige Welt auszusprechen, und er benutzt die Fabel eines berühmten Helden bloß als eine Art von durchgehender Schnur, um darauf aneinander aufzureihen, was er Lust hat. Es ist mit der *Odyssee* und dem *Gil-Blas* auch nicht anders.‹ ›Sie haben vollkommen recht‹, sagte Goethe, ›auch kommt es bei einer solchen Komposition bloß darauf an, daß die einzelnen Massen bedeutend und klar seien, während es als ein Ganzes immer inkommensurabel bleibt, aber deswegen, gleich einem unaufgelösten Problem, die Menschen zu wiederholter Betrachtung immer wieder anlockt.‹« (Gespr., 402 f.)

In *Faust II* wollte Goethe die wesentlichen sozialen Vorgänge und Verhältnisse einer ganzen Epoche erfassen. Im vorgegebenen Rahmen eines Dramas war das fraglos nicht durch extensives Aneinanderreihen von Stoff zu leisten. Der Philologe Karl Ernst Schubarth (1796–1861) hatte Goethe in einem Brief vom 4. Januar 1832 Überlegungen vorgetragen, wie Teil II zu vollenden wäre. Er hatte das Geschehen des *Helena*-Zwischenspiels als reale Geschichte verstanden und daraus die Konsequenz abgeleitet, dass Faust im Folgenden die ganze Geschichte vom Trojanischen Krieg bis in die Neuzeit nachzuvollziehen hätte, wobei er mit einer Fülle historischer Personen und Ereignisse konfrontiert würde. Faust sollte auf seiner »Wolke Tragewerk« (10041) den Dreißigjährigen Krieg, die Revolution in England und den Siebenjährigen Krieg überfliegen, um schließlich in der »französischen Weltumkehrungsperiode«[58] anzukommen. Goethe lehnte dieses Darstellungsverfahren, das er »durchaus prosaisch wirklich«[59] nannte, als ungeeignet ab. Hätte er sich der »prosaisch wirklich[en]« Darstellung bedient, wäre *Faust II* in einer wahren Stoffflut untergegangen.

Goethe musste sich auf eine überschaubare Anzahl von Personen und Vorgängen beschränken und gleichzeitig mit diesem begrenzten Potential Bedeutungen aufbauen, die über das Dargestellte hinauswiesen und übergreifende Zusammenhänge erkennbar machten. Andererseits durfte das sinnlich dargestellte Einzelne, um es für Allgemeines zu öffnen, nicht völlig seiner konkreten Bestimmtheit entkleidet und zum austauschbaren Vehikel einer allgemeinen Bedeutung degradiert werden. Denn es war eine weltanschauliche Grundsatzentscheidung des »Stockrealisten«[60] Goethe, bei der dichterischen Gestaltung vom Eigenwert der sinnlich wahrnehmbaren Wirklichkeit auszugehen. Die Dinge der Wirklichkeit sollten in der Kunst ihre eigene Bedeutsamkeit entfalten und nicht nur einem vom Subjekt vorgegebenen Begriff als Hülse dienen, weil sonst das Interesse an der Darstellung zerstört und der Geist gleichsam in sich selbst zurückgetrieben würde. Goethe strebte ein Dichtungsverfahren an, das die den Dingen selbst innewohnende Bedeutung freilegte und in die sinnliche Erscheinung nur eingriff, um die immanente Gesetzlichkeit herauszuarbeiten. Ein solches Verfahren, das »ein im geistigen Spiegel zusammengezogenes Bild« der Wirklichkeit hervorbrachte, nannte er »symbolisch« oder »poetisch symbolisch«. Von einem »allegorisierenden« oder »allegorischen« Verfahren sprach er, wenn er den Eigenwert der Wirklichkeit missachtet sah.[61]

Es steht außer Frage, dass *Faust II* den strengen Anforderungen einer »symbolischen« Darstellung nicht standhält. Viele Personen und Vorgänge erklären sich dem Leser durchaus nicht allein durch ihre äußere Erscheinung, wie in der Theorie gefordert. Sie bedürfen eines besonderen Verstandeswissens, um in ihrer Bedeutung erkannt zu werden, und sind mehrfach im Text selbst als »Allegorien« gekennzeichnet. Das unstrittige Vordringen »allegorischer« Formen berechtigt dennoch nicht, wie Heinz Schlaffer von einer »allegorischen« Grundstruktur des *Faust II* zu sprechen.

Schlaffer stellt in seinem Buch *Faust Zweiter Teil: Die Allegorie des 19. Jahrhunderts*[62] die These auf, Allegorie als Form, bei der »alles Konkrete unter der Herrschaft der Abstraktion« steht und »die *aussprechbare* Bedeutung über das sinnliche Zeichen [herrscht]«, sei ›die‹ Kunstform von *Faust II*, in der wiederum »Abstraktion« als ›die‹ Grundeigenschaft der neuen bürgerlich-kapitalistischen Gesellschaft ihre »ästhetische Mimesis« finde. (Schlaffer 1981, 97, 78, 43, 185) Damit werden einzelne Seiten der Kunstform von *Faust II* und der Kapitalismusanalyse von Marx, die Schlaffer zur Klärung der inneren Struktur der bürgerlichen Gesellschaft nutzt, unzulässig verabsolutiert.

Goethe konnte ohne ›allegorische‹ Formen, die er aus prinzipiellen weltanschaulichen Erwägungen eigentlich vermeiden wollte, in *Faust II* nicht auskommen. Eine alles bestimmende ›allegorische‹ Grundstruktur war aber weder beabsichtigt noch setzte sie sich hinter seinem Rücken durch. Eine bestimmte Form als die einem Sachverhalt einzig gemäße zu erklären widerspricht zudem der Grundüberzeugung des späten Goethe, dass Formen immer für unterschiedliche Zwecke genutzt werden können. Marx wiederum – das sei noch angemerkt – schenkte Abstraktionen und Verkehrungen in seiner Kapitalismusanalyse zweifellos große Aufmerksamkeit. Die Grundeigenschaft des Kapitalismus sah er jedoch nicht in dessen Abstraktheit, sondern im Widerspruch von gesellschaftlicher Produktion und privatkapitalistischer Aneignung.

Faust II fordert nach Goethes eigenem Urteil von den Rezipienten mehr »Verstand«[63] als Teil I. Als enzyklopädisches Werk, in das ein Wissen von außerordentlicher Breite und Tiefe ›verschlüsselt‹ eingearbeitet ist, setzt es Leserinnen und Leser voraus, die selbst annähernd über ein solches Wissen verfügen. Nur wer über das weltanschauliche, philosophische und kunsttheoretische Denken Goethes und seiner Zeit Bescheid weiß, kann sich die im Werk angelegten Bedeutungen erschließen. Kenntnisse allein reichen freilich nicht aus. Außerdem muss man sich »auf Miene, Wink und leise Hindeutung [verstehen]«[64]; denn das Gemeinte wird oftmals nicht offen ausgesprochen:

> »Da sich gar manches unserer Erfahrungen nicht rund aussprechen und direkt mitteilen läßt«, schrieb Goethe am 27. September 1827 an Karl Jakob Ludwig Iken, »so habe ich seit langem das Mittel gewählt, durch einander abspiegelnde Gebilde den geheimeren Sinn dem Aufmerkenden zu offenbaren.« (WA B 43, 81)

Den Adressatinnen und Adressaten wird abverlangt, sich den »geheimeren Sinn« aus Bezügen, Zusammenhängen und Andeutungen selbst, wie Goethe sagt, zu »supplieren« [ergänzen].[65]

Erster Akt (4613 – 6565)

Der erste Akt besteht aus einer von Teil I zu Teil II überleitenden Eingangs-Szene sowie aus einem Komplex von sechs Szenen, die in einer *Kaiserlichen Pfalz* spielen.

(I,1) »Anmutige Gegend« (4613 – 4727)

Faust ist am Beginn des Teils II von der Last der Schuld an Gretchens Schicksal zu Boden geworfen. Man sieht den Schuldgequälten in einer Gebirgslandschaft in der Abenddämmerung »auf blumigen Rasen gebettet, ermüdet, unruhig, schlafsuchend« (Szenenanweisung vor 4613). Eine Reihe »edler Elfen« (4622), geführt vom hilfreichen Luftgeist Ariel, nimmt sich des sprachlosen »Unglücksmann[es]« (4620) an, ohne nach Schuld oder Unschuld zu fragen. Die Elfen versenken ihn mit ihrem Gesang in einen Schlaf des Vergessens, der »des Vorwurfs glühend bittre Pfeile« (4624) entfernen, die lähmende Erinnerung an den »erlebte[n] Graus« (4625) tilgen und zu neuem Tätigsein zurückführen soll. In den Elfen wirkt die Natur selbst, die im heilenden Schlaf auch die Kräfte des Menschen immer wieder erneuert.

Faust ist sich, wie Ariel weiß, seiner schweren moralischen Schuld bewusst. Doch wird sie nur eingestanden, um gleich wieder verdrängt zu werden. Faust braucht sie selbst kein Schuldbekenntnis abzulegen; er muss sich vor einem neuen Anfang nicht erst durch Reue und Sühne läutern. Ohne jede Vorleistung darf er seine Schuld am Tod Gretchens einfach vergessen. Diese Art des Neubeginns macht deutlich, dass *Faust II* nicht auf einen moralischen Reifungsprozess des Helden angelegt ist.

Aus dem Schlaf des Vergessens wacht Faust am frühen Morgen so »neu erquickt« (4682) auf wie die ihn umgebende Natur. In einem großen Monolog in Terzinen schildert er das allgemeine Erwachen, dass in ihm sogleich »ein kräftiges Beschließen« bewirkt, »zum höchsten Dasein immerfort zu streben« (4684f.). Vom Tal, das noch im »Dämmerschein« (4686) liegt, wendet sich der Blick nach oben zu der »Berge Gipfelriesen« (4695), wo sich schon der Aufgang der Sonne ankündigt. Stufenweise senkt sich das Licht von den Gipfeln in die Täler, bis es Faust erreicht. Er schaut in das gleißende Sonnenlicht und muss sich, »schon geblendet, / […], vom Augenschmerz durchdrungen« (4702f.), sofort wieder abwenden. »Wieder nach der Erde« (4713) sich kehrend, blickt er jetzt »mit wachsendem Entzücken« (4717) auf einen Wasserfall, über den sich, hervorgegangen aus der Brechung des Lichts im schäumenden Wasser, ein Regenbogen wölbt. Der Monolog schließt mit der Aufforderung Fausts an sich selbst und an die Leserinnen und Leser, dieses Naturschauspiel als Gleichnis zu betrachten und zu erkennen: »Am farbigen Abglanz haben wir das Leben.« (4727)

Die Eingangs-Szene öffnet den Weg für einen von Schuldgefühlen freien Neubeginn. Und sie klärt durch einen Naturvorgang, der eine ganze Weltanschauung spiegelt, wie Faust zur Erde als seinem Lebensraum steht und wie er sich künftig auf ihr verhalten wird. Die Anschauung der Welt, die hier zum Ausdruck kommt, ist nicht neu. Zu ihr fand Faust im Prinzip schon nach dem Scheitern seines Anspruchs auf Gottähnlichkeit in der Eingangs-Szene von Teil I. Doch musste sie am Beginn von Teil II ein für alle Mal bekräftigt werden.

Faust nennt die erwachende Natur ein »Paradies« (4694); er denkt nicht daran, sein begrenztes Erdenleben zugunsten eines besseren Jenseits aufzugeben. Und dennoch wünscht er sich nach »jenen ewigen Gründen« (4707), aus denen sich alles Endliche und Begrenzte herleitet. Auf den »höchsten Wunsch« (4705), von vornherein mehr »ein sehnend Hoffen« (4704) als ein herrisches Verlangen, kann er wiederum – im Gegensatz zur Szene *Nacht* – anstandslos verzichten, als er nicht zu erfüllen ist. Denn beim Anblick des Regenbogens geht ihm ein Wissen auf, das schon beim Erwachen unausgesprochen vorhanden war: Der Mensch besitzt im endlichen Leben auf der Erde einen vollwertigen »Abglanz« des »ewigen Lichts« (4697), des unerreichbaren Absoluten, das, auch wenn es nicht in seiner Reinheit angeschaut werden kann, ohne jede Werteinbuße auf der Erde gegenwärtig ist.

Das sichtbare Zeichen der widersprüchlichen Einheit, die das ›ewige Licht‹, ohne sich zu verkürzen, mit der begrenzten Dinglichkeit eingeht, ist der Regenbogen. In Goethes Gedicht *Regen und Regenbogen* (1813) entgegnet Frau Iris einem Philister auf die Schmähung, sie sei nur entbehrlicher »bunter Trug« und »leerer Schein«:

> »Doch bin ich hier ins All gestellt / Als Zeugnis einer bessern Welt, / Für Augen, die vom Erdenlauf / Getrost sich wenden zum Himmel auf / Und in der Dünste trübem Netz / Erkennen Gott und sein Gesetz.« (BA 1, 608)

Im *Alten Testament* war der Regenbogen nach der Sintflut das Zeichen eines neuen Bundes des transzendenten Gottes mit der Erde. Hier bezeugt er die völlige Immanenz des göttlichen Prinzips in der Wirklichkeit und deren Vollwertigkeit als Lebensraum des Menschen. Im Zeichen des Regenbogens tritt Faust seine Fahrt in die »große Welt« an.

(I,2 – I,7) »Kaiserliche Pfalz« (4728 – 6565)

Der erste Schauplatz in der »großen Welt« ist ein Kaiserhof, das Machtzentrum einer feudalen Gesellschaft. Personen und Requisiten verweisen auf das 15./16. Jahrhundert, die Lebenszeit des historischen Faust. In *Historia Von D. Johann Fausten* hatte Faust in Innsbruck eine Audienz bei Kaiser Karl V. (1500 – 1558). In dem *Faust*-Buch von 1725 (*Des Durch die gantze Welt beruffenen Ertz=Schwartz=Künstlers und Zauberers Doctor Fausts […] Abentheuerliche Lebens=Wandel […] von Einem Christlich-Meynenden*) traf er mit dessen Vorgänger Kaiser Maximilian I. (1459 – 1519) zusammen.

Unter einer Form feudaler Herrschaft lebte auch noch der späte Goethe. Trotz wesentlicher Unterschiede zum 16. Jahrhundert hatte um 1825 in den deutschen Staaten immer noch der regierende Hochadel die fast uneingeschränkte politische Macht. Wohl um den Bezug auf die eigene Zeit offen zu halten, wurde eine ursprünglich geplante historische Fixierung des Kaiserhofs später aufgehoben. In der Inhaltsangabe von 1816 sollten die Kaiserhof-Szenen noch am Hofe Kaiser Maximilians I. in Augsburg spielen. In der Endfassung trägt der Kaiser keinen Namen mehr und seine Pfalz bleibt ohne Ortsangabe.

Der Kaiserhof verkörpert die oberste politische Macht der bestehenden Gesellschaftsordnung. Faust muss sich, will er in der »großen Welt« eine bedeutsame Rolle spielen, zu ihr in Beziehung setzen und Stellung nehmen. Der Inhaltsangabe von 1816 ist zu entnehmen, dass sich der Ansatz der Stellungnahme in der Endfassung von 1827 auf bemerkenswerte Weise geändert hat.

In der Inhaltsangabe von 1816 ging Faust an den Hof, weil er den Kaiser, der sich offenbar nur dafür interessierte, wie »irdische Hindernisse [...] durch Zauberei zu beseitigen« wären, auf »höhere Forderungen und höhere Mittel« hinführen wollte. Damit stieß er freilich auf taube Ohren. »Der Kaiser versteht ihn nicht, der Hofmann noch weniger.« (Plp. 70 H/63 WA)

In der Endfassung kommt die Feudalgesellschaft mit ihrer politischen Spitze nur noch ins Bild, um sich als historisch erledigt und überlebt zu entlarven. Direkte ›Fürstenerziehung‹ wird, weil sinnlos erscheinend, nicht mehr versucht. Die Rolle, im Thronsaal mit dem Kaiser zu sprechen, fällt an Mephisto. Faust selbst lässt den Kaiser gleichsam links liegen und tritt erst in der Maske des Plutus im Gewühl der Mummenschanz auf. Auch wenn er danach den Wunsch des Kaisers erfüllt, »Helena und Paris vor sich [zu] sehn« (6184), verwirklicht er letztlich nur ureigene Pläne. Faust beginnt im Schoße der *Kaiserlichen Pfalz* seine eigene Welt, eine künstlerische Gegenwelt, aufzubauen.

(I,2) »Saal des Thrones« (4728 – 5064)

Der Staatsrat hat sich im Thronsaal zu einer dringlichen Sitzung versammelt. Man erwartet den Kaiser. Er erscheint und nimmt auf dem Thron Platz. Seine erste Sorge: der fehlende Hofnarr. Seine erste Handlung: mit Mephisto, der sich als Ersatz anbietet, einen neuen Hofnarren bestellen. Und was bewegt den Kaiser dann? Obwohl ihm seine Minister die Dringlichkeit der Sitzung mit Nachdruck bedeutet haben, stellt er erneut die Frage, ob denn in diesen Tagen des Karnevals, wo »wir der Sorgen uns entschlagen, / [...] / Und Heitres nur genießen wollten« (4766 – 4768), die Sitzung wirklich nötig sei, zumal in den Sternen dem Reich gegenwärtig nur »Glück und Heil geschrieben« (4764) stehe.

Gerhart Kraaz (*1909 Berlin): Mephisto und der Kaiser (1964, Kohlezeichnung, 11 x 15 cm)

Nachdem sich der Kaiser als ein Herrscher eingeführt hat, der die Arbeit des Regierens als Zumutung empfindet, weil er nur genießen und sich amüsieren will, kann nicht mehr verwundern, was in der Sitzung des Staatsrats zum Zustand des Reichs berichtet wird. »Kanzler«, »Heermeister«, »Schatzmeister« und »Marschalk« zeichnen trotz aller Schmeichelreden, die noch an den Kaiser gerichtet werden, das finstere Bild totalen staatlichen Zerfalls. Der Staat ist bankrott und kann keine Ordnung mehr aufrechterhalten. Niemand verrichtet mehr sein Tagewerk, in der Arbeit für sich zugleich dem Wohl des Ganzen dienend. Jeder jagt nur noch dem eigenen Vorteil nach. Das Reich steckt in einer schweren Krise. Es droht der offene Kampf aller gegen alle.

Wer ein Übel wirksam bekämpfen will, muss dessen Wurzel erkannt haben. Gerade dazu ist die politische Führung des Reichs nicht fähig. Zwar weiß der Kanzler um die Aufgabe des Kaisers, mit weisem Verstand das Land zu regieren und streng, aber gerecht den Egoismus des Einzelnen zum Wohle aller einzuschränken. Doch kommt er gar nicht auf den Gedanken, der Kaiser könne diese hohe Pflicht nicht erfüllt und dadurch selbst das Chaos im Reich verursacht haben. Auch bei den beiden Stützen des Throns, Klerus und Adel, beschönigend die

»Heiligen« und die »Ritter« (4906) genannt, kann er keinerlei Versagen ausmachen. Schuld am Zerfall des Reichs tragen nur die anderen.

Während der Kaiser und die Mitglieder des Staatsrats der Misere hilflos gegenüberstehen, weiß der Narr Mephisto einen Ausweg. Man kann ihm nicht vorwerfen, dass sein Rat ein schlechter sei, dass er die Krise notwendig nur verschärfen würde. Doch formuliert er ihn so zweideutig – das ist das Teuflische –, dass allein derjenige seine konstruktive Bedeutung verstehen kann, der die darin enthaltene Lehre schon begriffen hat. Wer dieses Verständnis nicht mitbringt, den führt er in die Irre.

Angesichts des allgemeinen Geldmangels weist Mephisto den Kaiser auf Gold hin, das ungenutzt im Boden des Reichs verborgen liege:

> »Und fragt ihr mich, wer es zutage schafft: / Begabten Manns Natur- und Geisteskraft.« (4895 f.)

Der Kanzler wittert sogleich einen Versuch, die bestehende Ordnung zu unterminieren. Der Thron stütze sich allein auf die »Heiligen« und die »Ritter«. Wer die »Natur- und Geisteskraft« begabter Männer ins Spiel bringe, wolle nur in die »hohen Kreise« (4914) der Führungselite »Ketzer« (4911) einschmuggeln, die das Reich verderben. Der Kaiser in seiner Blindheit hat dagegen keine politischen Bedenken; ihn treibt nur die Aussicht, schnell und ohne Mühe erneut zu Geld zu kommen. Narr Mephisto versucht mehrfach, das ungestüme Verlangen zu dämpfen, indem er Arbeit als unabdingbare Vorleistung geltend macht. Einmal spricht er sogar unverhüllt didaktisch:

> »Nimm Hack und Spaten, grabe selber, / Die Bauernarbeit macht dich groß, / Und eine Herde goldner Kälber, / Sie reißen sich vom Boden los.« (5039–5042)

Wäre der Kaiser seinem Amt gewachsen, würde er Mephistos Winke zu deuten wissen, würde er unter dem »Schatz« (4992), der im Boden seines Reichs verborgen liegt, die Schätze der Natur verstehen, die sich der Mensch durch Arbeit aneignen kann. Er würde Maßnahmen ergreifen, die Produktivität belohnen und begünstigen. Da er aber selbst nicht arbeitet – seine Arbeit wäre das Regieren –, kommt ihm gar nicht in den Sinn, dass Reichtum durch Arbeit erwirtschaftet werden muss. Unter dem »Schatz« versteht er deshalb einen in der Erde vergrabenen Gold- und Silberschatz, den man nur aufzusammeln braucht. In seiner blinden Bereitschaft, die Arbeit zu fliehen und auf Scheinreichtümer zu bauen, möchte der Kaiser am liebsten sofort auf Schatzsuche gehen. Durch den Astrologen, dem Mephisto vorsagt, kann er beredet werden, erst das »bunte Freudenspiel« (5049) des Karnevals, das heute Abend gefeiert werden soll, vorübergehen zu lassen.

(I,3) »Weitläufiger Saal mit Nebengemächern / verziert und aufgeputzt zur Mummenschanz« (5065 – 5986)

Nach allem, was sich in der Sitzung des Staatsrats abgespielt hat, erwartet man ein Maskenfest, in dem die höfische Gesellschaft trotz schwerster Staatskrise sich in pompöser Selbstdarstellung unbeirrt selbst huldigt und feiert. Zwar entlarven sich der Kaiser und sein Hof auch im »bunte[n] Freudenspiel« als ihrer Aufgabe nicht gewachsen. Doch führt die vom Hof inszenierte »Mummenschanz« gleichzeitig Bilder eines gesellschaftlichen Lebens vor, das im Zeichen der schöpferischen Tat, der »Tätigkeit« (4882), steht.

Dass sich am Kaiserhof, der nur den parasitären Genuss zu kennen scheint, eine solche Gegen-Welt entfalten kann, dass die »Tätigkeit« von vermummten und maskierten Mitgliedern der Hofgesellschaft im heiteren Spiel als die große Siegerin präsentiert wird, mag auf den ersten Blick erstaunen, entspricht aber einer realen historischen Praxis. Goethe wunderte sich selbst mehrfach, wie unbekümmert manche Adlige den Ideen der Aufklärung folgten und damit die Grundlagen ihrer privilegierten sozialen Existenz infrage stellten. In der französischen Zeitschrift »Le Globe«, die Goethe von 1826 bis 1830 mit dem Stift in der Hand las, ist beispielsweise in einer Betrachtung über das Verhalten des französischen Hochadels vor und nach der Revolution die folgende Stelle angestrichen:

> »La révolution a commencé dans le salon, et fini sur la place publique. Cette foule imprudente et spirituelle qu'on appelait la bonne compagnie a la première ébranlé les institutions à l'ombre desquelles elle s'était formée. La première elle a livré à la discussion les croyances, les préjugés, les traditions, toutes choses qui ne subsistent qu'à la condition qu'on n'y touchera pas.«[66]
> Die Revolution begann im Salon und endete auf dem öffentlichen Platz. Jene unvorsichtige geistvolle Welt, die man die gute Gesellschaft nannte, rüttelte als erste an den Institutionen, unter deren Schutz sie sich gebildet hatte. Als erste lieferte sie Überzeugungen, Vorurteile und Traditionen der Erörterung aus, alles Dinge, die nur unter der Bedingung fortbestehen, dass man nicht an ihnen rührt.

Die »Mummenschanz« in *Weitläufiger Saal mit Nebengemächern*, mit 922 Versen die weitaus längste Einzel-Szene des *Faust*-Dramas, ist eine große Revue von Ständen, Berufen und Charaktertypen sowie von mythologischen und allegorischen Gestalten. Aus dem allgemeinen bunten Gewimmel lösen sich jeweils Gruppen oder Einzelpersonen und treten nacheinander in den Vordergrund. Sie werden teils von einem Herold eingeführt und beschrieben; teils stellen sie sich, sprechend oder singend, selbst vor. Wort und Musik werden von ballettartigen und pantomimischen Einlagen begleitet. Eingerichtet ist das große »heitre Fest« (5067) der »Mummenschanz« nach dem Vorbild der pompösen festlichen Repräsentationszüge der italienischen Renaissance (Trionfi). Personal und Requisiten sind zum großen Teil einem Sammelwerk entnommen, das alle Festumzüge und Maskeraden in Florenz von 1469 bis 1559 dokumentiert.

Der Zug beginnt als Markt-Szene. Aus Florenz angereiste »Gärtnerinnen« und »Gärtner« preisen ihre Produkte zum Kauf an. Sie hoffen auf die Lust der Menschen, sich mit natürlichen und künstlichen Blumen zu schmücken und »von allerreifsten Früchten« (5166) zu speisen. Eine Mutter will heute, wo die Narren los sind, ihre Tochter an den Mann bringen. Sie fordert das späte Mädchen auf, ihren »Schoß« (5197) zu öffnen, damit endlich einer hängen bleibt. Ohne selbst zu Wort zu kommen, treten »Gespielinnen, jung und schön,« und »Fischer und Vogelsteller mit Netzen, Angeln und Leimruten« hinzu. (Szenenanweisung nach 5198) In unverlierbarer Zuneigung, die Mann und Frau füreinander empfinden, unternehmen sie »wechselseitige Versuche, zu gewinnen, zu fangen, zu entgehen und festzuhalten« (ebd.). Danach drängen sich »ungestüm und ungeschlacht« »Holzhauer« nach vorn, um ihrer harten körperlichen Arbeit Geltung zu verschaffen. Sie belehren das Publikum, dass es ohne schwitzende »Grobe« (5207) keine »Feine[n]« (5209) im Lande gäbe. »Pulcinelle«, eine Maskenfigur der Commedia dell'Arte, verspottet die Holzhauer als »Toren« (5215) und hält sich viel auf seine Klugheit zugute, »immer müßig« (5223) zu sein und dennoch gut durchs Leben zu kommen. »Parasiten« dagegen loben die Holzhauer, weil sie es gewöhnt sind, als gewissenlose Schmeichler von des »Gönners Tische« (5262) zu leben. Ein Trunkner beansprucht am heutigen Tage das Recht, alle Rücksichten auf andere zu vergessen und sich bis zur Bewusstlosigkeit zu betrinken.

Der Herold kündigt jetzt »verschiedene Poeten« an: »Naturdichter, Hof- und Rittersänger, zärtliche sowie Enthusiasten« (Szenenanweisung nach 5294). Sie jedoch – verschiedene literarische Modeströmungen repräsentierend – hindern sich im Rangeln um die Publikumsgunst gegenseitig am Vortrag und ziehen wortlos vorbei. Einzig »Satiriker«

darf kurz zu Wort kommen, weil er am liebsten singen und reden möchte, was »niemand hören wollte« (5298). Die »Natur- und Grabdichter« verzichten auf einen Auftritt, weil sie gerade »im interessantesten Gespräch mit einem frisch erstandenen Vampiren« (Szenenanweisung nach 5298) begriffen sind. Der Herold ruft an deren Stelle »die griechische Mythologie hervor, die selbst in moderner Maske weder Charakter noch Gefälliges verliert« (Szenenanweisung nach 5298). »Grazien« raten zu Anmut im Geben, Empfangen und Danken. »Parzen« führen den möglichen Reichtum, aber auch die natürliche Begrenztheit menschlichen Lebens und Tätigseins vor Augen. »Furien« bekennen sich als »Stadt- und Landesplage« (5356), obwohl sie sich mit einem anziehenden Äußeren getarnt haben. Sie hemmen und stören die menschliche Tätigkeit, indem sie die zwischenmenschlichen Beziehungen durch üble Nachrede vergiften und sogar zu gegenseitiger Vernichtung anstacheln.

Der erste Teil des Maskenzugs gipfelt im Auftritt eines Elefanten, dem mehrere Gestalten verbunden sind. Die geheimnisvolle Gruppe, unmittelbarem Verstehen nicht zugänglich, liefert den »Schlüssel« (5398) zu ihrer Bedeutung durch Selbstdarstellungen. Dem Elefanten zur Seite gehen zwei Frauen, die »eine bang, die andre froh zu schauen« (5404). Die eine Frau, »Furcht«, lähmt Tatkraft durch ungerechtfertigte Angst vor eingebildeten »Widersacher[n]« (5413). Die andere, »Hoffnung«, hält die Menschen vom aktiven Handeln ab, indem sie ihnen einredet, alle ihre Wünsche würden mit Sicherheit auch ohne ihr Zutun bald in Erfüllung gehen. Im Nacken des Elefanten sitzt eine »zierlich-zarte Frau« (5399), »Klugheit«. Sie lenkt mit »feinem Stäbchen« (5400) den »lebendigen Kolossen« (5445) und sie hat die beiden Frauen, die dem Elefanten zur Seite gehen, als »zwei der größten Menschenfeinde« (5441) in Ketten gelegt, damit sie nicht schaden können. Ganz oben auf dem Elefanten steht »herrlich-hehr« (5401), umgeben von »Glanz und Glorie« (5453), »Viktorie« (5455). Als »Göttin aller Tätigkeiten« (5456) vereinigt sie in sich die körperliche Kraft des Elefanten mit der überlegenen geistigen Führung von »Klugheit.« Ihr Wesen besteht darin, überall, wo sie in Erscheinung tritt, »zum Gewinne« (5451) zu dienen. Aus der römischen Siegesgöttin Victoria ist eine Göttin der produktiven Arbeit geworden. Mit ihrer Inthronisierung auf der »Zinne« (5449) des Elefanten wird verkündet, dass nicht mehr militärischer Kampf zum Sieg über »Volk und Land« (5464) führt, sondern materielle und geistige Produktivität.

Die Erhöhung der »Göttin aller Tätigkeiten« zur Siegesgöttin ruft den Zwerg Zoilo-Thersites auf den Plan. Weil »Rühmliches« (5465)

Andrea Andreani, Clair-Obscur-Holzschnitt (1598/99, Blatt 5, 37,1 x 37,5 cm) nach Andrea Mantegna (*1431 vermutl. Isola di Carturo, †1506 Mantua): Julius Cäsars Triumphzug (vollendet um 1492 [9 Fresken zur Ausschmückung eines Saales im Palazzo Ducale, Wasserfarben auf Leinwand]). Blatt in G.s Kunstsammlungen

ihn stets in Harnisch bringt, muss er als unerträgliche Anmaßung empfinden, dass »Frau Viktoria« sich als die neue Herrin aufführt. Durch den verdächtigen Zwerg kommt ein unvorhergesehener Misston in das heitere Fest. Zwar kann der hässliche Störenfried entfernt werden, doch bleibt etwas Umheimliches, Gespenstisches im Raum, das die Menge in Furcht versetzt. Der Herold muss gestehen, dass er die Kontrolle über den Maskenzug zu verlieren beginnt und die Bedeutung der jetzt herandrängenden Gestalten nicht mehr »amtsgemäß [zu] entfalten« (5507) weiß. Offensichtlich nimmt das Fest im Weiteren einen Verlauf, der in der geplanten Programmfolge nicht vorgesehen war.

Von der »Göttin aller Tätigkeiten« wurde berichtet, dass sie überall, wohin sie sich wende, »Gewinn« bringe, womit Reichtum schon angekündigt war. Folgerichtig tritt der Reichtum jetzt selbst auf. Dass er kein Scheinreichtum ist, sondern ein realer, aus Arbeit hervorgegangener, wird nicht ausdrücklich gesagt, darf aber nach der Apotheose der »Tätigkeit« vorausgesetzt werden.

Mit einem »prächtige[n] Wagen« (5512), der von vier geflügelten Rossen gezogen wird, braust heran, dem Vernehmen nach auf Wunsch des Kaisers, »Plutus, des Reichtums Gott« (5569). Als »Prachtgebilde« (5552) strahlt er »ein reich Behagen« (5566), Würde und Souveränität aus. Im »Schmuck« des »Turbans« (5565) und mit einem »gesunde[n] Mondgesicht« (5563) erinnert er an orientalische Herrscher, die in Europa als märchenhaft reich galten. Gelenkt wird sein Wagen von einem schönen »halbwüchsigen Knaben« (5537), dem Knaben Lenker (in der Handschrift ursprünglich »Euphorion«), der sich selbst als eine »Allegorie« der »Poesie« erklärt:

> »Bin die Verschwendung, bin die Poesie; / Bin der Poet, der sich vollendet, / Wenn er sein eigenst Gut verschwendet. / Auch ich bin unermeßlich reich / Und schätze mich dem Plutus gleich, / Beleb und schmück ihm Tanz und Schmaus, / Das, was ihm fehlt, das teil ich aus.« (5573–5579)

Die Hofgesellschaft vermag mit dem Reichtum der Poesie nichts anzufangen. Als der Knabe Lenker Proben seiner Kunst in die Menge schnippt, nimmt sie die geistigen »Kleinode« (5592) als materielle Wertgegenstände, wodurch sie völlig wertlos werden. Plutus dagegen bezeugt dem Poeten bereitwillig seine hohe Wertschätzung und liebevolle Zuneigung:

> »So sag ich gern: Bist Geist von meinem Geiste. / Du handelst stets nach meinem Sinn, / Bist reicher, als ich selber bin. / Ich schätze, deinen Dienst zu lohnen, / Den grünen Zweig vor allen meinen Kronen. / Ein wahres Wort verkünd ich allen: / Mein lieber Sohn, an dir hab ich Gefallen.« (5623 bis 5629)

Der Knabe Lenker wiederum schätzt sich glücklich, im »Dienst« des Plutus zu stehen. Nachdem der Versuch, die Hofgesellschaft mit geistigen Gaben zu beschenken, kläglich gescheitert ist, wird ihm verständnisvoll der Abgang erlaubt, damit er sich in der »Einsamkeit« (5696) eine eigene Welt schaffe. Der Knabe Lenker nimmt diese Freistellung dankbar an, aber nicht, ohne zu versichern, dass er auf den leisesten Wink gleich wieder zurück sei.

Dass wirtschaftlicher Reichtum und Dichtung so gut harmonieren, verwundert, ja befremdet. Denkt man doch an die schlechten Erfahrungen, die Dichter mit ihren Geldgebern immer wieder zu machen hatten. Um Kritik an gegebenen schlechten Zuständen geht es hier aber nicht. Im Modell einer tätigen Gesellschaft, das die »Mummenschanz« entwirft, stellt sich das Verhältnis zwischen materiellem Reichtum und Dichtung so dar, wie es sein sollte. Ein Reichtum, der durch Arbeit erwirtschaftet und damit legitimiert ist, dürfte das Recht beanspruchen, die Dichtung in seinen »Dienst« zu nehmen, zumal er sich so verständig zeigt, ihr dabei einen großen Freiraum der Autonomie zu gewähren. Von der Dichtung wiederum wäre zu erwarten, dass sie bei allem Stolz auf die eigene unverwechselbare geistige Leistung die Abhängigkeit vom Reichtum nicht als lästige Fessel, sondern als notwendige Voraussetzung ihres Wirkens begreife.

Nach dem Abgang des Knaben Lenker ist für Plutus die Zeit gekommen, die eigenen »Schätze zu entfesseln« (5709). Der Gott des Reichtums lässt eine Kiste mit Gold und »Geiz«, der auf der Kiste saß, vom Wagen herunterstellen und steigt selbst herab. Die Kiste wird geöffnet und gibt den Blick frei auf flüssiges Gold, das in Gestalt von Kronen, Ketten und Ringen auf- und niederwallt. Das Gold weckt die Gier der Menge. Aufgeregt schreiend rückt sie heran, um es mitsamt der Kiste in Besitz zu nehmen. Doch sie wird von Plutus zurückgedrängt und durch ein »unsichtbares Band« (5762) vom »engen Kreis« (5810) der Goldkiste ausgeschlossen. Zum Ersatz dürfen sich insbesondere die Weiber einen Penis aus Gold anschauen, den »Geiz« geknetet hat. Zugang zum »engen Kreis« erhält einzig ein mit »Brüllgesang« (5956) heranbrausendes »wilde[s] Heer« (5801) von »Faunen«, »Satyrn«, »Gnomen«, »Riesen« und »Nymphen«, das in seiner Mitte den »großen Pan« (5804) umschließt.

Im »großen Pan« verkörpert sich das »All der Welt« (5873). Ihm allein steht es zu, die Goldkiste in seine Obhut zu nehmen; denn »jeder Schatz in [s]einen Händen / Kommt der ganzen Welt zugut« (5912 f.). »Gnomen« führen ihn an die »Feuerquelle« (5921). Er »freut sich des wundersamen Dings« (5927) und »bückt sich tief hineinzuschaun« (5930). Da passiert ein »großes Ungeschick« (5934). Sein Bart fällt in die Goldkiste, entzündet sich, fliegt zurück und setzt den ganzen großen Pan in Flammen. Das Feuer vernichtet die Maskierung und entlarvt – einzigartiger Vorgang in diesem Maskenzug – den großen Pan als den Kaiser. Ein allgemeines Wehgeschrei hebt an. Der Brand greift über auf das »wilde Heer«, die Dekoration, den weiträumigen Saal. Als der Herold schon keine Rettung mehr für möglich hält und die ganze »reiche Kaiserpracht« in einen »Aschenhaufen« (5968 f.) zusammensinken sieht, setzt Plutus der »eitlen Flamme Spiel« (5984) mit einem künstlichen Regen ein Ende.

(I,4) »Lustgarten« (5987–6172)

Am nächsten Morgen stehen Faust und Mephisto erstmals als solche im Lustgarten vor dem Kaiser. Sich als Träger der Plutus-Maske zu erkennen gebend, bittet Faust um Verzeihung für das »Flammengaukelspiel« (5987). Der Kaiser wünscht sich »dergleichen Scherze viel« (5988). Heiter und gut gelaunt berichtet er, wie er sich beim Blick in die Goldkiste als Herrscher eines unterirdischen feurig-flammenden Felsenreichs gesehen habe, wie »der Völker lange Zeilen« (5998) sich um ihn gedrängt und ihm gehuldigt hätten, »wie sie es stets getan« (6000).

Das Hochgefühl, dem Naturelement Feuer zu gebieten, kann nur von sehr kurzer Dauer gewesen sein; denn nur wenige Augenblicke nach dem Blick in die Goldkiste bot er das grässliche Bild eines Kaisers, den das Element Feuer zu vernichten drohte. Vielleicht sah sich der Kaiser wirklich für einen Moment als Herr des Feuers, dann aber nur, um sich auf der Stelle als das zu entlarven, was er in Wirklichkeit ist: ein Herrscher, der eben nicht den Elementen der Natur wie der Gesellschaft gebietet, sondern ihnen unterliegt. Über diese schmähliche Erfahrung fällt aber in der morgendlichen Erzählung nicht ein einziges Wort. Der Kaiser glaubt allen Ernstes, dass ihm das Feuer gehorsam war. Er stutzt auch nicht, als ihm Mephisto mit beißender Ironie genüsslich ausmalt, wie er in einem Wasserreich ebenfalls als unumschränkter Herrscher auftreten würde. In krasser Verkennung seiner wahren Lage hält sich der Kaiser tatsächlich für eine »Majestät«, die »jedes Element« »als unbedingt erkennt« (6003 f.). Schmerzliche Wahrheiten erreichen ihn nicht. Am liebsten lebt er in einem Reich der schönen Einbildung. Faust und Mephisto sollen sich deshalb bereithalten, ihn auch künftig durch schöne Spiele und Geschichten von der oft misslichen »Tageswelt« (6035) abzulenken.

Kaum ist die »Tageswelt« weggewünscht, besetzt sie erneut die Szene. Die vier Großen des Reichs treten vor den Kaiser und berichten ihm in freudiger Erregung von den erstaunlichen Folgen einer Erfindung. Mephisto hat seinem Rat, wie das Kaiserreich vom Untergang zu retten wäre, während der »Mummenschanz« eine praktische Tat folgen lassen. Ein »Zettel« (6058) Papier, der einen Geldeswert bescheinigt und dessen Deckung durch ungehobene Bodenschätze garantiert, wurde dem Kaiser, wie er als Pan vor der Goldkiste stand, zur beglaubigenden Unterschrift vorgelegt und danach, in großer Zahl vervielfältigt, zur Begleichung der immensen Schulden des Hofs sofort in

Umlauf gebracht. Dieses »schicksalschwere Blatt« habe auf der Stelle, so berichtet der Kanzler, »alles Weh in Wohl verwandelt« (6055 f.). Der Kaiser, der sich an seine Unterschrift bezeichnenderweise nicht erinnern kann, erklärt sie zunächst voller Entrüstung für gefälscht, »Frevel, ungeheuren Trug« (6063) argwöhnend. Doch findet er sich schnell bereit, die Sache gelten zu lassen, als der Schatzmeister die Echtheit der Unterschrift bezeugt und der Marschalk versichert, dass die Leute tatsächlich das Papiergeld »für gutes Gold« (6083) nehmen und schon überall im Lande Speisen, Getränke und Kleidung damit bezahlt werden. Obwohl ihn sehr verwundert, wie mit den »wenig[en] Federzügen« (6070) seiner Unterschrift die allgemeine Misere so schnell beendet werden konnte, glaubt er blindlings an ein neues »hohe[s] Wohl« (6131), das dem Reich beschieden sei.

Da das neue Geld nun einmal da ist, wird es schnell ausgegeben. Nachdem die Staatsschulden im Land bezahlt sind, verschenkt der Kaiser großzügig Geld an seine Hofleute. Freilich möchte er gern wissen, wozu sie es brauchen wollen. Die meisten denken nur an Lustgewinn. Ein »Bannerherr« möchte Schloss und Feld schuldenfrei machen; »Ein andrer« will das Geld seinen »Schätzen« (6150) beilegen. Das enttäuscht den Kaiser:

> »Ich hoffte Lust und Mut zu neuen Taten; / Doch wer euch kennt, der wird euch leicht erraten. / Ich merk es wohl, bei aller Schätze Flor, / Wie gewesen, bleibt ihr nach wie vor.« (6151 – 6154)

Das Urteil zeugt von Einsicht. Der Kaiser vergisst nur, sich selbst in die Enttäuschung einzubeziehen. Auch er ist ganz der Alte geblieben. Indem die politische Führung des Reichs nur ihre Schulden bezahlt und ansonsten das Geld verschleudert, wird sie erneut ihrer Verantwortung für das Wohl des Ganzen nicht gerecht. Sie hat nicht im Mindesten für eine vernünftige, in die Zukunft schauende Verwendung des Papiergelds gesorgt. Sie hat nicht das Geringste veranlasst, dass der neue Reichtum, der ja nur ein Vorschuss, ein Kredit ist, durch materielle und geistige Arbeit tatsächlich erwirtschaftet wird.

Das von Mephisto geschaffene Papiergeld ist eine ebenso zweischneidige Sache wie schon sein Rat im *Saal des Thrones*. Wer es klug verwaltet und »zu neuen Taten« nutzt, dem bringt es Gewinn. Wer es nur »lustgenießend« (6078) verwendet, den führt es über kurz oder lang ins Verderben. Goethe, auch in Fragen der Wirtschaft und der politischen Ökonomie gut unterrichtet, wusste von den Gefahren, die mit dem Übergang vom Metall- zum Papiergeld und zum Kreditsystem verbunden waren. Papiergeld konnte ganz oder teilweise den zugesagten Wert verlieren, wenn es als Vorschuss nicht die reale Wertschöpfung durch Arbeit stimulierte und nur in den parasitären Konsum floss oder wenn durch übermäßige Emissionen das Gleichgewicht zwischen Produktivität und Geldmenge zerstört wurde. Der Schotte John Law (1671–1729), der 1715 mit Genehmigung des Regenten von Frankreich eine Notenbank gegründet hatte, war nach anfänglichen Erfolgen mit der Umstellung auf Papiergeld schon 1720 gescheitert, weil er die Emission zu schnell und zu extensiv betrieben hatte. Die während der Französischen Revolution herausgegebenen Assignaten besaßen zunächst eine reale Deckung im beschlagnahmten kirchlichen und adligen Grundbesitz, büßten dann durch eine unkontrollierte Ausgabe fast ganz ihren Wert ein. Goethe hatte deshalb wie viele Zeitgenossen kein sonderliches Vertrauen in die Wertbeständigkeit des Papiergelds. Andrerseits kannte er auch die erfolgreichen Bemühungen der Bank von England, mit Hilfe von »Papier-Crediten« Geld vorzuschießen und das Wachstum der Wirtschaft zu beschleunigen; und er war sich völlig darüber im Klaren, dass im kommenden Industriezeitalter das Papiergeld als »Bemächtigungsmittel für künftige Güter«[67], als Impuls und Anreiz für Produktion noch eine bedeutende Rolle spielen werde.

(I,5) »Finstere Galerie« (6173–6306)

Faust hat Mephisto aus dem »dichten, bunten Hofgedränge« (6175) in den düsteren Gang eines Flurs gezogen, weil er dessen Hilfe braucht. Er soll zu neuerlicher Unterhaltung des Kaisers eine Geisterbeschwörung veranstalten und hat das Spektakel schon zugesagt:

> »Der Kaiser will, es muß sogleich geschehn, / Will Helena und Paris vor sich sehn; / Das Musterbild der Männer so der Frauen / In deutlichen Gestalten will er schauen.« (6183–6186)

Helena, die schönste Frau der griechischen Mythologie und späterer Dichtung Urbild des schönen, treulosen und verführerischen Weibes, war schon in der *Historia* von 1587 in den Faust-Stoff eingebracht. In der 49. Historie ließ Doktor Faustus sie vor seinen Studenten erscheinen; später erhielt er sie vom Teufel als Konkubine und zeugte mit ihr einen Sohn. Für Goethe stand von Anfang an fest, die schöne Helena ebenfalls mit Faust zu verbinden. Nachdem ihr Name schon einmal in der Szene *Hexenküche* gefallen ist, tritt sie jetzt in die Dichtung ein, um bis zum Ende des dritten Akts eine zentrale Rolle zu spielen. Mephisto sperrt sich zunächst der Aufforderung zur Hilfe, weil er über »Teufelsliebchen« (6201), aber nicht über antike »Heroinen« (6202) verfüge. Doch dann weiß er ein »Mittel« (6211): Faust solle, »ins Tiefste« (6220) schürfend, zum Reich der »Mütter« (6216) vordringen und von dort einen »glühnde[n] Dreifuß« (6283) holen. Mit dessen Hilfe werde er »Held und Heldin aus der Nacht« (6298) hervorrufen können.

Mephisto beschreibt das ›Reich der Mütter‹ als »tiefsten, allertiefsten Grund« (6284) von »Gestaltung, Umgestaltung, / Des ewigen Sinnes ewige Unterhaltung« (6287 f.), als einen »losgebundne[n]« (6277), von aller Wirklichkeit unabhängigen Bereich des Absoluten, in dem die Bilder »aller Kreatur« (6289) vor und nach ihrer realen Existenz ihre Heimstatt haben, und die »Mütter« selbst als die göttlichen Verwalterinnen dieser Urformen allen Lebens. Er streicht das Hochbedeutsame dieses Reichs heraus und kennzeichnet es gleichzeitig als einen Ort der »Öd' und Einsamkeit« (6227). An der Beschreibung fällt eine großsprecherische Geheimnistuerei auf. Faust fühlt sich an die Hexenküche erinnert, an die »Sprüche« (6228) der Hexe, die ein »höheres Geheimnis« (6212) zu bergen schienen und in Wahrheit »Unsinn« (2573) waren. Er verdächtigt Mephisto der betrügerischen Mystifikation und zeigt wenig Neigung, sich, wie er meint, »ins Leere« (6251) schicken zu lassen. Und dennoch entschließt er sich, den Gang ins »Nichts« zu wagen, weil er plötzlich in ihm »das All zu finden« (6256) hofft.

Mephisto übergibt Faust einen »Schlüssel« (6259), der die »Mütter« aufspüren und den Dreifuß durch Berührung mit sich führen wird. Durch den Schlüssel, der in der Hand »wächst«, »leuchtet« und »blitzt« (6261), fühlt Faust eine »neue Stärke« (6281), die ihn »hin zum großen Werke« (6282) treibt. Selbstbewusst probt er, mit dem Schlüssel »eine entschieden gebietende Attitüde« (Szenenanweisung nach 6293) ausführend, die Entführung des Dreifußes, bevor er, mit dem Fuß stampfend, in die Erde versinkt.

Im ›Reich der Mütter‹ ist trotz der mystifizierenden Redeweise Mephistos eindeutig die Grundvorstellung Goethes von einem besonderen Bereich der unbedingt schaffenden Natur (›natura naturans‹) innerhalb der Wirklichkeit zu erkennen. Es ist deshalb nicht gerechtfertigt, *Finstere Galerie* in die Nähe von *Hexenküche* zu stellen und das ›Reich der Mütter‹ zum mystischen Nonsens zu erklären. Andererseits wäre es genauso verfehlt, die Passagen zu den »Müttern« für besonders tiefsinnig und bedeutsam zu halten und von ihnen Einsichten in Goethes Philosophie und Weltanschauung zu erwarten, die über alles andere hinausgehen. Mephistos großspuriges Orakeln, die hohe Theatralik und die Elemente von Komik machen den Gang zu den »Müttern«, hinter dem ein ernsthaftes Bemühen steht, gleichzeitig fragwürdig. Sie rücken ihn in ein Zwielicht, das man nicht übersehen darf.

(I,6) »Hell erleuchtete Säle« (6307–6376)

Der Kämmerer befragt Mephisto, der in das »Hofgedränge« zurückgekehrt ist, nach der ausstehenden »Geisterszene« (6307). Der Kaiser erwarte ungeduldig die Ausführung. Mephistos Auskunft ist in zweierlei Hinsicht bemerkenswert: Er bezeichnet als Gegenstand von Fausts Bemühungen nicht die Gestalten Helena und Paris, sondern ein Abstraktum, »das Schöne«; und er spricht nicht von einem Auftrag, sondern von einer Aufgabe, die sich Faust selbst gestellt hat. Nicht mehr von einem Sollen ist die Rede, sondern von einem Wollen:

> »Denn wer den Schatz, das Schöne, heben will, / Bedarf der höchsten Kunst, Magie der Weisen.« (6315 f.)

Ohne Überleitung wandelt sich die Szene in eine Satire auf die Hofgesellschaft, die schon in der Inhaltsangabe von 1816 geplant war. Mephisto muss sich auf dringenden Wunsch als »physicien de la cour« [Hofphysikus = Arzt im Dienste eines regierenden Fürsten] (Plp. 137 H/70 WA) betätigen. Die Damen und Herren des Hofs leiden an Sommersprossen, an einem »erfrornen Fuß« (6330) und an Liebeskummer. Die Therapievorschläge sind unverhüllt Scharlatanerie. Ein kleiner Hieb trifft dabei auch die Homöopathie. Doch die Wunderglläubigkeit der Hofgesellschaft erweist sich als so eingefleischt, dass sie selbst an den abstrusesten Rezepten keinen Anstoß nimmt. Mephisto kann sich im Gegenteil der andringenden Patienten nicht erwehren. Fast möchte er in die »Wahrheit« (6364) flüchten, was allerdings, wie er schnell einsieht, bei dieser Gesellschaft der »schlechteste Behelf« (6365) wäre.

Am Ende der Szene sieht Mephisto schon die ganze Hofgesellschaft zur »Geisterszene« in den »alten Rittersaal« (6372) ziehen. Mit großen Gobelins an den Wänden und Rüstungen in den Ecken und Nischen scheint er ihm ein Ort, wo sich »Geister« auch ohne Zauberei »von selbst« (6376) einfinden würden.

(I,7) »Rittersaal« (6377–6565)

Nachdem der Kaiser und sein Hof, wie der Herold nach einem Blick in den halbdunklen Saal feststellt, »alle schicklich Platz genommen« (6389), erschallen Posaunen, den Beginn des »Schauspiel[s]« (6377) ankündigend. Der Astrolog heißt »das Drama seinen Lauf« (6391) nehmen. Natürliche Hindernisse scheinen durch »Magie« (6393) aufgehoben. Die Gobelins werden wie durch einen Brand zusammengerollt; die Wand spaltet sich, wird wie eine Flügeltür nach hinten geöffnet und gibt den Blick auf ein »tief Theater« (6396) frei, auf dem durch »Wunderkraft« (6403) ein massiver antiker Säulentempel gestellt ist. Der Astrolog steigt auf »das Proszenium« [Vorderbühne] (6398), weil er das weitere Geschehen aus nächster Nähe schildern will. Doch im »Souffleurloche« (Szenenanweisung vor 6399) sitzt Mephisto und schreibt den Text vor. Den Kopf aus dem Loch reckend, bedeutet er dem Astrologen, sein »Flüstern meisterlich [zu] verstehn« (6402) und an das Publikum weiterzugeben.

Die eigentliche »Geisterszene« kann beginnen, nachdem der Astrolog durch »magisch Wort […] die Vernunft gebunden« (6416) und die »herrliche, verwegne Phantasei« (6418) zu freier Bewegung herbeigerufen hat. Zur rechten Zeit aus dem ›Reich der Mütter‹ zurückgekehrt, besteigt Faust, im »Priesterkleid, bekränzt, ein Wundermann« (6421), »auf der andern Seite des Proszeniums« (Szenenanweisung vor 6421) die Bühne. Ihm folgt »aus hohler Gruft« (6423) ein Dreifuß, aus dessen Schale schon »Weihrauchduft« (6424) zu ahnen ist. Der »Wundermann« beginnt »großartig« (Szenenanweisung vor 6427) mit einer pathetischen Anrede an die »Mütter«, als wäre er deren Stellvertreter auf Erden. Sich berufend auf deren göttliche Vollmacht, spricht er sich die besondere Fähigkeit zu, des »Lebens Bilder« (6430), die im Allgemeinen von den »Müttern« zum richtigen Leben in die Wirklichkeit gesandt werden, als »Magier« (in H^{57} urspr. »Dichter«) zur Erscheinung zu bringen:

»Die einen [Bilder des Lebens] faßt des Lebens holder Lauf, / Die andern sucht der kühne Magier auf; / In reicher Spende läßt er, voll Vertrauen, / Was jeder wünscht, das Wunderwürdige [in H^{57} urspr. »Schöne«] schauen.« (6435–6438)

Nach seiner »großartigen« Selbstvorstellung berührt Faust den Dreifuß mit dem von Mephisto erhaltenen Schlüssel. Der Schale entsteigt ein »dunstiger Nebel« (6440), der sich »nach Wolkenart« (6441) in verschiedene Gestalten formt. »Und nun erkennt ein Geister-Meisterstück!« (6443) Die Gestaltungen beginnen wandelnd Musik zu ma-

Engelbert Seibertz (*1813 Brilon,
†1905 Arnsberg): Faust beschwört
Helena und Paris (um 1850, Stich
[von Adrian Schleich],
26,4 x 35,5 cm)

chen; schließlich scheint der ganze Tempel zu singen. »Das Dunstige senkt sich« und »aus dem leichten Flor« (6449) tritt Paris hervor. Die Damen der Hofgesellschaft loben den halbnackten schönen Jüngling für sein Aussehen und sein zierliches Benehmen, die Herren tadeln ihn. Paris setzt sich zum Ausruhen nieder. Nachdem er eingeschlafen ist, tritt Helena in Erscheinung. Ihre Wirkung ist überwältigend. Schon der Astrolog wird durch die »Schönheit« (6484) mächtig beeindruckt. Faust dagegen gerät vor Entzücken völlig außer Fassung. In einem begeisterten Hymnus knüpft er sein Weiterleben an ein Leben mit der »Schönheit«. Wie sei ihm doch ohne »Schönheit« »die Welt [...] nichtig, unerschlossen« (6490) gewesen! Von jetzt an werde er »die Regung aller Kraft,/Den Inbegriff der Leidenschaft,/[...] Neigung, Lieb, Anbetung, Wahnsinn« (6498–6500) der »Schönheit« weihen.

Zwischen Paris und Helena entspinnt sich ein kleines pantomimisches Spiel. Vorlage ist die Geschichte von Endymion und Luna. Wie Luna dem Schäfer Endymion, den sie in einen ewigen Schlaf versenkt hat, damit sie ihn allnächtlich in einer Höhle treffen und küssen könne, nähert sich Helena dem schlafenden Paris. Sie beugt sich über ihn, mit ihrer Schönheit wie Luna strahlend, und gibt ihm einen Kuss. Paris erwacht und wandelt sich vom »Knaben« zum »kühnen Heldenmann« (6541). Er umfasst Helena, hebt sie hoch und will sie offenbar entführen. »Astrolog« nennt deshalb das Stück: »Raub der Helena« (6548). Faust reagiert auf den Raubversuch mit äußerster Betroffenheit. Obwohl Mephisto ihn schon mehrfach ermahnt hat, nicht »aus der Rolle [zu fallen]« (6501) und »die Geister« (Szenenanweisung nach 6563) in ihrem Spiel, das er doch selbst gemacht habe (vgl. 6546), gewähren zu lassen, verliert er jetzt die Fassung. Er tritt in sein eigenes »Schauspiel« ein und reisst Helena an sich, um die Entführung zu verhindern. Die Überschreitung der Grenze zwischen Fiktion und Realität führt in die Katastrophe. Es erfolgt eine »Explosion«. »Faust liegt am Boden. Die Geister gehen in Dunst auf.« (Szenenanweisung nach 6563)

Faust kam im ersten Akt an den Kaiserhof, weil er in der »großen Welt« eine bedeutende Rolle spielen wollte. Er fand ein Reich in Auflösung und einen untätigen Kaiser, der glaubte, ohne Arbeit zu Geld kommen und ohne Herrschen den Zusammenbruch abwenden zu können. Da an diesem Kaiserhof keine Aussicht bestand, etwas Sinnvolles zu leisten, blieb für Faust kein anderer Ausweg, als über den Kaiser und die Jagd nach dem Goldschatz hinauszugehen. Faust nahm sich vor, einen anderen »Schatz« zu heben: das »Schöne«.

›Das Schöne‹, einer der Grundbegriffe des Philosophierens über Kunst und Wirklichkeit, war auch für Goethe eine Kategorie von zentraler Bedeutung. Der Tradition folgend, verstand er darunter etwas Vollkommenes, in dem das Wirken der Natur auf eine vollendete Weise zur Erscheinung kam. In diesem Sinne heißt es in *Kampagne in Frankreich*:

> »[...] das Schöne sei, wenn wir das gesetzmäßig Lebendige in seiner Tätigkeit und Vollkommenheit schauen, wodurch wir, zur Reproduktion gereizt, uns gleichfalls lebendig und in höchste Tätigkeit versetzt fühlen.« (BA 15, 226)

Und ähnlich in einer Maxime:

> »Das Schöne ist eine Manifestation geheimer Naturgesetze, die uns ohne dessen Erscheinung ewig wären verborgen geblieben.« (BA 18, 502)

›Schönheit‹ bedeutete für Goethe Vollkommenheit in der außermenschlichen Natur und ebenso Vollkommenheit beim Menschen, in seiner Erscheinung wie in seiner Tätigkeit. Besonders dem Künstler billigte er die Fähigkeit zu, ›Schönheit‹ selbst hervorzubringen, freilich nur unter der Voraussetzung, dass er sein Werk auf das »Gesetzliche in der Natur«[68] gründete und »nach ebenden Gesetzen [verfuhr], nach welchen die Natur verfährt«[69]. Das Kunstschöne könne das Naturschöne sogar übertreffen, weil der Mensch über geistige Fähigkeiten verfüge, die der Natur abgingen. Im *Winckelmann*-Aufsatz von 1804 räumte er deshalb der Produktion des Kunstwerks einen hervorragenden Platz unter den menschlichen Tätigkeiten ein:

> »[...] das letzte Product der sich immer steigernden Natur ist der schöne Mensch. Zwar kann sie ihn nur selten hervorbringen, weil ihren Ideen gar viele Bedingungen widerstreben, und selbst ihrer Allmacht ist es unmöglich, lange im Vollkommenen zu verweilen und dem hervorgebrachten Schönen eine Dauer zu geben. Denn genau genommen kann man sagen, es sei nur ein Augenblick, in welchem der schöne Mensch schön sei. Dagegen tritt nun die Kunst ein, denn indem der Mensch auf den Gipfel der Natur gestellt ist, so sieht er sich wieder als eine ganze Natur an, die in sich abermals einen Gipfel hervorzubringen hat. Dazu steigert er sich, indem er sich mit allen Vollkommenheiten und Tugenden durchdringt, Wahl, Ordnung, Harmonie und Bedeutung aufruft, und sich endlich bis zur Production des Kunstwerkes erhebt, das neben seinen übrigen Thaten und Werken einen glänzenden Platz einnimmt.« (WA W 46, 28 f.)

Der Auftritt von Paris und Helena ist für den Kaiser und seinen Hof eine »Geisterszene«, die »amüsieren« (6192) soll. Faust dagegen betätigt sich, wenn er Paris und Helena zur Erscheinung bringt, aus eigenem inneren Antrieb als Künstler, als »Dichter«, wie es in der H[57]-Lesart von Vers 6435 ausdrücklich gesagt wird. Weil er in der Kaiserhof-Welt, die ihn umgibt, Vollkommenes nicht findet, setzt er Geisteskraft und Phantasie in Bewegung, um Vollkommenes selbst hervorzubringen – als »Schönheit« in der Kunst. Dieses Kunstschaffen tritt jedoch von Anfang bis Ende überdeutlich als eine magische Operation auf.

Mit ›Magie‹ bezeichnete Goethe schon in der Szene *Nacht* ein menschlich verständliches, jedoch nicht zu billigendes Fehlverhalten. Es ist für ihn

> »Mißbrauch des Echten und Wahren, ein Sprung von der Idee, vom Möglichen, zur Wirklichkeit, eine falsche Anwendung echter Gefühle, ein lügenhaftes Zusagen, wodurch unsern liebsten Hoffnungen und Wünschen geschmeichelt wird«.[70]

Das Fehlverhalten beginnt mit der Vorleistung, die der ›Dichter‹ Faust mit seinem Gang zu den »Müttern« erbringt. Wahre Dichtung erwuchs für Goethe nur aus einer gründlichen Kenntnis von Natur und Gesellschaft. Nichts brachte ihn mehr auf als die Eitelkeit des Ich, sich für den

Nabel der Welt zu halten. Wenn Dichter glaubten, sie könnten auf die Erfahrung der Wirklichkeit verzichten und brauchten nur aus dem eigenen Ich zu schöpfen, würden ihre Werke »leer« bleiben. So schrieb Goethe an einen jungen Dichter, der ihm seine lyrischen Ergüsse zugeschickt hatte:

> »Sie scheinen mir in dem Irrtum zu stehen, den ich schon bey mehrern Jünglingen bemerkt habe, daß man einer Neigung zur Poesie, die man fühlt, sich ausschließlich überlassen müsse, da doch selbst dem Dichter, den die Natur entschieden dazu bestimmt haben mag, erst Leben und Wissenschaft den Stoff geben, ohne welchen seine Arbeiten immer leer bleiben müßten.«[71]

Der Gang zu den »Müttern« ist der Versuch, dem Kunstwerk den Zugang zu den »ewigen Gründen« zu eröffnen und ihm damit eine höhere Bedeutung zu sichern. Faust schert sich nicht um die erfahrbare Welt. Die ›Bilder aller Kreatur‹ sollen im direkten Zugriff unmittelbar an den »Quellen alles Lebens« (456) eingefangen werden und nicht erst, wenn sie von »des Lebens holde[m] Lauf« (6435) erfasst sind. Das Leben ist aber nur, wie Faust in der Eingangsszene *Anmutige Gegend* sagt, am »farbigen Abglanz [zu] haben« (4727), weil die unbedingt schaffende Natur (›natura naturans‹) selbst nicht für sich existiert, sondern nur in der Einheit mit der geschaffenen Natur (›natura naturata‹). Der Gang zu den »Müttern«, der zu nichts führen kann, endet im eigenen Inneren. Faust versenkt sich, wenn er zu den »Müttern« vorzudringen meint, in Wahrheit nur in die »Einsamkeit« seines Ich. Er kann, »verschlossen still [laborierend]« (6313), Bildern des »Schönen«, die er als Sehnsucht in sich trägt, nach außen eine dichterisch-scheinreale Gestalt geben, aber keine Substanz und Tüchtigkeit. Helena und Paris agieren als schemenhafte »Gespenster« in einem »Stück« nahezu ohne Inhalt. Für die »Geisterszene« »Raub der Helena« gilt, was Goethe nach der Lektüre über *Franz Sternbalds Wanderungen* (1798) von Ludwig Tieck schrieb: »[…], es ist unglaublich, wie leer das artige Gefäß ist.«[72]

Das Fehlverhalten begann mit dem Entwurf eines Kunstschönen, das mit »entschieden gebietender Attitüde« beanspruchte, unmittelbar aus den »Quellen« geschöpft zu werden. Es setzt sich fort in dem Anspruch, das Kunstschöne durch einen »Sprung von der Idee […] zur Wirklichkeit«[73] unmittelbar in wirkliches Leben verwandeln zu können. Getrieben von der Sehnsucht, die »Schönheit« im wirklichen Leben zu besitzen, begeht Faust den verhängnisvollen Fehler, Kunst für Realität zu nehmen. Erst überschätzte er die Leistungsfähigkeit seines Ich. Jetzt überschätzt er noch die Möglichkeiten der Kunst. Der erste Akt endet mit der schmerzlichen Erfahrung, dass auch das leidenschaftlichste Verlangen Kunst nicht zwingen kann, reales Sein zu werden. Kunst, der ein reales Leben zugemutet wird, löst sich ins Nichts auf.

Zweiter Akt (6566 – 8487)

Im zweiten Akt nimmt Faust einen neuen Anlauf, die »Schönheit« Helena zurück ins Leben zu rufen. Der Weg nach Innen war der falsche. Diesmal geht Faust dorthin, wo Helena wirklich herkommt: nach Griechenland, ins »Fabelreich« (7055) der antiken Mythologie.
    Die Aneignung einer Hochkultur der Vergangenheit reicht aber allein nicht aus. Der schöpferische »Geist« (6554), der seiner schlechten Gegenwart eine bessere entgegensetzen will, muss auch zu den Kämpfen seiner eigenen Zeit Stellung nehmen. Diesen Part übernimmt die neu eingeführte Gestalt des Homunculus, der dadurch Faust eng funktional zugeordnet wird. Der geistige Ort, der den Zugang zur antiken Kultur eröffnet und Möglichkeiten sozialen Wirkens anbietet, ist die »klassische Walpurgisnacht«.
    Die Groß-Szene *Klassische Walpurgisnacht* hat im zweiten Akt das gleiche Gewicht wie der Szenenkomplex *Kaiserliche Pfalz* im ersten. Ihr sind zwei Szenen vorgelagert, die in Fausts Studierzimmer und im benachbarten Laboratorium spielen.

(II,1) »Hochgewölbtes enges gotisches Zimmer« (6566 – 6818)

Nach dem missglückten Versuch, von einem Gebilde der Sehnsucht durch »Magie« wirkliches Leben zu erzwingen, wird Faust folgerichtig in das alte Studierzimmer, die Heimstatt seiner »Beschwörungen«, zurückversetzt. Er liegt, von »Helena paralysiert« (6568), hinter einem Vorhang »hingestreckt auf einem altväterischen Bette« (Szenenanweisung vor 6566). Mephisto, der sich seiner angenommen hat, tritt hinter dem Vorhang hervor und findet, sich umschauend, das Studierzimmer »allunverändert«, »unversehrt« (6571). Auch der »alte Pelz« (6582), in dem er an Fausts Stelle einst einem jungen Studenten gute Ratschläge gegeben hat, hängt wie vordem am »alten Haken« (6582). Da Faust offenbar »so leicht nicht zu Verstande« (6569) kommen wird, gibt er zum Zeitvertreib dem »Gelüste« (6586) nach, noch einmal den gelehrten »Dozent[en]« (6588) zu spielen. Er schlüpft in den Pelz, aus dem die einst eingepflanzten »Grillen« (6615) in tausendfacher Vermehrung herausfahren, und zieht eine Glocke, um sich zur Belehrung geeignete »Leute« (6619) herbeizurufen.

Aufgeschreckt von der Glocke, die mit einem »gellenden, durchdringenden Ton« »die Hallen erbeben und die Türen aufspringen« (Szenenanweisung 6619) lässt, erscheint zuerst ein neuer Famulus. Es ist der Gehilfe des »edlen Doktor Wagner« (6643), der, wie Mephisto schon weiß, nach Fausts »unbegreifliche[m] Verschwinden« (6660) zum allseits verehrten Hochschullehrer und zum »Ersten [...] in der gelehrten Welt« (6644) aufgestiegen ist. Der Famulus hat vor Mephisto, der ihm »in Faustens altem Vliese« wie »ein Riese« (6628 f.) vorkommt, eine solche Angst, dass er als Gesprächspartner ausscheidet. Er wird zu Wagner geschickt, um Meldung von einem Besuch zu erstatten. Beim Abgang darf er noch mitteilen, dass sein Meister schon seit Monaten um eines »großen Werkes willen« (6675) in allerschärfster Klausur arbeitet.

Während Mephisto sich gravitätisch in einen »Rollstuhl« (Szenenanweisung vor 6772) niedersetzt, wohl um besonders alt und krank zu erscheinen, stürmt der Baccalaureus herein. Es ist der naive Student des ersten Semesters aus Teil I, nun im »Schwedenkopf«, der Haarmode der Jugend der Befreiungskriege, als auftrumpfender Jungakademiker. Aus guten Gründen hadert er mit dem Ratgeber von einst; denn er ist damals an der Nase herumgeführt worden. Doch wenn er dem »alte[n] Herrn« (6721) erklärt, es wäre das Beste, ihn zusammen mit allen über dreißig »zeitig totzuschlagen« (6789), übersteigt das jugendliche Aufbegehren jegliches Maß. Ein anmaßender junger Mann glaubt, die Welt begänne erst mit ihm und wäre nur um seinetwegen da; er hält die Jugend allein zur Tüchtigkeit fähig und nimmt sich das Recht heraus, die Alten als schwach und unnütz vom Leben auszuschließen. Seine ungeheure Selbstüberhebung glaubt er abgesichert durch die Freiheitsphilosophie des deutschen Idealismus. Die radikale Emanzipation des Menschen aus jeder Bindung an ein Objekt, wie sie zum Beispiel Johann Gottlieb Fichte vornahm, sollte aber das Vermögen aller Menschen zu freiem Handeln begründen. Die Begriffe und Lehrsätze des deutschen Idealismus führt er nur im Munde, um der Diktatur der Jugend eine höhere Weihe zu geben.

Mephisto nimmt die Grobheiten gelassen hin, weiß er doch mit Sicherheit, dass auch junge Leute einmal alt werden.

(II,2) »Laboratorium« (6819–7004)

Während in Fausts Studierzimmer alles im Stillstand verharrt, arbeitet Wagner im benachbarten Laboratorium, das »im Sinne des Mittelalters« mit »weitläufige[n] unbehülfliche[n] Apparate[n], zu phantastischen Zwecken« (Szenenanweisung vor 6819) ausgestattet ist, seit langem an einem »herrlich[en] Werk« (6834). Weil er die Natur aufs Tiefste verachtet, hat er sich, seiner Verwegenheit wohl bewusst, zum Ziel gesetzt, der Natur das »Geheimnis« (6876) der Zeugung menschlichen Lebens abzuringen und selbst auf synthetischem Wege einen Menschen zu machen (6835). An die Stelle der Natur mit ihren geistlosen Zufällen soll in der Hervorbringung des Menschen der Geist des Menschen selbst treten:

> »Wenn sich das Tier noch weiter dran ergetzt, / So muß der Mensch mit seinen großen Gaben / Doch künftig reinern, höhern Ursprung haben.« (6845–6847) »Und so ein Hirn, das trefflich denken soll, / Wird künftig auch ein Denker machen.« (6869 f.)

Nichts Geringeres ist geplant als die Ersetzung der Natur durch den Geist des Menschen, ein »großer Vorsatz«, der »im Anfang toll« (6867) erscheinen mag. Er geht in seiner Tragweite weit über die Erzeugung eines Homunculus [Menschlein] in der Alchemie hinaus, wie sie etwa Paracelsus (1493–1541) beschreibt. Nach Paracelsus sollte männliches Sperma in einem verschlossenen Gefäß vierzig Tage lang in feuchter Wärme in Fäulnis versetzt und dann vierzig Wochen mit Menschenblut genährt werden. Das außerhalb des Mutterleibs geborene Kind könnte anschließend zu einem vollwertigen Menschen heranwachsen, der zwar viel kleiner wäre als normale Menschen, dafür aber über ein diesen nicht zugängliches Wissen verfügen würde. Das Wagner'sche Vorhaben ist auch nicht vergleichbar mit der ersten synthetischen Herstellung von Harnstoff (1828) durch Friedrich Wöhler (1800–1882), von der Goethe Kenntnis hatte. Hier wird vom Menschen in die Natur eingegriffen. Wagner dagegen will sich von der Natur gänzlich unabhängig machen.

Am Beginn der Szene hört Wagner ebenfalls den »gellenden, durchdringenden Ton« der Glocke. Wenig später betritt Mephisto selbst das Labor. Die letzte Phase des Experiments ist eingeläutet. Ein »helles weißes Licht« (6828) im Innern der »Phiole« (6824) zeigt an, dass sich das Schicksal des »großen Werkes« in Kürze entscheiden wird. Wagner verfolgt die Vorgänge mit gespannter Aufmerksamkeit. Was sich da in der Glasflasche abspielt, wird freilich nur sehr vage mitgeteilt. Von »viel hundert Stoffen« (6849), die gemischt, in einem Glasgefäß luftdicht

Wilhelm von Kaulbach (↗ S. 45): Laboratorium (um 1841, Zeichnung [als Stich von X. Steifensand], 8 x 10,8 cm)

verschlossen und mehrfach destilliert wurden, ist die Rede. Es wird geschildert, wie die »Masse« (6855) sich klärt, um zu »kristallisieren« (6860), wie sie »steigt« und »blitzt« (6865). Schließlich beginnt das Glas »von lieblicher Gewalt« (6871) zu erklingen. »Entzückt« (Szenenanweisung nach 6870) sieht Wagner »in zierlicher Gestalt / Ein artig Männlein sich gebärden« (6873 f.). Das Glücken des »großen Werkes« scheint gewiss. Doch in Wahrheit ist das erstrebte Ziel nicht erreicht worden. Ein ›Denker‹ hat wiederum nur ein rein geistiges Wesen hervorgebracht, aber keinen Menschen aus Fleisch und Blut. Die Natur hat sich nicht durch den Geist des Menschen ersetzen lassen. In einer anderen Hinsicht aber ist das Experiment von Erfolg gekrönt. Der von Wagner geschaffene Homunculus, der in das Glas eingesperrt ist und nur einen Schein von Körperlichkeit hat, erweist sich als Geist von höchster Potenz. Er besitzt einen ungeheuren Scharfsinn und eine gewaltige Speicherkapazität für Daten. Kaum ist er entstanden, möchte er mit diesen außergewöhnlichen geistigen Fähigkeiten »auch tätig

Etienne Desrocher, Kupferstich (1713) nach Antonio Allegri, genannt Correggio (*1484 oder 1494 Correggio, †1543 ebd.): Leda mit dem Schwan (nach 1530, Leinwand, 152 x 191 cm). Stich in G.s Kunstsammlungen

sein« (6888). Mephisto, als »Herr Vetter« [Pate] (6885) um Hilfe gebeten, verweist den Tatendurstigen an den im Nebengelass liegenden Faust.

Homunculus, in seinem Glas über Faust schwebend, durchdringt mit den Strahlen seines Geists den Körper des Bewusstlosen und stößt auf einen »ahnungsvolle[n] Traum« (6933). Faust träumt die Zeugung der Helena. Der badenden Königin Leda nähert sich »der Schwäne Fürsten« (6916) Zeus und schmiegt sich »zudringlich-zahm« (6917) an ihr Knie. Der Liebesakt selbst ist nicht zu sehen. Ein Dunst steigt empor und bedeckt zuvor die »lieblichste von allen Szenen« (6920). Der scharfblickende Geist des Homunculus weiß den Traum auch zu deuten. Faust dürfe hier im »Norden« (6923), im »Wust von Rittertum und Pfäfferei« (6925), nicht mehr erwachen. Es würde seinen Tod bedeuten. Er verzehre sich in der Sehnsucht nach »nackte[n] Schönen« (6932) und müsse, um zu »genesen« (6967), ohne Säumen in den Süden nach Griechenland gebracht werden. Eine gute Gelegenheit für die Reise biete sich in der »klassische[n] Walpurgisnacht« (6941), die in Thessalien, wo in der »Ebne« (6954) der Peneios fließt und »oben« (6955) Pharsalos liegt, »jetzt eben« (6940) wieder stattfinde.

Mephisto kennt Pharsalos als Ort der Entscheidungsschlacht zwischen Caesar und Pompeius und möchte dort nicht hin, weil ihn jene stets von vorn beginnenden »Streite / Von Tyrannei und Sklaverei« (6956f.) langweilen. Überhaupt hat er vom »Griechenvolk« (6972) keine gute Meinung; denn »es taugte nie recht viel« (6972). Erst die Aussicht auf die berühmten »thessalischen Hexen« (6977) lässt ihn »lüstern« (Szenenanweisung vor 6979) in die Reise einwilligen. Homunculus übernimmt die Führung. Er wird Mephisto und dem ohnmächtigen Faust, denen wieder der Zaubermantel als Reisemittel dient, den Weg weisen. Aus den Abschiedsworten an seinen geistigen Vater Wagner, der zu Hause bleiben muss, erfahren wir erstmals, was er in Griechenland für sich selbst zu erreichen gedenkt – was damit gemeint ist, bleibt jedoch vorerst im Dunkeln:

> »Indessen ich ein Stückchen Welt durchwandre, / Entdeck ich wohl das Tüpfchen auf das i. / Dann ist der große Zweck erreicht; [...].« (6993 bis 6995)

(II,3 – II,7) »Klassische Walpurgisnacht« (7005 – 8487)

Die »klassische Walpurgisnacht« als Fest von Gestalten der griechischen Mythologie, das jährlich am Jahrestag der Schlacht bei Pharsalos gefeiert wird, ist eine Erfindung Goethes. Der Titel bezeichnet eine Analogie zum Fest auf dem Brocken in *Faust I* und gleichzeitig einen scharfen Gegensatz in Inhalt und Ablauf. In einem Schema von Ende 1826 (Plp. 86 H/99 WA) lautete er noch »Antike Walpurgisnacht«.

Das Geschehen spielt in Thessalien an drei weiträumigen Schauplätzen: »Pharsalische Felder«, »Peneios« und »Felsbuchten des Ägäischen Meers«. Diese Schauplätze werden in der Reinschrift H durch Zwischenbemerkungen kenntlich gemacht. Es fehlen jedoch grafische Markierungen, die mit dem Schauplatzwechsel eine Aufteilung in einzelne Szenen verbinden.

Erich Schmidt hat in Band 15 der Jubiläumsausgabe (Stuttgart: Cotta 1888), gestützt auf die Szenenanweisung vor 7495 »SIRENEN *Am obern Peneios wie zuvor*«, erstmals beim Schauplatz »Peneios« Unter- und Oberlauf des Flusses unterschieden und eine Aufteilung in fünf selbstständige Szenen vorgenommen. Diese Aufteilung wurde von weiteren Herausgebern übernommen. Auch wenn ihr heute allgemein gefolgt wird, sollte nicht vergessen werden, dass Goethe wohl eher an eine Groß-Szene mit gleitenden Übergängen gedacht hat.

In der »klassischen Walpurgisnacht« versammelt sich »hellenischer Sage Legion« (7028). Tatsächlich erscheinen auf der Szene »fabelhaft[e] Gebild[e]« (7030) in kaum überschaubarer Fülle. Das mythologische Personal reicht von Tieren, Tierzwittern, Menschtieren und zwischen Mensch- und Tiergestalt wechselnden Lebewesen über menschengestaltige Nymphen, Tritonen, Telchinen und die Meeresgottheiten Nereus und Proteus bis hin zur schönsten Nymphe, der Galatea, die sogar die Liebesgöttin Venus vertreten darf. Eingefügt sind auch zwei Menschen, die Naturphilosophen Thales und Anaxagoras.

Die »klassische Walpurgisnacht« ist ein »Fabelreich« (7055), ein Reich der Kunst auf griechischem Boden. Die Distanz zur prosaischen Wirklichkeit wird unterstrichen durch opernhafte Züge, die in der Groß-Szene unübersehbar angelegt sind. Dass Verse gesungen werden sollen, muss freilich in den meisten Fällen erst aus dem Text erschlossen werden. Nur einmal ist das in einer Szenenanweisung (vor 8034) ausdrücklich festgelegt. Goethe dachte sich ohne Zweifel vor allem das Ende der Szene als Oper. Doch geizte er mit eindeutigen Festlegungen. Offenbar wollte er einem Komponisten, den er sich für *Faust* wünschte, freie Hand lassen.

Die drei »Luftfahrer« (Szenenanweisung vor 7040) landen gemeinsam im »Fabelreich« der griechischen Mythologie. Dann trennen sie sich. Jeder soll »sein eigen Abenteuer [versuchen]« (7065). Auf ein Leucht- und Tonsignal des Homunculus hin will man sich später »wieder [...] vereinen« (7066). Anfangs kreuzen sich noch die Wege. Schließlich verliert man sich ganz aus den Augen. Jeder findet »zu seinem Elemente« (6943). Die vereinbarte Zusammenkunft am Ende muss ausfallen.

(II,3) »Pharsalische Felder« (7005–7079)

Die »klassische Walpurgisnacht« wird eröffnet durch Erichtho, der aus den *Pharsalia* von Marcus Annaeus Lucanus (39–65) bekannten thessalischen Zauberin. Lucanus beschreibt in seinem Epos über den Bürgerkrieg zwischen Caesar und Pompeius ausschweifend das Schrecken erregende Äußere der Hexe und ihre abscheulichen Taten, um dann ausführlich zu erzählen, wie sie am Vorabend der Entscheidungsschlacht dem Sohn des Pompeius durch den Mund einer wieder belebten Leiche den Ausgang des Kampfes voraussagte.

Erichtho, nicht »so abscheulich« (7007) wie bei dem römischen Dichter, redet im jambischen Trimeter, dem Versmaß der griechischen Tragödie, von einem »Nachgesicht« (7011), das sie, »wie öfter schon« (7005), heimsucht. Sie sieht die nächtliche Szenerie vor der entscheidenden Schlacht zwischen Caesar und Pompeius, die sie einst im Jahre 48 v. Chr. als Zeugin miterlebt hat. Das reale, aber längst vergangene Ereignis wird ihr gespenstisch gegenwärtig, weil sich solche Machtkämpfe schon so oft wiederholt haben und »sich immerfort / Ins Ewige wiederholen« (7012 f.) werden.

Um die Zelte der Soldaten und die Wachfeuer, die sich auf der weitläufigen Ebene bei Pharsalos ausbreiten, versammeln sich aber auch Wesen von einer ganz anderen Qualität als die Schemen einstigen realen Seins:

> »Wachfeuer glühen, rote Flammen spendende; / Der Boden haucht vergoßnen Blutes Widerschein, / Und angelockt von seltnem Wunderglanz der Nacht, / Versammelt sich hellenischer Sage Legion. / Um alle Feuer schwankt unsicher oder sitzt / Behaglich alter Tage fabelhaft Gebild. –« (7025–7030)

Als der Mond aufgeht und mit seinem »milden Glanz« (7032) die Ebene erhellt, muss das »Nachgesicht der sorg- und grauenvollsten Nacht« (7011) verschwinden. Die gespenstisch vergegenwärtigte Geschichte versinkt wieder in die Vergangenheit. Auch Erichtho tritt ab, als sie in dem »körperlichen Ball« (7035), der sich von oben nähert, »Leben« (7036) wittert, denn sie will »Lebendigem« nicht »schädlich« (7037) sein. Auf dem Schauplatz bleiben die von Menschen einst in der Antike auf griechischem Boden geschaffenen Gestalten der Mythologie zurück.

Die drei »Luftfahrer« landen im »Fabelreich« der »hellenische[n] Sage«. Griechischen Boden berührend, fühlt sich der »Schläfer« Faust gleich von einem »frisch[en]« »Geiste« (7076) durchdrungen. Er erwacht und fragt nach Helena. Nachdem man übereingekommen ist, dass jeder »sein eigen Abenteuer« wagt, geht er im »Labyrinth der Flammen« (7079) sofort auf die Suche.

(II,4) [Am obern Peneios] (7080–7248)

Auch Mephisto macht sich auf den Weg durch »diese Feuerchen« (7080). Da er nicht wie Faust ein klares Ziel hat, spürt er einfach umher.

Max Slevogt (*1868 Landshut, †1932 Neukastel, Pfalz): Am obern Peneios (um 1925, Lithographie, 18,2 x 25,6 cm)

Was er vorfindet, sind Ungeheuer des archaischen vorhomerischen Mythos: Greife [Löwenadler], Ameisen »von der kolossalen Art« (Szenenanweisung vor 7104), Arimaspen [Goldschätze raubende Einäugige], Sphinxe [Löwenjungfrauen], Sirenen [Vogeljungfrauen], Stymphaliden [Vogelungeheuer], Lamien [Vampire] und Köpfe der Lernäischen Schlange.

In dem Bestreben, eine ›positive‹ kirchlich gebundene Religiosität wieder zu Ansehen und Geltung zu bringen, lenkten nach 1805 Männer wie Joseph Görres (1776–1848), Johann Arnold Kanne (1773–1824), Friedrich Creuzer (1771–1858) und Friedrich Schlegel (1772–1829) das Interesse auf Mythen einer möglichst fernen Vergangenheit, weil sie darin das Bewusstsein der göttlichen Urzeit am wenigsten verfälscht aufbewahrt glaubten. Sie verschoben die Aufmerksamkeit von der klassischen Mythologie der Griechen, die bisher im Zentrum gestanden war, auf die archaische Vorzeit und noch weiter zurück auf das orientalische Altertum. So bemerkte Friedrich Schlegel in seiner Abhandlung *Über die Sprache und Weisheit der Indier* (1808):

>»Und wenn eine zu einseitige und bloß spielende Beschäftigung mit den Griechen den Geist in den letzten Jahrhunderten zu sehr von dem alten Ernst oder gar von der Quelle der höhern Wahrheit entfernt hat, so dürfte diese ganz neue Kenntniß und Anschauung des orientalischen Alterthums, je tiefer wir eindringen, um so mehr zu der Erkenntniß des Göttlichen und zu jener Kraft der Gesinnungen wieder zurückführen, die aller Kunst und allem Wissen erst Licht und Leben giebt.«[74]

Goethe sah hinter den geschäftigen Bemühungen um die ägyptische und indische »Vorzeit« einen »ganz wahnsinnigen, protestantisch-catholischen, poetisch-christlichen Obscurantismus« am Werk, der das heitere klassische Altertum »wieder mit frischen Nebeln einer vorsätzlichen Barbarey überziehen möchte«.[75] Schon die Bevorzugung der archaischen gegenüber der klassischen Mythologie der Griechen durch Creuzer, der immerhin die Tradition einer aufklärerischen Mythologie noch nicht völlig aufgegeben hatte, konnte er nicht nachvollziehen. Nach der Lektüre von Creuzers Briefwechsel mit Gottfried Hermann (1818 erschienen unter dem Titel *Über Homer und Hesiodus vorzüglich über die Theogonie*), schrieb er dem Autor am 1. Oktober 1817:

>»Sie haben mich genöthigt in eine Region hineinzuschauen, vor der ich mich sonst ängstlich zu hüten pflege. Wir andern Nachpoeten müssen unserer Altvordern, Homers, Hesiods u. a. m. Verlassenschaft als urkanonische Bücher verehren; […]. Einen alten Volksglauben setzen wir gern voraus, doch ist uns die reine charakteristische Personification ohne Hinterhalt und Allegorie Alles werth; was nachher die Priester aus dem Dunklen, die Philosophen in's Helle gethan, dürfen wir nicht beachten. So lautet unser Glaubensbekenntniß. Gehts nun aber gar noch weiter, und deutet man uns aus dem hellenischen Gott-Menschenkreise nach allen Regionen der Erde, um das Ähnliche dort aufzuweisen, in Worten und Bildern, hier die Frost-Riesen, dort die Feuer-Brahmen; so wird uns gar zu weh, und wir flüchten wieder nach Ionien, wo dämonische liebende Quellgötter sich begatten und den Homer erzeugen.« (WA B 28, 266 f.)

Goethe zeigt sich offen für sachliche Ergebnisse der romantischen Mythenforschung, wenn er archaische Ungeheuer vorführt, die ihm eigentlich nicht gefallen. Eine Urzeit als das einzig Wahre heraufzubeschwören liegt ihm jedoch völlig fern. Das macht schon die saloppe Sprache deutlich, in der sich die Ungeheuer vorstellen. Goethe billigt ihnen einen historischen Wert zu. Sie würden auf eine »wichtige Vorwelt« hindeuten, die dem »gebildeten Zeitalter« (Plp. 89 H/WA 15/2, 48) vorausgeht.

In der Begegnung mit den archaischen Gestalten, die fast alle »nackt« (7082) sind, erweist sich Mephisto als Repräsentant des Christentums, als amoralisch-moralischer christlicher Teufel, dem die unreflektierte Natürlichkeit der Antike ein Greuel ist. Es hilft ihm nichts, sich als »Old Iniquity« (7123) zu verrätseln. Die Sphinx, die ihn aufgefordert hat, seinen Namen zu nennen, dürfte die Gestalt des »Alten Lasters« aus den englischen Moralitätendramen des 16. Jahrhunderts kaum kennen; doch zeigt ihr eigenes Rätsel, dass sie Bescheid weiß. Mephisto wird als Erfindung des christlichen Zeitalters erkannt und damit als Fremdkörper, der nicht hierher gehört.

Mephisto findet »das Antike« (7087) schlechtweg »widrig« (7090). Faust, der, nach Helena suchend, ebenfalls auf die Ungeheuer der vorhomerischen Mythologie stößt, erkennt dagegen selbst im »Widerwartigen große, tüchtige Züge« (7182). Der frühe Mythos zeigt schon Größe, reicht aber an das »gebildete Zeitalter«, in das Helena eintritt, nicht heran. Die Sphinxe können deshalb über Helena keine Auskunft geben. Sie verweisen Faust an den »hohen Chiron« (7212), der in dieser »Geisternacht« (7200) herumsprengt.

(II,5) [Am untern Peneios] (7249 – 7494)

Faust steht am Ufer des Peneios, der die pharsalische Ebene und das Tempe-Tal durchfließt, und sieht die schon geträumten Bilder von der Liebesbegegnung der Königin Leda mit dem Schwanenfürsten Zeus. Die »unvergleichlichen Gestalten« (7272) sind wieder Projektionen aus seinem Innern. Es ist das eigene »Auge«, das sie hinaus in die Wirklichkeit »schickt« (7273).

Als sich die Liebes-Szene ihrem Höhepunkt nähert, trabt der Kentaur Chiron heran. Der Arzt und »edle Pädagog« (7337), der mit allen Halbgöttern [Heroen] Umgang hatte, »die des Dichters Welt erbauten« (7340), lässt Faust aufsitzen, weil er nicht rasten darf, und steht im Dahintraben dem Wissbegierigen bereitwillig Rede und Antwort. Fausts Frage an den Pferdmenschen Chiron, welchen »unter den heroischen Gestalten« er »für den Tüchtigsten gehalten« (7363 f.), führt das Gespräch über die Dioskuren, die Boreaden, Iason, Orpheus und Lynkeus auf Herkules, den »schönsten Mann« (7397). Nichts liegt nun näher als die Frage nach der »schönsten Frau« (7398). Chiron kann auch hier Auskunft geben. Er habe Helena einst auf seinem Rücken durch die »Sümpfe bei Eleusis« (7420) getragen, nachdem sie von ihren Brüdern Kastor und Pollux aus den Händen des Entführers Theseus befreit worden war. Faust sieht in Helena offenbar immer noch ein reales menschliches Wesen, für das eine natürliche Chronologie von Belang ist; denn bildungsbeflissen gibt er zu bedenken, Helena sei damals erst »zehen Jahr« (7426) gewesen. Der Einwurf wird zum Anlass für eine Grundsatzlektion über das Wesen von Dichtung:

> »Ganz eigen ist's mit mythologischer Frau, / Der Dichter bringt sie, wie er's braucht, zur Schau, / Nie wird sie mündig, wird nicht alt, / Stets appetitlicher Gestalt, / Wird jung entführt, im Alter noch umfreit; / Gnug, den Poeten bindet keine Zeit.« (7428 – 7433)

Faust fühlt sich in seinem Verlangen nach Helena jetzt selbst keiner Beschränkung mehr unterworfen. Dass er nur als »Dichter« über Helena frei verfügen kann, will er offenbar nicht wahrhaben. Trotz der Belehrung durch Chiron scheint er weiter von der Möglichkeit überzeugt, Helena für sich ins reale Leben zurückzubringen:

> »Hat doch Achill auf Pherä sie gefunden, / Selbst außer aller Zeit. Welch seltnes Glück: / Errungen Liebe gegen das Geschick! / Und sollt i c h nicht, sehnsüchtigster Gewalt, / Ins Leben ziehn die einzigste Gestalt?« (7435 – 7439)

Würde Faust einen wirklichen Menschen begehren, könnte er als »entzückt« (7446) gelten. Da er sich in Liebe nach einer »mythologischen Frau« verzehrt, muss ihn Chiron für »verrückt« (7447) halten. Er bringt seinen Schützling zur wohltätigen Priesterin und Seherin Manto, damit sie ihn mit »Wurzelkräften« (7458) von Grund auf heile. Für Manto aber ist ein Faust, der sich Helena gewinnen will, kein Verrückter, sondern ein »Verwegner« (7489). Sie liebt den, »der Unmögliches begehrt« (7488). Ohne weitere Fragen geleitet sie Faust zu einem »dunkle[n] Gang«, der zu »Persephoneien« (7490) hinunter in die Unterwelt führt, wo sie an der Seite ihres Gatten Hades (Pluton) über die Schatten der Toten herrscht. Hier habe sie einst schon Orpheus eingeschmuggelt. Faust solle die Gelegenheit besser nutzen. Die Szene endet mit der Anweisung: »Sie steigen hinab.« (Szenenanweisung nach 7494)

Ursprünglich wollte Goethe in einer groß angelegten Hades-Szene noch vorführen, wie Faust und Manto unter mancherlei Gefahren zur Herrscherin der Unterwelt vordringen und wie Manto als Fausts Fürsprecherin dort um die Freigabe Helenas bittet. Die Inhaltserzählung vom 17. Dezember 1826 (Plp. 73 H/123 WA) führte den Gang in die

Hans Wildermann (*1884 Köln, †1954 ebd.): Faust bei Manto (1919, Holzschnitt [Folge zu *Faust I* und *II* in 49 Folioblättern])

Unterwelt, der den Weg zu Helena beschließt, in vielen Einzelheiten aus. Noch in einem Schema vom 6. Februar 1830 (Plp. 88 H/125 WA) wurde der zweite Akt durch den Abstieg und die Losbittung Helenas abgeschlossen. Nachdem das Homunculus-Abenteuer in den »Felsbuchten des Ägäischen Meers« an die herausgehobene Endstellung gerückt war, verzeichnete ein Schema vom 18. Juni 1830 (Plp. 91 H/157 WA) die Hades-Szene noch als »Prolog des dritten Akts«. Warum Goethe schließlich ganz auf die Szene verzichtete, muss offen bleiben.

(II,6) [Am obern Peneios wie zuvor] (7495–8033)

In der Flusslandschaft des Peneios kündigt sich eine gewaltsame Veränderung an. Als es noch ganz friedlich schien, spürte der Flussgott schon »ein grauslich Wittern, / Heimlich allbewegend Zittern« (7254f.). Jetzt sind die Erdstöße allen vernehmbar. Badende Sirenen fordern zur Flucht an das Ägäische Meer auf. »Jeder Kluge« (7517) werde »freibewegtes Leben« (7515) eines »seeisch heitern Feste[s]« (7510) dem »ängstlich Erdbeben« (7516) vorziehen. Die Sphinxe empfinden das Erdbeben ebenfalls als widerwärtige Störung. Aber während die anderen fliehen, bleiben sie als Zeugen an Ort und Stelle.

Seismos, jener »Alte« (7532), der schon die Insel Delos aus den Fluten emportrieb, schiebt sich aus der »Tiefe brummend und polternd« (Szenenanweisung vor 7519) mit Kraft »nach oben« (7521) und wölbt, »des Tales ruhige Decke« (7543) zerreißend, einen Berg auf, dem »alles weichen muß« (7522). Nach vollbrachter Tat preist er sich selbst als alleinigen Schöpfer aller Gebirge, der immer neuem Leben den Weg bereitet:

> »Jetzt so, mit ungeheurem Streben, / Drang aus dem Abgrund ich herauf / Und fordre laut, zu neuem Leben, / Mir fröhliche Bewohner auf.« (7570 bis 7573)

Der Aufforderung wird sogleich Folge geleistet. Die Greife haben das Gold, das durch die Bergentstehung freigelegt wurde, mit ihren Adleraugen sofort erspäht und fordern die Ameisen auf, es unverzüglich einzusammeln. Angeblich wollen sie das Gold nur hüten; in Wahrheit möchten sie die alleinigen Besitzer sein. Als die eigentlichen Herren des neuen Bergs etablieren sich aber die musterhaft organisierten Pygmäen [›Fäustlinge‹ – Zwergenvolk]. Die Ameisen und die noch kleineren Daktylen [›Däumlinge‹ – kunstfertige Zwerge] werden unterjocht und zur Arbeit gezwungen. Sie müssen auf Befehl der Pygmäen-Ältesten Waffen für das »Heer« (7633) produzieren. Mit diesen Waffen fallen die Pygmäen unter Führung eines »Generalissimus« sofort über die an einem »Weiher« (7646) nistenden, »hochmütig brüstenden« (7649) Reiher her, morden sie und rauben ihnen ihre »edle Zierde« (7667), den Federschmuck. Die Beraubung und Vernichtung der Reiher hat Folgen. Die Ameisen und Daktylen, die sich schon von ihren »Ketten« (7656) losreißen wollten, müssen sich weiter der Unterdrückung durch die Pygmäen beugen. Die »Kraniche des Ibykus« aber, die Zeuge des Verbrechens an den nah verwandten Reihern wurden, schwören den »Fettbauch-Krummbein-Schelme[n]« (7669) »Ewige Feindschaft« (7675) und rufen alle Kraniche zur »Rache« (7672) auf. Nach dem Auftritt Mephistos werden die Kraniche in großer Zahl wiederkommen und ihrerseits mit »scharfen Schnäbeln, krallen Beinen« (7887) die Pygmäen niedermetzeln. Während sich die feindlichen Heere noch bekämpfen, wird ein Fels vom Mond auf den Berg fallen und, »ohne nachzufragen, / So Freund als Feind« (7940 f.) erschlagen.

Das tektonische Beben, das einen Berg aufwölbt, und die Folgeentwicklungen auf diesem Berg verweisen auf Gesellschaftliches. Es geht um das Phänomen des gewaltsamen politischen Umsturzes und dessen

Folgen. Schon im Fragment gebliebenen Roman *Die Reise der Söhne Megaprazons* von 1792 ist eine Revolution in das Bild eines geologischen Vorgangs gefasst: Ein Vulkan auf einer Insel bricht plötzlich aus und spaltet das vorher einheitliche Territorium in drei geographisch und sozial unterschiedliche Teile. Wir finden im Romanfragment ebenfalls den Krieg zwischen den Pygmäen und den Kranichen, der den Antagonismus zwischen den Emporkömmlingen des dritten Standes und dem Adel bezeichnet.

Für Goethe war ein Umsturz, wie er ihn in der Großen Französischen Revolution erlebt hatte und noch einmal in der Julirevolution von 1830 erleben sollte, niemals das geeignete Mittel, notwendige gesellschaftliche Veränderung herbeizuführen. Auch wenn er sehr wohl wusste, dass »irgendeine große Revolution nie Schuld des Volkes ist, sondern der Regierung«[76], auch wenn er der Französischen Revolution von 1789 zugestand, dass sie ein für Frankreich notwendiges Ereignis war und am Ende »wohltätige Folgen«[77] hatte, lehnte er dennoch Revolutionen grundsätzlich ab, weil sie durch die Zerstörung staatlicher Ordnung dem sonst gezügelten Besitz- und Machtstreben des Menschen die Möglichkeit hemmungsloser Entfaltung eröffneten. Insbesondere bei den unteren Klassen, die in Revolutionen für den Kampf auf der Straße immer als starker Arm gebraucht wurden, sah er Ansprüche auf eine Umverteilung des Eigentums und eine umfassende soziale Gleichheit geweckt, die mit dem angestrebten Ziel einer Leistungsgesellschaft nicht vereinbar waren. In Goethes Bild der Revolution, das nicht die Stationen eines realen historischen Ereignisses nachzeichnen, sondern ein Grundmuster erfassen will, steht deshalb die bedrohliche Freisetzung von »Selbstigkeit«[78] eindeutig im Vordergrund. Die »wohltätige[n] Folgen« werden weitgehend ausgeblendet. Die gewaltsame Veränderung der Erdoberfläche durch Seismos macht »Gold«, das sonst nicht zugänglich ist, hemmungsloser Besitzgier frei

Pygmäen im Kampfe mit Kranichen. Nach Wilhelm Zahn: Die schönsten Ornamente und merkwürdigsten Gemälde aus Pompeji […]. H. 2 [10 Hefte]. Berlin: G. Reimer 1828/29. Hefte in G.s Bibliothek

verfügbar und setzt dadurch einen Kreislauf von Gewalt und Gegengewalt in Gang, aus dem es kaum mehr ein Entrinnen gibt.

Nachdem sich die »Kraniche des Ibykus« in die Lüfte erhoben haben, um ihre Artgenossen zur Rache aufzurufen, betritt Mephisto den Schauplatz. Er kommt mit dem unsicheren Boden Thessaliens, wo sich plötzlich, wie eben jetzt, ein neuer Berg erheben kann, und den »fremden Geistern« (7677) immer noch nicht zurecht. Und schon wird er aufs Neue gefoppt und gedemütigt. Die Lamien, »lustfeine Dirnen« (7235), denen er schon beim ersten Auftritt begegnet ist, bieten sich dem »alten Sünder« (7701) zum »Naschen« (7694) an. Sobald er zugreift, wandeln sich die »hübsche[n] Frauenzimmer« (7730) in widerwärtiges Zeug, sodass ihm alle Lust vergeht. Im Gestein herumirrend, gerät Mephisto wider Erwarten an einen fremden Geist, der sich wohlwollend zeigt. Die Bergnymphe Oreas ruft ihn auf ihr »Gebirg« (7811), das unverändert »in ursprünglicher Gestalt« (7812) dasteht. Während er »schroffe Felsensteige« (7813) hinaufklettert, trifft er auf Homunculus.

Der »Kleingeselle« (7829) lässt zum ersten Mal in *Klassische Walpurgisnacht* wissen, was er in dieser »Geisternacht« für sich erreichen will. In *Laboratorium* ist es sein erster Wunsch gewesen, sofort »tätig [zu] sein« (6888). Jetzt möchte er »gern im besten Sinn entstehn« (7831). Er kann es nicht länger ertragen, in ein Glas eingeschlossen zu sein. Er will das Glas zerschlagen und nach draußen gelangen. In das bisher Gesehene freilich möchte er sich nicht hineinwagen. Von zwei »Philosophen« (7836), die über die Natur philosophieren und »doch das irdische Wesen kennen [müssen]« (7839), erhofft er sich Rat, wohin er sich »am allerklügsten wende[n]« (7841) sollte.

Die beiden Philosophen, die Thales und Anaxagoras heißen, aber die zeitgenössischen geologischen Theorien des »Neptunismus« und »Vulkanismus« vertreten, stehen in einem Streitgespräch über die Bildung der Erdoberfläche. Jeder trägt unbeirrt nur die eigene Position vor, ohne im Mindesten auf die des anderen einzugehen. Der ›Vulkanist‹ Anaxagoras nimmt die Bergaufwölbung durch Seismos, bei der von vulkanischen Kräften eigentlich nichts zu spüren war, als erneuten Beweis für seine Auffassung, dass die Erdoberfläche nicht aus dem »Schlamm« (7860) eines Urmeeres hervorgegangen sei, sondern stets durch »plutonisch grimmig Feuer« (7865), durch »Äolischer Dünste Knallkraft« (7866) gebildet werde. Der ›Neptunist‹ Thales spricht dagegen nur von der »Welle« (7853), vom »lebendige[n] Fließen« (7861) der Natur, das »jegliche Gestalt« bilde und »selbst im Großen« keine »Gewalt« (7863 f.) kenne.

Homunculus drängt sich zwischen die beiden Philosophen, findet aber mit seinem Wunsch »zu entstehn« (7858) zunächst keinerlei Beachtung. Anaxagoras versucht weiter, Thales von der Produktivität gewaltsamer Veränderungen zu überzeugen. Er rühmt das pralle tätige Leben, das sich auf dem neu entstandenen Berg entfaltet, und wendet sich plötzlich an Homunculus mit einem Angebot:

> »Nie hast du Großem nachgestrebt, / Einsiedlerisch-beschränkt gelebt; / Kannst du zur Herrschaft dich gewöhnen, / So laß ich dich als König krönen.« (7877–7880)

Thales, um seine Meinung gefragt, verweist auf die Entwicklung auf dem Berg, die sich jetzt umkehrt. Eine »schwarze Kranichwolke« (7884) nimmt blutige Rache am Volk der Pygmäen und würde auch den König bedrohen. Betrübt über »[s]eines Volkes Weh« (7904), ruft Anaxagoras den Mond zum Beistand auf. Doch welch Entsetzen erfasst ihn, als er den Mond selbst aus seiner Bahn treten und auf die Erde fallen sieht. Während er schon deren Ende gekommen glaubt, will Thales überhaupt nichts gesehen und gehört haben. Was wirklich geschehen ist, erfahren wir von Homunculus: Ein Meteor ist auf den Berg gefallen und hat die Kontrahenten, Pygmäen wie Kraniche, zu Tode gequetscht.

Homunculus hätte das Angebot des Anaxagoras, wäre nicht eine rasante Entwicklung seiner Entscheidung zuvorgekommen, vermutlich abgelehnt. Andrerseits kann er den umwälzenden Kräften seine Anerkennung nicht versagen, die

> »schöpferisch, in e i n e r Nacht, / Zugleich von unten und von oben, / Dies Berggebäu zustand gebracht« (7943–7945).

Thales dagegen verharrt in prinzipieller Verweigerung. Wenn er etwas wahrnimmt, dann nur das für ihn Erfreuliche: die Vernichtung der »garstige[n] Brut« (7947) der Pygmäen und die Bewahrung des Homunculus vor dem Untergang. Dass da tatsächlich ein Berg entstanden ist und dass dem Meteor auch die Kraniche zum Opfer gefallen sind, übersieht er. Am liebsten möchte er die ganze Entwicklung überhaupt nicht wahrhaben. Homunculus soll alles vergessen und mit ihm »zum heitern Meeresfeste« (7949) fortgehen.

Die Szene beschließt Mephisto. Nach langem Umherirren hat er in der »Fabelwelt« der »klassischen Walpurgisnacht« endlich Wesen gefunden, zu denen er mit Hochachtung und Entzücken aufblickt. Es sind die drei Phorkyaden, die zusammen nur einen Zahn und ein Auge besitzen, ein »Dreigetüm« (7975) von grandioser Hässlichkeit. »Versenkt in Einsamkeit und stillste Nacht« (8000), lebt es, »der Welt entrückt« (8002), weil seine Hässlichkeit jedes erträgliche Maß übersteigt. Selbst »auf den Schwellen / Der grauenvollsten unsrer Höllen« (7976 f.) könnte es, wie Mephisto sagt, nicht geduldet werden. Er fühlt sich als »weitläufiger Verwandter« (7987) der Phorkyaden und möchte mit ihnen auf »kurze Zeit« (8018) die Gestalt teilen, was verständnisvoll gewährt wird. Das abgrundtief Hässliche erweist sich »in der Schönheit Land« (7978) als die Form, die dem christlichen Bösen gemäß ist. In der Phorkyas-Maske kann sich Mephisto, des »Chaos vielgeliebter Sohn« (8027), auf Zeit in eine antike Kunstgestalt verwandeln und gleichzeitig sein modernes christliches Wesen bewahren.

(II,7) »Felsbuchten des Ägäischen Meers« (8034 – 8487)

Im Gegensatz zur Welt des Seismos, wo es sich »wechselnd [be]wegt und regt, / Sich vertreibt und totschlägt, / Saaten und Städte niederlegt« (8374 – 8376), herrschen am Ägäischen Meer, in das der Peneios mündet, Eintracht und Frieden. Die »klassische Walpurgisnacht« erreicht am letzten Schauplatz ihren Höhepunkt. Der Mond bezeichnet, »im Zenit verharrend« (Szenenanweisung vor 8034), das Außerordentliche der Stunde. Gefeiert wird ein einzigartiges »Meeresfest«, das ein Fest der Liebe ist.

Auf dem Meer entfaltet sich in Ufernähe, Kreise ziehend, ein grandioser Festzug. Nereiden, freundliche Meernymphen, Töchter des Meergottes Nereus und der Doris, und die männlichen Tritonen führen ihn an. Auf ihren Händen tragen sie die »Kabiren« (8178), »Götter« (8172), die sie zum Heil des Fests eben von der Insel Samothrake geholt haben:

> »Wir bringen die Kabiren, / Ein friedlich Fest zu führen; / Denn wo sie heilig walten, / Neptun wird freundlich schalten.« (8178 – 8181)

Auf Seepferden und Meerdrachen folgen die Telchinen von der Insel Rhodos, kunstfertige Meerdämonen, die »den Dreizack Neptunen geschmiedet [haben]« (8275). Auch sie tragen zum Frieden des Fests bei; denn sie verwahren den Dreizack, auf den Neptun heute verzichtet hat.

Mit den Psyllen und Marsen kündigt sich der Höhepunkt des Festzugs an: der Auftritt der Liebesgöttin. Auf der »Venus' Muschelwagen« (8144), den sie sonst in »Cyperns rauhen Höhlegrüften« (8359) verwahren, führen sie »Galatee« heran, »die Schönste« (8145), die »lieblichste Tochter« (8369) des Nereus, die, »seit sich Kypris [Aphrodite/Venus] von uns abgekehrt, / In Paphos wird als Göttin [der Liebe und Schön-

Domenico Cunego, Kupferstich (1771, 37,5 x 28,8 cm) nach Raffael (eigtl. Raffael[l]o Santi) (*1483 Urbino, †1520 Rom): Triumph der Galatea (1514, Fresko, Villa Farnesina, Rom). Stich in G.s Kunstsammlungen

heit] selbst verehrt« (8146 f.). Den »Muschelwagen« umkreisen ihre Schwestern, »rüstige Nereiden« (8383) und »zärtliche Doriden« (8385). Die Doriden, »sämtlich auf Delphinen« (Szenenanweisung vor 8391), führen aus Schiffbrüchen gerettete Jünglinge mit, die sie für immer als »liebe Gatten« (8393) besitzen möchten. Doch der Vater Nereus, der am Ufer steht, kann die Bitte nicht gewähren. Auch er selbst hat sich in Entsagung zu üben. Er darf die geliebte Tochter nur für einen Augenblick sehen; denn Galatee muss auf ihrem »Muschelwagen« ohne Verweilen vorüberziehn. Verbitterung kommt auf, doch die Freude über das Wiedersehen, auch wenn es nur kurz ist, gewinnt schnell die Oberhand.

Während sich auf dem Wasser der Festzug entfaltet, sucht am Ufer Homunculus, geführt von Thales, weiter nach einer Möglichkeit »zu entstehn«. Nereus, als erster um Rat gefragt, schickt die beiden weiter zu Proteus, weil er auf die Menschen, die seinen Rat immer wieder missachtet haben, nicht gut zu sprechen ist. Auch denkt er nur noch an das bevorstehende Wiedersehn mit seiner Lieblingstochter Galatee.

Der Meergott Proteus, ein »Wundermann« (8152), der ständig die Gestalt wechselt, zeigt Interesse am Schicksal des Homunculus; denn solch ein »leuchtend Zwerglein« (8245) hat er trotz seiner Weltläufigkeit noch niemals gesehen. Wie schon bei Nereus ist es Thales, der allein das Anliegen vorträgt. Homunculus selbst hat sich immer nur »zu entstehn« gewünscht. Thales spricht jetzt erstmals, sich auf Homunculus berufend, vom Wunsch der Verkörperlichung:

> »Es [das Zwerglein] fragt um Rat und möchte gern entstehn. / Er [Homunculus] ist, wie ich von ihm vernommen, / Gar wundersam nur halb zur Welt gekommen. / Ihm fehlt es nicht an geistigen Eigenschaften, / Doch gar zu sehr am greiflich Tüchtighaften. / Bis jetzt gibt ihm das Glas allein Gewicht, / Doch wär er gern zunächst verkörperlicht.« (8246–8252)

Proteus weiß sofort Rat. Er empfiehlt statt des »Erdetreibens«, das »immer doch nur Plackerei« (8313 f.) bleibe, als Lebensraum das ›weite Meer‹ (8260), den »Ozean« (8320), die »feuchte Weite« (8327); denn »dem Leben frommt die Welle besser« (8315).

Ob Homunculus wirklich die Verkörperlichung wünscht, wissen wir nicht, da er die Aussage des Thales weder bestätigt noch dementiert hat. Der »Kleingeselle«, der im *Laboratorium* so selbstbewusst und beredt aufgetreten ist, hält sich mit Reden auffallend zurück. Auch auf die Empfehlung des Proteus erwidert er nichts. Er stellt bloß fest, dass hier eine »weiche Luft« (8265) weht und ihm »der Duft [behagt]« (8266). Für Proteus freilich reicht das, sogleich zur Tat zu schreiten. Er führt die beiden auf eine schmale Landzunge und verwandelt sich in einen Delphin, um Homunculus »ins ewige Gewässer« (8316) zu tragen. Thales rät seinem Schützling dringend, zu diesem »seltnen Abenteuer« (8483) bereit zu sein. Er müsse im Wasser die Schöpfung von vorn beginnen und sich »nach ewigen Normen / Durch tausend, abertausend Formen« (8324 f.) regen, um am Ende ein Mensch, ein »wackrer Mann zu seiner Zeit« (8334) zu werden. Proteus stimmt zwar mit dem Ziel nicht überein, weil er offenbar den Menschen so hoch nicht schätzt. Doch beide sind sie einer Meinung, dass im Element Wasser die besten Entwicklungsmöglichkeiten liegen. Wortlos besteigt Homunculus den »Proteus-Delphin« (Szenenanweisung nach 8326) und lässt sich auf das Meer hinaustragen.

Als Galatee auf dem »Muschelwagen« an ihrem Vater vorüberzieht, bricht Thales begeistert in Heilsrufe auf das Wasser als Element des

Lebens aus. Der »Chorus der sämtlichen Kreise« (Szenenanweisung vor 8444) stimmt in die hymnische Lobpreisung ein. In seinen letzten Worten, gesprochen auf dem Rücken des Delphins, bekennt auch Homunculus, dass er in »dieser holden Feuchte« (8458) »alles reizend schön« (8460) findet. Dann treibt ihn die Macht des »Eros« (8479) zum letzten entscheidenden Schritt. »Von Pulsen der Liebe gerührt« (8468), zerschlägt er das schützende Glas und ergießt sich ins Meer. Die Geistesflamme erlischt nicht zischend im Wasser, sondern erhellt weiter und weiter die Wellen, sodass »ringsum [...] alles vom Feuer umronnen« (8478) erscheint. Die Sirenen erkennen, dass hier eine Urkraft wirkt, die allein entgegengesetzte Elemente zu verbinden vermag: »So herrsche denn Eros, der alles begonnen!« (8479) Am Ende vereinen sich »All-Alle« (Szenenanweisung nach 8483), die am »Meeresfest« teilgenommen haben, zu einem großen hymnischen Chorgesang auf die vier Elemente.

Das ›Entstehn‹ des Homunculus ist von *Faust*-Interpreten zumeist als Verkörperlichung und Menschwerdung verstanden worden. Homunculus verdanke seine Existenz dem ›Vorsatz‹, auf künstliche Weise einen Menschen erzeugen zu wollen; das Experiment bleibe jedoch auf halbem Wege stecken. In *Klassische Walpurgisnacht* werde die Menschwerdung dann auf neue Weise in die Wege geleitet, als natürlicher Prozess, in dessen Verlauf Homunculus, im so genannten Urschleim beginnend, die Evolution der Natur bis hin zum Menschen nachvollziehe. Gegenstand der ›Entstehns‹-Geschichte des Homunculus seien mithin die Entstehung des Lebens und die Stammesgeschichte des Menschen. Goethe habe hier aus seiner Metamorphosen-Lehre und aus Vorgaben der zeitgenössischen Naturwissenschaft Vorstellungen eingebracht, die ihn als nennenswerten Vorläufer der Evolutionstheorie ausweisen würden.

Das ›Entstehn‹ im Element Wasser, das Thales und Proteus auf dem »Meeresfest« anbieten, ist zweifellos als ein biologischer Prozess beschrieben. Bevor Homunculus mit Thales zum »Meeresfest« abging, wurde er aber mit einer anderen Art des ›Entstehns‹ konfrontiert, die auf eine soziale Rolle hinauslief und mit Biologie überhaupt nichts zu tun hatte. Damit ist für das ›Entstehn‹ im Wasser eine rein biologische Sicht ausgeschlossen. Es gibt keinen Sinn, dem Homunculus die Funktion eines Herrschers anzubieten, wenn nur erreicht werden soll, aus einem »Geist« einen vollwertigen Menschen aus Fleisch und Blut zu machen. Wenn es Goethe nur darum gegangen wäre, seine Auffassung von den Bildungsvorgängen in der Natur darzulegen, hätte er dem

›Entstehn‹ im Wasser nicht das ›Entstehn‹ als König voranzustellen brauchen.

Die beiden Angebote ergeben nur eine sinnvolle Alternative, als die sie ohne Zweifel gedacht sind, wenn das ›Entstehn‹ des Homunculus in erster Linie als ein kultureller und sozialer Vorgang begriffen wird. Für den Naturwissenschaftler Wagner, der sich von der Natur unabhängig machen und auf künstliche Weise einen vollwertigen Menschen hervorbringen wollte, ist die Körperlosigkeit das zentrale Problem, nicht so für Homunculus. Niemals äußert er selbst das Verlangen, einen Körper zu haben. Homunculus fühlt sich als hochentwickelter »Geist« in seinem Glas genauso eingesperrt wie Faust zu Beginn in seinem Studierzimmer. Er möchte aus der Begrenzung auf das eigene Ich ausbrechen und seinen unbändigen Tätigkeitsdrang in das soziale Leben einbringen. Am meisten bewegt ihn die Frage, welcher Art sozialen Lebens er sich am besten zuwenden sollte.

Die »klassische Walpurgisnacht« als Ort geschichtlicher Erfahrung birgt zwei Angebote. Auf dem Berg des Seismos wird eine soziale Welt vorgeführt, die vom gewaltsamen Umsturz geprägt ist, aber auch imponierende Kräfte freisetzt. Es bleibt offen, wie sich Homunculus entscheidet, weil ihm die Entscheidung durch eine rasante Entwicklung abgenommen wird. Eines ist jedoch sicher. Hätte er das Angebot angenommen, König des Pygmäen-Volks zu werden, wäre er selbst in den tödlichen Kreislauf von Gewalt und Gegengewalt hineingerissen worden. Ein annehmbares Angebot zu entwerfen bereitete offenbar Schwierigkeiten. Die Verse 8347 bis 8487, die das »Meeresfest« beschließen, sind erst im Dezember 1830 hinzugefügt worden, nachdem die Groß-Szene schon im Juni 1830 als abgeschlossen gemeldet worden war. Goethe verweist in *Felsbuchten des Ägäischen Meers* auf eine Gegenwelt, die von Liebe, Schönheit und gewaltloser Entwicklung geprägt ist. Doch da gibt es nichts, was sich auf eine schon vorhandene soziale Wirklichkeit beziehen ließe. Um sich die erstrebte Gegenwelt als Wirkungsfeld zu erschaffen, muss Homunculus »die Schöpfung« »von vorn« (8322) anfangen. Er entschließt sich zu dem »seltnen Abenteuer« mit offenem Ausgang und übernimmt damit einen Auftrag, der einem jeden Menschen mit »Geist« gestellt ist. Die volle Menschwerdung des Homunculus erschöpft sich nicht in einem biologischen Prozess. Das hymnische Ende von *Klassische Walpurgisnacht*, das bemerkenswerte Parallelen zum Schluss des gesamten Werks aufweist, verbindet vollgültiges Menschsein mit der Verpflichtung, über die bestehende soziale Wirklichkeit, die eine Seismos-Welt ist, hinauszugehen.

Dritter Akt (8488–10038)

Aus der Stellungnahme des Künstlers zum sozialen Leben seiner Zeit und aus der Aneignung eines großen Kulturerbes der Menschheit erwächst ein neues Werk der Kunst. Anders als in der Szene *Rittersaal*, wo man auf eine Theateraufführung vorbereitet wurde, wird es ohne jede Überleitung und Erklärung einfach vorgeführt: Es ist der ganze dritte Akt, der im separaten Druck von 1827 durch den Titel *Helena, klassisch-romantische Phantasmagorie. Zwischenspiel zu ›Faust‹* noch als relativ selbstständiges Kunstwerk mit eigener Thematik gekennzeichnet war.

Der dritte Akt ist in gleicher Weise wie der »Raub der Helena« (6448) im ersten Akt innerhalb des *Faust II* ein Spiel im Spiel, ein »Stück«, das eine Kunstwirklichkeit vorstellt. Er endet deshalb mit der eindeutigen Szenenanweisung:

> »Der Vorhang fällt. Phorkyas im Proszenium richtet sich riesenhaft auf, tritt aber von den Kothurnen herunter, lehnt Maske und Schleier zurück und zeigt sich als Mephistopheles, um, insofern es nötig wäre, im Epilog das Stück zu kommentieren.« (nach 10038)

»Raub der Helena« ist ein ›leeres‹ Stück; das Stück, das im dritten Akt vorliegt, birgt dagegen einen einzigartigen Reichtum an Inhalten und Formen. Es zeigt die Entstehungsgeschichte einer die bürgerliche Umgestaltung beförderenden Kunst, deren spezifische Leistung und schließlich deren Grenzen, womit es schon über das Thema ›Kunst‹ hinausweist.

Faust, Herrscher über ein deutsches feudales Gemeinwesen auf dem Boden Griechenlands, nimmt die ihrer Lebensgrundlage beraubte Helena bei sich auf und schafft mit ihr die Idealwelt »Arkadien«, die sich am Ende nicht mehr selbst genügt und den Eintritt in das reale Leben anstrebt. Aus der Verbindung der »naiven« Kultur der griechischen Antike mit der »sentimentalen« Kultur eines »nordisch«-deutschen höfischen Mittelalters geht in der bürgerlichen Neuzeit eine neue klassische Kunst hervor, die sich bewusst als eine Kunst des Ideals versteht. Durch den Versuch, das Ideal in Realität zu überführen, wird das Reich der Kunst am Ende aufgelöst.

Eine kultur- und kunstgeschichtliche Entwicklung, die »volle dreitausend Jahre«, »vom Untergange Trojas bis auf die Zerstörung Missolunghis«[79], reicht, wird in eine überschaubare einheitliche Handlung an einem zweimal sich verwandelnden Ort zusammengedrängt. Das gelingt durch eine »phantasmagorische« Darstellungsweise:

»Das Merkwürdigste bey diesem Stück ist daß es ohne den Ort zu verändern gerade drey Tausendjahre spielt, die Einheit der Handlung und des Orts aufs genaueste beobachtet, die dritte [der Zeit] jedoch phantasmagorisch ablaufen läßt.«[80]

»Fantasmagorien« nannte der aus Lüttich stammende Physiker Etienne Gaspard Robertson (1763–1837) seine Schaustellungen, mit denen er erstmals 1797 in Paris das Unterhaltungsbedürfnis auf neuartige Weise befriedigte. In einem völlig verdunkelten Saal wurden durch Projektionsapparate, die hinter der Bühne versteckt waren, auf eine durchsichtige Leinwand Lichtbilder von teuflischen Spukgestalten geworfen. Dazu ertönten allerlei Furcht erregende Geräusche wie Kettengeklirr und das Klappern von Totengebein. Goethe wusste von diesen Unternehmungen und verband mit ihnen wie jeder Zeitgenosse die Vorstellung des Gespenstischen und Phantastischen. Wenn er eine Dichtung als »phantasmagorisch« bezeichnete, wollte er signalisieren, dass hier die Regeln der realen Welt außer Kraft gesetzt waren.

Der dritte Akt beginnt im Stil der griechischen Tragödie, greift die Traditionen des deutschen Minnesangs, der persischen Liebesdichtung sowie der europäischen Pastorale auf und endet als Oper. Er folgt der Kunst- und Literaturgeschichte, die er darstellt, auch im Einsatz der formalen Mittel, der literarischen Gattungen, der Vers- und Strophenformen, und wird damit zum stilistisch variabelsten Teil des *Faust II*.

(III,1) »Vor dem Palaste des Menelas zu Sparta« (8488–9126)

Helena stellt sich gemäß dem Vorbild des Euripides selbst vor in Versen, die dem jambischen Trimeter, dem Hauptvers des antiken griechischen Dramas, nachgestaltet sind. Sie steht, umgeben von einem Chor gefangener Trojanerinnen, vor dem Palast des Menelaos und lebt in dem Bewusstsein, dass sie nach dem Fall von Troja nach langer Abwesenheit wieder in ihre Heimat zurückgekehrt ist. Von Menelaos, der noch »am Strand des Meeres« (8542) seine Krieger mustert, nach Sparta vorausgeschickt, soll sie im königlichen Palast alle Vorkehrungen für seine Ankunft treffen und ein Opfer zu Ehren der Götter vorbereiten. Helena fühlt sich am Trojanischen Krieg, an »der Griechen lang erduldete[m] Mißgeschick« (8529) nicht Schuld. Dass sie mit ihrer »allbezwingenden Schöne« (8523) die Veranlassung gab, sieht sie als ein Verhängnis der Götter an, die »der Schöngestalt bedenkliche / Begleiter« (8532 f.) beigaben. Sie möchte alles, was sie seit ihrer Entführung durch Paris umstürmt hat, am liebsten vergessen, kann aber ein banges Gefühl nicht unterdrücken; denn noch weiß sie nicht, ob sie als Gattin und Königin heimkehrt oder als »ein Opfer für des Fürsten bittern Schmerz« (8528). Bedenklich findet sie auch, dass ihr der Gatte für das Opfer, das sie vorbereiten soll, nichts Lebendiges bezeichnet hat. Der Chor wischt alle Bedenken hinweg. Wem »das größte Glück« (8518), der »Schönheit Ruhm« (8519), beschert worden sei, der brauche sich keinen Ängsten hinzugeben, da vor dem »Schönste[n] der Erde« (8602) auch der »hartnäckigste Mann« (8522) kapitulieren werde. Helena wird ermuntert, den Palast, den ihre Vorfahren gebaut haben, in dem sie aufgewachsen ist und als Königin geherrscht und gelebt hat, erneut in Besitz zu nehmen.

Helena betritt den Palast und erscheint wenig später »heftigen Schrittes« (8641) wieder in der Tür. Im Gesicht kämpft Überraschung mit Abscheu und Zorn. Aus dem Bericht, den Helena erstattet, erfahren wir, dass aus dem Königshaus, in dessen Hallen sonst ein geschäftiges Leben herrschte, ein totes Gehäuse geworden ist. »Keine Magd«, »keine Schaffnerin« (8672) habe sie gebührend begrüßt und empfangen. Einzig ein »verhülltes großes Weib« (8676) sei beim erkalteten Herd am Boden gesessen. Auf den Befehl, an die Arbeit zu gehn, habe es mit einer Gebärde des rechten Arms geantwortet, als »wiese sie von Herd und Halle mich hinweg« (8683). Beim Versuch, in die oberen Gemächer zu entweichen, sei es aufgesprungen, um ihr gebieterisch den Weg zu verstellen. Das Weib sei so entsetzlich hässlich gewesen, dass sie habe fliehen müssen.

Mephisto, in der Gestalt der Phorkyas als alte »Schaffnerin« (8866) auftretend, die Menelaos einst von Kreta in die »Sklaverei« (8865) geführt hat, erscheint jetzt selbst »auf der Schwelle zwischen den Türpfosten« (Szenenanweisung nach 8696). Die jungen Mädchen des Chors nehmen das »Scheusal« (8736) wahr und erkennen eine »von Phorkys'/Töchtern« (8728 f.). Der Anblick des »Häßliche[n]« (8741) bereitet den »Schönheitliebenden« (8748) »unsäglichen Augenschmerz« (8746); doch müssen sie ihn als Sterbliche ertragen. Phorkyas wird dafür verflucht und mit »jeglicher Schelte« (8751) bedacht. Ihre Erwiderung beginnt in der Trimeter-Sprache der Helena, die hier parodistisch wirkt, mit einer Predigt über die Unvereinbarkeit von Schönheit und Moral, um dann ebenfalls in offene Schelte überzugehen. Die »des Hauses Schaffnerin« (8773) wie Betrunkene mit Hohn und Verachtung begegneten, seien selbst nur eine verdorbene »mannlustige«, »verführt verführende« »junge Brut« (8776 f.). Helena fordert als Herrin die streitende Dienerschaft zum Schweigen auf. Doch der Streit lebt wieder auf und mündet in eine stichomythische Schimpfkanonade, in der sich Chor und Phorkyas wechselseitig der Wiederkehr aus dem »Orkus« (8815) bezichtigen.

Das böse Wort von der »verführt verführende[n]«, die Kräfte der Krieger wie der Bürger aussaugenden »junge[n] Brut«, das scheinbar nur den »gefangene[n] Trojanerinnen« galt, war natürlich zuerst auf ihre Herrin gemünzt. Helena fühlt sich angesprochen durch den Streit, der »Schreckgestalten« (8835) der Vergangenheit aus der Unterwelt heraufbeschworen hat, und »selbst zum Orkus« (8836) hinabgerissen, »vaterländ'scher Flur zum Trutz« (8837). Sie ist sich trotz einer ungewissen Zukunft ihrer Unschuld sicher gewesen. Jetzt drängt sich das »Traum- und Schreckbild jener Städteverwüstenden« (8840) auf und weckt Zweifel an ihrer Identität: »War ich das alles? Bin ich's? Werd ich's künftig sein[…]?« (8839) Um Aufklärung gebeten, kann Phorkyas, die als »Ur-Urälteste« (8950) die wahren Zusammenhänge kennt, nunmehr offenbaren, dass Helena kein wirklicher Mensch des griechischen Altertums ist, sondern eine Kunstgestalt, und dass ihr die Rückkehr in das »Königshaus« deshalb verwehrt wird, weil es einer toten Vergangenheit angehört.

Phorkyas rekapituliert Helenas Leben, indem sie der Reihe nach die »Liebesbrünstige[n]« (8846) vorführt, die »zum kühnsten Wagstück jeder Art« (8847) entzündet wurden. Wider Erwarten endet die Aufzählung der Liebesverhältnisse aber nicht mit der Rückkehr nach Sparta. Helena soll sogar, wie gesagt werde, nach ihrem Tode noch mit Achilles, der ebenfalls aus dem »Schattenreich« (8876) heraufgestiegen sei, in Liebe zusammengelebt haben. Indem Phorkyas berichtet, was über Helenas Liebe zu Achilles gesagt wird, wechselt sie über ins »Fabelreich«. Helena folgt ihr dorthin, als wäre das selbstverständlich, bekennt sich zu dieser Liebe und erkennt sich als Kunstgestalt. Sie verliert das Bewusstsein, nämlich das falsche Bewusstsein, ein realer Mensch zu sein, und sinkt dem Chor in die Arme:

> »Ich als Idol ihm dem Idol verband ich mich. / Es war ein Traum, so sagen ja die Worte selbst. / Ich schwinde hin und werde selbst mir ein Idol.« (8879 bis 8881)

Helena erwacht aus der Ohnmacht und wirkt auf Phorkyas wie eine Sonne, die hinter Wolken hervortritt und »blendend nun im Glanze herrscht« (8910). Die eben noch die »Schönheit« als unmoralisch geschmäht hat, ist von der neu erstandenen »Schöne« (8917) so überwäl-

Josef Hegenbarth (*1884 Böhmisch-Kamnitz, †1964 Dresden): Phorkyas vor dem Chor der gefangenen Troerinnen (e. 1959/61, Zeichnung, 18 x 29,5 cm)

tigt, dass sie sie nur noch verehren kann. Als Kunstgestalt in ihrer eigentlichen »Großheit« (8917) erstanden, scheint Helena im ungefährdeten Vollbesitz ihrer Wirkungskraft. Doch da muss sie von Phorkyas erfahren, dass ihr Gatte sie opfern will. Phorkyas weiß auch den Grund. Wer wie Menelaos die »Schönheit« nicht mehr besitze, »zerstört sie lieber« (9061f.). Der Sinn dieser rätselhaften Begründung tritt erst zutage, nachdem Phorkyas Helena über die geschichtlichen Veränderungen aufgeklärt hat, die sich in ihrer Abwesenheit in Sparta und im »Reich umher« (8991) vollzogen haben.

Während Menelaos sträflich leichtfertig hinaus in die Welt gezogen sei, um »raubschiffend« (8985) Troja zu erobern, habe, nachdem so »viele Jahre« (8994) der Platz verlassen lag, aus dem hohen Norden kommend, »hinten still im Gebirgstal [...] ein kühn Geschlecht / Sich angesiedelt [...] / Und unersteiglich feste Burg sich aufgetürmt« (8999 bis 9001). Ein »munterer, kecker, wohlgebildeter, / Wie unter Griechen wenig', ein verständ'ger Mann« (9011f.) sei der »Herr« (9006).

Man schelte zwar »das Volk Barbaren« (9013); doch in Wahrheit würde sich wohl keiner dieses Volks so grausam »menschenfresserisch« (9015) erweisen wie gar mancher griechische Held vor Troja. Und sehenswert vor allem sei die Burg. Statt des »plumpe[n] Mauerwerk[s]« (9018), das die Griechen aufgewälzt, »rohen Stein sogleich / Auf rohe Steine stürzend« (9020 f.), finde man dort »alles senk- und waagerecht und regelhaft« (9022) und »innen großer Höfe Raumgelasse, rings / Von Baulichkeit umgeben« (9026 f.).

Die geschilderte Ansiedlung in der Nähe von Sparta ist ein deutsches feudales Gemeinwesen des Hochmittelalters, das einen realen historischen Hintergrund hat. Nachdem die Kreuzfahrer des 4. Kreuzzuges zusammen mit den Venezianern 1204 Byzanz erobert hatten, gründeten fränkische und normannische Ritter auf dem Peloponnes kleine Feudalstaaten. Das Gebiet des antiken Lakonien mit dem Hauptort Sparta kam dabei unter die Herrschaft des Herzogtums Achaia, das von Guillaume I. de Champagne 1205 geschaffen worden war. Sitz der Herzöge von Achaia war die in der Nähe Spartas erbaute Burg und Stadt Mistra, von der Goethe aus der Reiseliteratur Kenntnis hatte.

Im Land der Griechen ist »umgeändert alles, wo nicht gar zerstört« (8981). Die Völker des antiken Griechenlands sind längst von der Bühne abgetreten. Der Kunstgestalt Helena droht die Vernichtung, weil sie keine Heimstatt mehr hat, in der sie selbst bewahrt und gepflegt wird. Sie kann diesem Schicksal nur entgehen, wenn ein Volk, das im Vollbesitz seiner Lebenskräfte ist, sich bereit findet, sie bei sich aufzunehmen. Die Möglichkeit einer solchen »Rettung« (8953) eröffnet Phorkyas, indem sie auf »ein kühn Geschlecht« verweist, das sich in der Nähe von Sparta angesiedelt hat. Die Königin brauche nur »mit Ernst vernehmlich ja!« (9049) zu sagen und sogleich werde sie zusammen mit den Mädchen des Chors »mit jener Burg« (9050) umgeben sein. Helena zögert; denn sie weiß sehr wohl, dass die »Rettung« in die fremde mittelalterliche Burg mit einem Verlust verbunden ist. Ihre angestammte Eigenart wird sie im neuen Lebensbereich nicht voll bewahren können. Erst unter dem Eindruck unmittelbarer Bedrohung, als »Trompeten in der Ferne« (Szenenanweisung nach 9062) anzeigen, dass sich Menelaos der Stadt nähert, folgt sie, ohne das geforderte Ja auszusprechen, Phorkyas auf die Burg. Nebel steigt aus dem Fluss Eurotas auf und bedeckt die Szene. Bald senkt er sich wieder. Der Schauplatz hat sich auf wunderbare Weise verwandelt. »Schnell und sonder [ohne] Schritt« (9144) sind Helena und der Chor schon in der Burg angekommen.

(III,2) »Innerer Burghof« (9127–9573)

Die Schauplatzbezeichnung »Innerer Burghof, umgeben von reichen phantastischen Gebäuden des Mittelalters« nach Vers 9126 ist in der Reinschrift H grafisch nicht als Szenenüberschrift ausgewiesen, da nach Goethes Verständnis im dritten Akt keine Ortswechsel stattfinden, sondern nur Verwandlungen ein und desselben Orts im Verlauf der Geschichte. Es ist jedoch allgemein üblich, sie als Szenenüberschrift aufzufassen.

Helena ist sich im Innenhof der Burg für eine kurze Zeit selbst überlassen, weil es der Turmwächter Lynkeus versäumt hat, sie rechtzeitig anzumelden. Doch der würdige Empfang wird schnell nachgeholt. »Jünglingsknaben« (9157) steigen von Galerien über eine Treppe in den Burghof hinab und erbauen einen Thron mit Baldachin, auf dem Helena, »eingeladen« (9176), Platz nimmt. Nachdem »Knaben und Knappen in langem Zug herabgestiegen« sind, erscheint »oben an der Treppe« der Herr der Burg »in ritterlicher Hofkleidung des Mittelalters« und kommt »langsam würdig herunter« (Szenenanweisung nach 9181). Er macht einen überwältigenden Eindruck. Die Chorführerin, »ihn aufmerksam beschauend« (Szenenanweisung vor 9182), nimmt eine »wundernswürdige Gestalt, / Erhabnen Anstand, liebenswerte Gegenwart« (9183 f.) wahr. Diesem Mann, der »fürwahr gar vielen andern vorzuziehn« (9188) sei, werde alles gelingen, was er beginne, »sei's in Männerschlacht, / So auch im kleinen Kriege mit den schönsten Fraun« (9186 f.).

Faust wendet sich an Helena im Blankvers, dem klassischen Dramenvers der deutschen Dichtung. »Statt feierlichsten Grußes, wie sich ziemte, / Statt erfurchtsvollem Willkomm« (9192 f.) bringt er ihr gefesselt den Turmwächter Lynkeus dar, der das Versäumnis verschuldet hat, damit sie ihn richte. Er »läge schon im Blut / Verdienten Todes« (9210 f.), wenn nicht mit der »höchsten Frau« (9196) jetzt ein noch höheres Richtertum in der Burg gegeben wäre. Ihr als der »erhabne[n] Herrscherin« (9198) sei allein die »hohe Würde« (9213) vergönnt, zu bestrafen oder zu begnadigen.

In seiner Verteidigung, die in gereimten trochäischen Vierhebern gesprochen ist, bekennt Lynkeus in der Manier eines Minnesängers, immer noch leidenschaftlich erregt, wie er durch den Anblick Helenas völlig geblendet worden sei und darüber »des Wächters Pflichten« (9242) vergessen habe. Helena sieht betroffen ihre »Schönheit«, die schon im realen Leben die Welt verwirrt hat, in der Kunstgestalt betörend weiterwirken. Sie kann das »Übel« (9246), das sie unschuldig schuldig verursacht hat, nicht bestrafen. Lynkeus wird begnadigt und freigelassen.

Der von der »Schönheit« entsandte »Pfeil« (9260) hat nicht nur den Turmwächter Lynkeus verwundet. Erstaunt muss Faust bekennen, dass auch er von den »Pfeilen« (9261) der »Schönheit« getroffen ist. Schon ahnt er, wie sie überall in der Burg herumschwirren und selbst die »Getreusten« »rebellisch« (9265) machen, sodass am Ende sein ganzes Heer nur noch der »siegend unbesiegten Frau« (9267) gehorcht. Der Herr der Burg weiß keinen anderen Ausweg, als vor dieser Macht zu kapitulieren:

> »Was bleibt mir übrig, als mich selbst und alles, / Im Wahn das Meine, dir anheimzugeben? / Zu deinen Füßen laß mich, frei und treu, / Dich Herrin anerkennen, die sogleich / Auftretend sich Besitz und Thron erwarb.« (9268–9272)

Helena ist schon »alles eigen, was die Burg / Im Schoß verbirgt« (9335), als Lynkeus mit all seinen Schätzen zurückkehrt, weil er fortan nur noch der »Bahn« (9319) der »Schönheit« folgen will. Bisher sei das ganze Sinnen und Trachten gerichtet gewesen auf »Reichtum und Gewalt« (9323). »Ein lang' und breites Volksgewicht« (9283) habe sich, vom »Osten« (9281) kommend, in den »Westen« (9282) ergossen und auf seinem Wege kriegführend alles ausgeraubt. Er im Besonderen sei Gold und Edelsteinen auf der Spur gewesen und habe »so den allergrößten Schatz« (9313) zusammengerafft. Vor der »einzigen Gestalt« (9324) erweise sich nun alles, was er für »würdig, hoch und bar« (9327) gehalten, als »nichtig« (9328).

Fausts Welt, als deren Sprecher Lynkeus auftritt, öffnet sich, vom Hochmittelalter in die Renaissance hinüberspringend, der antiken griechischen Kunst und Kultur. Die ›Verwebung‹ der antiken Kunstschönheit in den Ritter des Mittelalters kann sich vollziehen. Schritt für Schritt gehen die beiden aufeinander zu. Zuerst wird die räumliche Distanz aufgehoben. Helena, die noch allein erhöht auf dem Thron sitzt, bittet Faust an ihre Seite, wohl wissend, dass ohne ihn ihr Herrschertum ein Nichts wäre. Danach vereinen sich die beiden in der »Sprechart« (9372). Hier wird in einen szenischen Vorgang umgesetzt, was Goethe, einer altpersischen Legende folgend, schon im *Buch Suleika* des *West-Östlichen Divan* geschehen ließ:

> »*Behramgur,* sagt man, hat den Reim erfunden, / Er sprach entzückt aus reiner Seele Drang; / *Dilaram* schnell, die Freundin seiner Stunden, / Erwiderte mit gleichem Wort und Klang. // Und so, Geliebte, warst du mir

beschieden, / Des Reims zu finden holden Lustgebrauch, / Daß auch Behramgur ich, den Sassaniden, / Nicht mehr beneiden darf: mir ward er auch.« (BA 3, 104)

Helena gefällt an den Reimliedern des Turmwächters Lynkeus, dass die Wörter einander zu liebkosen scheinen. Sie möchte auch »so schön« (9377) sprechen, weil sie selbst liebt. Dreimal findet sie ohne jede Unterweisung für Verse, die Faust unvollständig lässt, das passende Reimwort. Die »Wechselrede« (9376), in der sich Faust und Helena im Geiste finden, leitet über zum Höhepunkt. Freudig erregt schildert der Chor, wie ihre Fürstin und der Herr der Burg, »heimlicher Freuden« (9408) voll, sich vor »den Augen des Volkes« (9409) in Liebe vereinen.

Auf die Vereinigung folgt der Versuch, das Glück in Worte zu fassen. In den »Unbekannten« »verwebt« (9416), scheint sich Helena »verlebt und doch so neu« (9415). Sie fühlt ein altes Leben hinter sich und ein neues vor sich. Faust stocken die Worte. Er fühlt sich wie in einem »Traum« (9414); denn er hat gewonnen, was »auf Erden das Höchste« (9486). Im Besitz der antiken »Schönheit« wird er über das feudale Zeitalter hinausgehen und eine geistige Gipfelleistung vollbringen, die sich als wegweisend für die weitere Entwicklung der Menschheit begreift. Er wird »Arkadien« (9569) schaffen, wo im Reich der Kunst der Entwurf einer idealen Daseinsweise des Menschen gelebt wird. Doch zuvor muss er den Besitz der »Schönheit« gegen den anrückenden Menelaos mit Waffengewalt verteidigen.

Die Gefahr, die Phorkyas »heftig eintretend« (Szenenanweisung vor 9419) meldet, wird mit äußerster Gelassenheit gemeistert. Vor einer »gewaltige[n] Heereskraft« (Szenenanweisung vor 9442), die ihm plötzlich zu Gebote steht, agiert Faust auf der Stelle als herausragender Oberbefehlshaber, der die Gunst der Stunde nutzt, sich den ganzen Peloponnes zu unterwerfen. Die Heerführer, »die sich von den Kolonnen absondern und herantreten« (Szenenanweisung vor 9446), erhalten vom Thron aus den Befehl, Menelaos mit seinen Truppen an das Meer zurückzudrängen. Gleichzeitig werden sie auf Helenas Geheiß zu »Herzoge[n]« (9462) der »Germanen«, »Goten«, »Franken«, »Sachsen« und »Normannen« erhoben und mit Gebieten des Peloponnes belehnt, noch bevor diese erobert sind. Faust selbst will zusammen mit Helena von Sparta aus die Oberherrschaft ausüben.

Während Faust, vom Thron herabgestiegen, hinter der Bühne mit den Herzögen die Kriegsplanung bespricht und nähere Anordnungen erteilt, lobt ihn der Chor für seine Klugheit und Tapferkeit. Die

»Schönste« (9482) zu gewinnen reiche nicht aus. Man müsse wie Faust ihren Besitz auch verteidigen können.

Die Prüfung ist bestanden. Faust darf sich jetzt, nachdem die Heere wieder abgezogen sind, die Welt bauen, in die er mit Helena »zu wonnevollem Bleiben« (9568) eingehen möchte. Er sieht auf ein »Land« (9514) in der Mitte des Peloponnes, das ihm und seiner »Königin« (9516) gehört und das »Arkadien« (9569) heißt. Zunächst ist es eine ganz reale Gebirgslandschaft mit Tieren und Menschen, die er mit Behagen schildert. Doch dann nimmt das Bild fast unmerklich utopische Züge an. Vor Fausts innerem Auge ersteht »Arkadien« als ›geistige Landschaft‹, als ideale Kunstwirklichkeit, in der die Menschen mit sich und ihrer natürlichen Umwelt in vollendeter Harmonie leben und ihr Dasein in die Nähe zu den »Götter[n]« steigern:

> »Hier ist das Wohlbehagen erblich, / Die Wange heitert wie der Mund, / Ein jeder ist an seinem Platz unsterblich: / Sie sind zufrieden und gesund. // […] Wir staunen drob; noch immer bleibt die Frage: / Ob's Götter, ob es Menschen sind?« (9550–9553, 9556f.)

Nachdem Arkadien in der Einbildungskraft erbaut ist, erlangt es sichtbare Realität. Faust eröffnet Helena, dass sich »die Thronen« zur »Laube wandeln« (9572) werden, weil er künftig mit ihr in Arkadien zu leben wünscht. Indem er von der Wandlung spricht, geschieht sie. »Der Schauplatz verwandelt sich durchaus.« (Szenenanweisung nach 9573)

Die ›geistige Landschaft‹ Arkadien ist das Werk der Hirten- oder Schäferdichtung (Bukolik), die als literarisches Genre im Hellenismus (u. a. Theokrit von Syrakus, um 305 v. Chr.) begründet und von Vergil (70–19 v. Chr.) entscheidend geprägt wurde. Sie hatte vom 16. bis zum 18. Jahrhundert in den meisten europäischen Ländern eine neue Blütezeit. Stadtmenschen in einer immer raffinierteren Zivilisation sehnten sich nach der Schlichtheit und Naturverbundenheit des ländlichen Lebens und verbanden mit ›Arkadien‹ die Vorstellung eines goldenen Zeitalters, einer ursprünglichen Harmonie von Mensch und Natur. Die Sehnsucht nach Arkadien diente als Rechtfertigung für den Rückzug aus einer schlechten Wirklichkeit, der in bloßer Untätigkeit endete; sie konnte aber auch eine mobilisierende Wirkung entfalten. Goethe steht in der Tradition einer Bukolik, die Tätigkeit befördern will. Das Arkadien, das sich Faust erbaut, setzt eine große Anstrengung voraus und soll zu weiterer Anstrengung beflügeln. Es versteht sich als eine moderne Darstellung des »Ideals«, die auffällig mit Schillers Vorstellungen von einer modernen »Idylle« übereinstimmt:

»Er [der moderne Dichter] führe uns nicht rückwärts in unsre Kindheit, um uns mit den kostbarsten Erwerbungen des Verstandes eine Ruhe erkaufen zu lassen, die nicht länger dauren kann, als der Schlaf unsrer Geisteskräfte; sondern führe uns vorwärts zu unsrer Mündigkeit, um uns die höhere Harmonie zu empfinden zu geben, die den Kämpfer belohnt, die den Überwinder beglückt. Er mache sich die Aufgabe einer Idylle, welche jene Hirtenunschuld auch in Subjekten der Kultur und unter allen Bedingungen des rüstigsten feurigsten Lebens, des ausgebreitetsten Denkens, der raffinirtesten Kunst, der höchsten gesellschaftlichen Verfeinerung ausführt, […]. Der Begriff dieser Idylle ist der Begriff eines völlig aufgelösten Kampfes sowohl in dem einzelnen Menschen, als in der Gesellschaft, einer freyen Vereinigung der Neigungen mit dem Gesetze, einer zur höchsten sittlichen Würde hinaufgeläuterten Natur, kurz, er ist kein andrer als das Ideal der Schönheit auf das wirkliche Leben angewendet. Ihr Charakter besteht also darinn, daß *aller Gegensatz der Wirklichkeit mit dem Ideale, […], vollkommen aufgehoben sey,* und mit demselben auch aller Streit der Empfindungen aufhöre. *Ruhe* wäre also der herrschende Eindruck dieser Dichtungsart, aber Ruhe der Vollendung, nicht der Trägheit; eine Ruhe, die aus dem Gleichgewicht nicht aus dem Stillstand der Kräfte, die aus der Fülle nicht aus der Leerheit fließt, und von dem Gefühle eines unendlichen Vermögens begleitet wird.«[81]

(III,3) [Arkadien] (9574–10038)

Der Schauplatz hat sich zum zweiten Mal, ohne dass ein Szenenwechsel markiert ist, auf eine wunderbare Weise verwandelt. Aus dem »Inneren Burghof« ist ein »schattiger Hain« geworden, der ringsum von steilen Felsen umgeben ist. Die Felsen haben eine Reihe von Höhlen, an deren Ausgang sich »geschloßne Lauben« (Szenenanweisung vor 9574) lehnen. Es hat sich eingebürgert, den Schauplatzwechsel wiederum als Szenenwechsel auszuweisen. Die älteren Ausgaben verwenden als Szenenüberschrift die Ortsangabe »Schattiger Hain« aus der Szenenanweisung. Den Charakter des Ganzen trifft besser die Angabe »Arkadien« in Vers 9569.

Seit der Verwandlung des Schauplatzes ist eine unbestimmte Zeit vergangen. »Faust und Helena werden nicht gesehen. Der Chor liegt schlafend verteilt umher.« (Szenenanw. vor 9574) Phorkyas tritt auf, weckt den Chor und berichtet von einem wunderbaren Geschehen.

Faust und Helena hätten »abgesondert / Von der Welt« (9588 f.) in den Höhlen, Grotten und Lauben Arkadiens das Leben eines »idyllische[n] Liebespaare[s]« (9587) geführt. Sie seien ganz allein geblieben;

nur mit ihr als Vertrauten und Dienerin hätten sie Umgang gehabt. »Doch auf einmal« (9598) sei ein Knabe von Helenas »Schoß« (9599) gesprungen. Dieser neugeborene Knabe, »nackt, ein Genius ohne Flügel, faunenartig ohne Tierheit« (9602), habe sofort eine wunderbare Kraft entwickelt und sei in wenigen Sprüngen hinauf zur »luft'gen Höhe« (9605) bis an »das Hochgewölb« (9606) gelangt. »Ängstlich« (9607) hätten die Mutter und auch der »treue Vater« (9609) den unaufhaltsam »aufwärts« (9610) Strebenden vor dem »freie[n] Flug« (9608) gewarnt. »Doch auf einmal« (9614) sei er in einer Felsspalte verschwunden; und die Eltern hätten ihn schon verloren geglaubt. Zum »Entzücken« (9622) der Eltern sei er dann als wunderbare Erscheinung wieder aufgetaucht: »Blumenstreifige Gewande« (9617) tragend, in »der Hand die goldne Leier, völlig wie ein kleiner Phöbus« (9620), auf dem Haupt etwas Glänzendes, das ein »Goldschmuck« oder die »Flamme übermächtiger Geisteskraft« (9624) sein könne. Diesen Knaben, den »künftigen Meister alles Schönen, dem die ewigen Melodien / Durch die Glieder sich bewegen« (9626 f.), werden bald »zu einzigster Bewunderung« (9628) alle zu hören und zu sehen bekommen.

Der Bericht führt zu einer kleinen Querele. Der antike Chor fühlt sich in seinem Stolz verletzt und antwortet mit einer ausführlichen Darstellung der wunderbaren Taten des neugeborenen Hermes. Phorkyas wisse offensichtlich nichts vom »Göttlich-heldenhaften Reichtum« (9636) der antiken griechischen Sagen; sonst könnte sie den Knaben nicht als einmaliges »Wunder« (9629) präsentieren. »Alles, was je geschieht / Heutigen Tages«, sei wie ihr »Erzählen« nur »Trauriger Nachklang […] / Herrlicher Ahnherrentage« (9637–9641).

In den Streit hinein erklingt aus einer Höhle ein »reizendes, reinmelodisches Saitenspiel […]. Alle merken auf und scheinen bald innig gerührt. Von hier an bis zur bemerkten Pause durchaus mit vollstimmiger Musik.« (Szenenanweisung nach 9678) Mit dem Auftritt des Knaben Euphorion und seiner Eltern setzt Orchestermusik ein, die bis zum Trauergesang des Chors durchgehalten wird. Goethe dachte sich die ganze Euphorion-Handlung als Oper, weil er sie als Höhe- und Endpunkt des dritten Akts besonders hervorheben wollte.

Euphorion ist eine Frucht Arkadiens. In ihm setzt sich Arkadien in dem Geist fort, in dem es angetreten ist. Während sich die Eltern nach den großen Anstrengungen, die Arkadien ermöglichten, »Ländlich im stillen« (9741) zur Ruhe gesetzt haben, treibt den Sohn ein unbändiger Drang zu ständiger Tätigkeit an. Zu Beginn beschwören Faust und Helena das Bild einer harmonischen, glücklichen Familie. »Das schön

Moritz Retzsch (*1779 Dresden, †1857 Oberlößnitz b. Dresden): Euphorion
(um 1830/35 [11 Blätter], Stich, 21,8 x 16,6 cm)

errungene / Mein, Dein und Sein« (9733 f.), der »holde Bund« (9883), scheint von grenzenloser Dauer. Doch Euphorion möchte nicht im trauten Verein mit den Eltern wohlgefällig am »Boden stocken« (9724). Ihn fasst die »Begierde« (9715), zu »allen Lüften / Hinaufzudringen« (9713 f.). Die Eltern warnen vor »Sturz und Unfall« (9719) und bitten dringlich, ihnen zuliebe »Überlebendige / Heftige Triebe« (9739 f.) zu bändigen. Noch werden sie gehört. Euphorion beendet das Springen nach oben, mischt sich unter den Chor und zieht ihn zum Tanze fort. Mit den Schönen zu tanzen und zu singen, das findet die Mutter »wohlgetan« (9749). Auch der Chor spendet Beifall. Dem lieblichen Tänzer und Sänger werden immer alle Herzen geneigt sein. Euphorion scheint sein »Ziel erreicht« (9763) zu haben. Doch das erweist sich nach einer »Pause« (Szenenanweisung nach 9766) als Trugschluss. Die Eltern müssen erkennen, dass auf »Mäßigung« (9786) nicht mehr zu hoffen ist. Euphorion beginnt die Mädchen des Chors zu jagen wie ein »Jäger« »das Wild« (9771 f.). Wie er die Wildeste greift, um sie zum »Genusse« (9795) zu zwingen, lodert sie als Flamme in die Höhe. Jetzt ist Euphorion in der »Enge« (9813) des »Schattigen Hains« nicht mehr zu halten. Sausende Winde und brausende Wellen künden von einer fernen Welt. Um ihr näher zu kommen, springt er »immer höher felsauf« (Szenenanweisung nach 9818), bis er den Kamm des Felsengebirges erreicht, von dem Arkadien umschlossen wird.

Der Blick nach außen wirkt wie eine Befreiung. Euphorion weiß nun, wo er ist: »Mitten in Pelops' Land« (9825). Und er sieht in diesem Land und auf dem umliegenden Meer einen Krieg, der seine ganze Anteilnahme auf sich zieht. Es liegt nahe, hier an den Befreiungskampf der Griechen gegen die türkische Fremdherrschaft (1821–1829) zu denken, dem auch in Deutschland ein großer Teil der Intelligenz, Goethe eingeschlossen, eine entschiedene Sympathie entgegenbrachte. Euphorion fühlt sich mit den »Kämpfenden« (9849), welche »dies Land gebar« (9843), auf das Innigste verbunden. Schon hat er sich »im Geiste« (9873) zu den »Starken, Freien, Kühnen« (9872) gesellt. Doch das genügt ihm nicht. Wo der Chor eine Apotheose der »heilige[n] Poesie« (9863) sieht, ist in Wirklichkeit ein Jüngling in »Waffen« (9871), der den Kriegern nicht nur zuschauen, sondern mit ihnen »Sorg und Not« (9894) teilen will. Die entsetzten Eltern können den Todesmutigen nicht aufhalten. Der »Meister alles Schönen« wirft sich in die Lüfte, um als wirklicher Krieger in den Befreiungskampf einzugreifen. Nach kurzem Flug ereilt ihn das Schicksal des Ikarus: »Ein schöner Jüngling stürzt zu der Eltern Füßen, man glaubt in dem Toten eine bekannte Gestalt zu erblicken; [...].« (Szenenanweisung nach 9902)

Mit der ›bekannten Gestalt‹ ist der englische Dichter Lord Byron (1788–1824) gemeint, wie wir aus einem Eckermann-Gespräch vom 5. Juli 1827 wissen. Eckermann hatte Goethe versichert, er habe recht getan, Byron hier dieses »unsterbliche Denkmal der Liebe« zu setzen, worauf er zur Antwort erhielt:

> »Ich konnte als Repräsentanten der neuesten poetischen Zeit [...] niemanden gebrauchen als ihn, der ohne Frage als das größte Talent des Jahrhunderts anzusehen ist. Und dann, Byron ist nicht antik und ist nicht romantisch, sondern er ist wie der gegenwärtige Tag selbst. Einen solchen mußte ich haben. Auch paßte er übrigens ganz wegen seines unbefriedigten Naturells und seiner kriegerischen Tendenz, woran er in Missolunghi zugrunde ging.« (Gespr., 230)

Die Anspielung auf Byron lässt sich allein aus dem Text nicht erschließen. Sie kann auch übergangen werden. Das Entscheidende ist der Bezug auf die »neueste poetische Zeit«. Euphorion steht für eine junge Dichtergeneration, die von der Kunst ein direktes Engagement in den politischen und sozialen Auseinandersetzungen der Gegenwart forderte. Heinrich Heine brachte dieses neue Kunstverständnis kritisch auf den Begriff, indem er 1828 die Losung vom Ende der »Goethe'schen Kunstperiode« ausgab: Goethe und seine Jünger hätten sich – auf die Autonomie der Kunst pochend – verleiten lassen, »die Kunst als eine unabhängige zweite Welt« über »alles Treiben der Menschen« zu stellen, »die Kunst selbst als das Höchste zu proklamiren, und von den Ansprüchen jener ersten wirklichen Welt, welcher doch der Vorrang gebührt, sich abzuwenden«.[82] Dadurch wäre in Deutschland ein »Kunstwesen« verbreitet worden, »das einen quietisirenden Einfluß auf die deutsche Jugend ausübte, das einer politischen Regenerazion unseres Vaterlandes entgegenwirkte«.[83] Die »Schriftsteller des heutigen jungen Deutschlands« würden dagegen von der Leidenschaft beseelt, den »Fortschritt« in der »ersten wirklichen Welt« durchzusetzen. Sie wollten »keinen Unterschied machen« »zwischen Leben und Schreiben«, »Wissenschaft, Kunst und Religion« nicht von der »Politik« trennen und »zu gleicher Zeit Künstler, Tribune und Apostel« sein.[84]

Die Entscheidung Euphorions, sich als Künstler für eine gute Sache in einen realen Kampf zu werfen, erfährt im »Trauergesang« (Szenenanweisung vor 9907), den der Chor anstimmt, eine hohe Würdigung. Euphorion sei zwar durch sein unaufhaltsames Springen »mit Sitte, mit Gesetz« (9926) in Konflikt geraten. »Doch zuletzt« habe »das höchste Sinnen« (9927) seinem Mut Gewicht und Bedeutung verliehen; denn unter Einsatz seines Lebens habe er versucht, mit den Mitteln der Kunst die Welt zu bessern. Der Versuch, »Herrliches [zu] gewinnen« (9929), sei misslungen. Doch dürfe die »Trübe Frage« (9931), wem er jemals gelingen werde, nicht mutlos machen. Mutige Dichter würden von der Erde stets aufs Neue gezeugt werden.

Nach dem »Trauergesang« tritt eine »völlige Pause« ein. »Die Musik hört auf.« (Szenenanweisung nach 9938) Es ist vorbei mit dem »holde[n] Bund« und mit Arkadien. Helena bleibt nur noch, in verhaltenem Schmerz zu beklagen, dass auch bei ihr »Glück und Schönheit dauerhaft sich nicht vereint« (9940) und dass »des Lebens wie der Liebe Band« (9941) zerrissen sei. Sie wirft sich ein letztes Mal Faust in die Arme, »das Körperliche verschwindet, Kleid und Schleier bleiben ihm in den Armen« (Szenenanweisung nach 9944). Phorkyas rät ihm dringend, das Kleid gut festzuhalten; denn es würde ihn emporheben und »über alles Gemeine rasch / Am Äther« (9952 f.) dahintragen. Und so geschieht es: »Helenens Gewande lösen sich in Wolken auf, umgeben Faust, heben ihn in die Höhe und ziehen mit ihm vorüber.« (Szenenanweisung nach 9954)

Am Ende verliert auch der Chor das Leben, das er im dritten Akt geführt hat. Panthalis, die Chorführerin, geht mit ihrer Königin. »Ewig lebendige Natur« (9989) wollen jedoch die Mädchen des Chors sein und nicht in den »Hades« (9988) zurückkehren. Ein Teil des Chors verwandelt sich in Baumnymphen, ein zweiter in das lebendige Echo der Berge, der dritte in Wassernymphen und der vierte in eine Art Nymphen der Weinberge. Diesen ist die längste Redezeit vergönnt. Ausführlich schildern sie den Anbau des Weins, die Weinlese und schließlich eine orgiastische Feier zu Ehren des Weingottes Dionysos. Wie im antiken Theater findet die Tragödie ihren Abschluss im Satyrspiel.

Der dritte Akt endet mit der Auflösung des Kunstreichs. Die Kunst ist an dem Anspruch gescheitert, selbst unmittelbar »Wirklichkeiten« (6553) zu schaffen. Faust erhob ihn, als er, Helena beschwörend, seiner Sehnsucht nach »Schönheit« eine äußere Gestalt verlieh; und er erhielt ihn aufrecht, als er sich mit der antiken Kunstschönheit Helena vereinte und die ideale Kunstwelt Arkadien schuf. Radikal zugespitzt wurde er dann von Euphorion durch das Vorhaben, Kunst sogar als Waffe zu nutzen.

Die Versuche, direkt durch Kunst »Schönheit« und Gerechtigkeit in der Welt hervorzubringen, treten sämtlich als ernsthafte, würdige Unternehmungen auf, die hohe Anerkennung verdienen. Hervorgehoben werden das edle Ansinnen und der hohe Einsatz, nicht die Vergeblichkeit. Auch die radikale Funktionalisierung von Kunst für politische und soziale Zwecke erfährt im Falle Euphorions eine hohe Würdigung, obwohl Goethe mit ihr wenig im Sinn hatte und deshalb von manchem Wortführer der jungen Generation als ›Olympier‹ und ›Fürstenknecht‹ unfein verlästert wurde. Am Ende steht dennoch die für einen Dichter durchaus schmerzliche Einsicht, dass durch Kunst in der »ersten wirklichen Welt« nichts unmittelbar verändert werden kann.

Die Kunst hat am Ende des dritten Akts die zentrale Rolle eingebüßt, die sie bis dahin bei der Durchsetzung einer neuen, »tätigen« Gesellschaft spielen sollte. Ins Nichts versinkt sie damit keineswegs. Das Scheitern an einer unlösbaren Aufgabe bedeutet nicht, dass künstlerische Tätigkeit grundsätzlich als sinnlos angesehen wird. Kunst behält einen hohen Wert. Im Gesamtzusammenhang von *Faust II* ist sie die unerlässliche Voraussetzung für ein produktives Weiterschreiten zum angestrebten Ziel. Sinnfällig drückt sich das im Übergang des Künstlers Faust zu einer neuen Tätigkeit aus. Es sind »Helenens Gewande«, zu Wolken umgebildet, die ihn in den vierten Akt hinübertragen. Ohne Helena wäre ein Neuanfang nicht möglich gewesen.

Vierter Akt (10039–11042)

In *Faust II* reflektiert Goethe die historische Erfahrung einer ganzen Epoche. Das gilt auch für den vierten Akt, der in den Monaten Mai bis Juli 1831 entstanden ist. Gleichzeitig weist er eine Besonderheit auf. Wie kein anderer Akt ist dieser unmittelbare Reaktion auf ein bestimmtes zeitgeschichtliches Ereignis: die Julirevolution von 1830 in Frankreich und die sich anschließenden Aufstände in einigen deutschen Staaten. Er kann deshalb nur angemessen verstanden werden, wenn dieser enge Bezug zur Zeitgeschichte bedacht wird.

Die Julirevolution war für Goethe eine gesellschaftliche Katastrophe allergrößten Ausmaßes; denn er hatte sich vor dem »Dämon der Revolutionen«[85] für immer in Sicherheit gewähnt. Die deutschen »Fürsten« hätten aus der Revolution von 1789, meinte er, ihre Lehren gezogen und würden »durch ein kluges Vorschreiten die öffentlichen Gebrechen nach und nach […] verdrängen«[86] und den berechtigten Wünschen des »Volks« nach »zeitgemäßen Verbesserungen«[87] rechtzeitig aus eigenem Entschluss entgegenkommen. Das »vertheilte Deutschland« wäre im Ganzen genommen auf dem richtigen Wege und befände sich in einem Zustand, »der immer noch dankens- und ehrenwert zu nennen ist«.[88] »Solche Zeiten«, in denen »Fürsten« »auf Kosten des Volkes nur […] eigenen Lüsten« lebten, würden »gottlob längst« der Vergangenheit angehören.[89]

Nicht in gleichem Maße günstig hatte Goethe die Entwicklung in Frankreich beurteilt. Nach dem Tod König Ludwigs XVIII., der auf einen Ausgleich zwischen dem alten Adel und den Nutznießern der Revolution bedacht gewesen war, wurde hier seit 1824 unter König Karl X. mit aller Macht das Ziel verfolgt, das durch die Revolution zerstörte Ancien Régime wiederherzustellen. Als eifriger Leser französischer Journale, insbesondere der von jungen Liberalen herausgegebenen Zeitschrift »Le Globe«[90], konnte Goethe somit über Jahre hinweg den ernsthaften Versuch einer wirklichen Restauration verfolgen. Die wachsenden Spannungen zwischen dem König und seinen Regierungen und der liberalen Opposition versetzten ihn zunehmend in Unruhe. Mit großer Sorge beobachtete er, wie sich seit Anfang 1830 die Lage gefährlich zuspitzte, weil Karl X. offenbar einen Staatsstreich vorbereitete. Trotzdem hielt er es für ausgeschlossen, dass der Kampf um die Macht jemals mit gewaltsamen Mitteln ausgefochten würde.

Von einem unbelehrbaren König provoziert, wurde das Unglaubliche dennoch Wirklichkeit. Die Revolution brach aus und »verzweigte«

ihre »Erschütterungen durch Europa«.[91] Aber was das Schlimmste war: Es kam zu »tumultuarischen Volks-Erregungen«[92], zu »Rottirungen, wilden Händeln, Brennereyen«[93] auch in Deutschland, wo die Gefahr gewaltsamer Aufstände gebannt schien.

Goethe hatte trotz vieler Enttäuschungen bis zuletzt gehofft, dass eine vernünftige Reformpolitik innerhalb des hergebrachten politischen Systems Aufstände erübrigen würde. Nun musste er mit ansehen, wie in einer »Reprise der Tragödie von 1790«[94] sich »nach vierzig Jahren der alte tumultuarische Taumel wieder erneuerte«[95], wie auch in einigen deutschen Staaten der stabil geglaubte Bund zwischen Regent und »Volk« sich als äußerst brüchig erwies. Da er überzeugt war, dass »irgendeine große Revolution nie Schuld des Volkes ist, sondern der Regierung«[96], blieb nur das Eingeständnis, dass er sich auch bei deutschen Fürsten in der Bereitschaft, rechtzeitig die notwendigen Reformen durchzuführen, getäuscht hatte. Dass die Verantwortung für den Aufruhr letztlich wieder bei den Regierungen lag, war freilich eine Erkenntnis, mit der Goethe nicht an die Öffentlichkeit ging. Unter keinen Umständen sollte gerechtfertigt werden, was er an der Revolution noch verwerflicher empfand als das Versagen der »Großen«: die erneute gewaltsame Einmischung des Volks in die »höchsten Angelegenheiten des Staates«[97]. Schuld an den gewaltsamen Erhebungen hatten die »Fürsten«, noch entschiedener war die »Volks- und Pöbelmasse«[98] zu verurteilen, die sie ausführte.

Goethe hatte in »Le Globe« gelesen, wie in den englischen Großstädten die proletarischen Massen in gewaltsamen Ausschreitungen gegen ihr miserables Leben rebellierten. Jetzt begehrten Arbeiter, Gesellen und Tagelöhner auch in deutschen Städten auf, wie in Aachen, wo Arbeiter, teilweise alkoholisiert, die Maschinen mehrerer Textilfabrikanten zerstörten und ihren Maschinensturm mit einem Angriff auf das Arresthaus bekräftigten. Goethe verfolgte mit großer Sorge, dass die Unruhen von Dresden und Leipzig her Weimar immer näher rückten. Als dann in Jena Studenten Fensterscheiben einwarfen, Möbel zerschlugen und eine alte Scheune in Brand steckten, zögerte er nicht, die wilden Gerüchte von einer auch hier bevorstehenden Revolution ganz ernst zu nehmen. Er fühlte sich tatsächlich bedroht an Leib und Leben.

In einem Gespräch mit Kanzler von Müller äußerte Goethe, »er könne sich nur dadurch darüber beruhigen, dass er sie [die Julirevolution] für die größte Denkübung ansehe, die ihm am Schlusse seines Lebens habe werden können«[99]. Das mag aus historischer Distanz überzogen klingen, ist aber wirklich so gemeint. Goethe sah, dass durch die revolutionären Erschütterungen 1830/31 in Frankreich und in Deutschland einer Reformpolitik von oben im Rahmen einer feudalen Staatlichkeit endgültig der Bankrott erklärt war. Er war in seiner politischen Grundüberzeugung gescheitert und hatte dies zu verarbeiten.

(IV,1) »Hochgebirg« (10039 – 10344)

Nach einem Flug »über Land und Meer« (10042), der wieder in den heimatlichen Norden geführt hat, entsteigt Faust auf einem Gipfel im unwegsamen, menschenleeren Hochgebirge der aus »Helenens Gewande[n]« gebildeten Wolke. Sie löst sich langsam von ihm ab und lässt ihn in wandelnden Formen noch einmal große mythische Frauengestalten des griechischen Altertums sehen: Juno, die Gemahlin des Jupiter, Helenas Mutter Leda und schließlich Helena selbst. Noch

Willi Jaeckel (*1888 Breslau, †1944 Berlin): Faust im Hochgebirg (um 1920/25, Radierung, 20,3 x 22,2 cm)

spricht Faust im antiken Versmaß des jambischen Trimeters. Am Ende ruht die Wolke im Osten, »formlos breit und aufgetürmt« (10052), »fernen Eisgebirgen gleich« (10053), und spiegelt »flücht'ger Tage großen Sinn« (10054).

Von der »Wolke Tragewerk« (10041) ist Faust ein kleiner Nebelstreif geblieben. Der steigt jetzt »leicht und zaudernd hoch und höher auf« (10057) und formt sich zu einer weiteren Gestalt, die an ein »jugenderstes, längstentbehrtes höchstes Gut« (10059) erinnert. Im Paralipomenon 106 H/179 WA hieß es noch: »Die Wolke steigt halb als Helena nach Südosten, halb als Gretchen nach Nordwesten.« Gretchens Name wird nicht mehr genannt. Doch ist die zarte Wolkengestalt deutlich auf die frühe Geliebte bezogen. Während sich aus dem »göttergleiche[n] Fraungebild« (10049) eine formlose Kumulus-Wolke bildet, bleibt Gretchen in ihrer »holde[n] Form« (10064) bestehen. Als Zirrus-Wolke steigt sie hoch »in den Äther« (10065) hinauf. Faust fühlt von ihr »das Beste [s]eines Innern« (10066) mit emporgehoben. Hier wird schon auf Gretchens Rolle als fürbittende Büßerin am Schluss von *Faust II* vorausgewiesen.

Mephisto, der wieder seine alte Gestalt angenommen hat, ist Faust auf Siebenmeilenstiefeln ins Hochgebirge gefolgt, um ihm ein Angebot für einen neuen Anfang zu unterbreiten. Zuvor verwickelt er ihn in ein Streitgespräch über die Bildung der Erdoberfläche. Scheinbar behandelt es nur die geologische Frage, auf welchem Wege diese »Gebirgsmasse« (10095) geformt worden ist. In Wahrheit geht es schon um das zentrale Problem, von welchen Kräften das Zusammenleben der Menschen beherrscht wird. Für Mephisto ist das Gebirge teuflisch vulkanischen Ursprungs. Die Teufel, von Gott dem Herrn auf den »Grund der Hölle« (10072) verbannt, hätten sich aus dieser »knechtisch-heiße[n] Gruft« (10091) ins »Übermaß der Herrschaft freier Luft« (10092) befreit, indem sie, gewaltig pustend, die Oberfläche der Erde zerbrachen und in einer mächtigen Umwälzung das, was »ehmals Grund war«, zum »Gipfel« (10088) erhoben. »Hierauf« seien dann »die rechten Lehren« (10089) gegründet worden. Es gelte nämlich immer, das »Unterste ins Oberste zu kehren« (10090). Faust antwortet gelassen mit einem Bekenntnis zu ruhiger, gewaltfreier Entwicklung und der Gewissheit, dass die Natur der »tollen Strudeleien« (10104) nicht bedürfe. Dafür handelt er sich den Vorwurf der Blindheit und Weltfremdheit ein. Wie könne man übersehen, was in den sichtbaren »Zeichen« (10127) der wilden Hochgebirgsgipfel offen zutage trete und vom »treu-gemeine[n] Volk« (10116) sehr wohl begriffen werde: Die

Welt stehe im Zeichen großer teuflischer Leistungen, im Zeichen von »Tumult, Gewalt und Unsinn« (10127).

Nachdem Mephisto sich und seinesgleichen ins rechte Licht gerückt hat, kommt er, nun »ganz verständlich« (10128) sprechend, zur Sache. Er verweist Faust auf die »Reiche der Welt und ihre Herrlichkeiten« (10131). Hier müsste doch für das »Gelüst« (10133) etwas Passendes zu finden sein. Das Zitat aus dem Matthäus-Evangelium, das zudem durch eine Stellenangabe nachgewiesen wird, bezieht sich auf die Versuchung von Jesus Christus durch den Teufel nach der Taufe im Jordan. Mephisto präsentiert sich damit als Versucher im großen Stil. Was er zu bieten hat, ist die Position eines »Großen« in der bestehenden Weltordnung, eines fürstlichen Landesherrn. Sie würde es Faust erlauben, ein unbeschwertes Leben des Genießens zu führen. Genüsslich schildert Mephisto die Freuden und Vergnügungen, aus denen ein solches Leben bestehen konnte.

Es ist bezeichnend für Goethes Stimmungslage nach der Revolution vom Juli 1830, dass Faust in seiner ersten Reaktion auf das Angebot nichts gegen den Duodezfürsten vorzubringen hat, sondern schlecht vom »Volk« (10156) spricht. Das Volk führe immer nur die Rebellion im Schilde, auch wenn es ihm gut gehe und es mit seiner Regierung zufrieden sein müsste. Erst in der zweiten Replik wird das vorgeschlagene Genussleben mit dem verächtlichen Ausruf »Schlecht und modern! Sardanapal!« (10176) kurz abgefertigt.

Faust will nichts mit einem Volk zu tun haben, das sich auch durch die Verbesserung seiner materiellen und geistigen Lage nicht vom Umsturz abhalten lässt; und er will kein »sardanapalische[r]« Fürst sein. Er hätte versuchen können, ein guter Landesherr zu werden. Doch diese Möglichkeit wird überhaupt nicht in Erwägung gezogen. Die bestehende feudalabsolutistische Ordnung kommt als Wirkungsfeld nicht mehr infrage. Sie hat endgültig abgewirtschaftet. Untüchtige Fürsten haben sie zerrüttet. Das Volk wird im gewaltsamen Aufstand das Zerstörungswerk zu Ende führen.

»Raum zu großen Taten« (10182) sieht Faust einzig fernab der bestehenden Gesellschaft. Sein Blick richtet sich auf das Meeresufer, wo »Well auf Welle kraftbegeistet« (10216) hin- und zurückrollt, ohne das etwas geleistet wäre. Diese »zwecklose Kraft unbändiger Elemente« (10219) will er dem Willen des Menschen unterwerfen. Er will dem Meer Land abgewinnen, um dort »Herrschaft« und »Eigentum« (10187) zu begründen, wo es noch keine menschliche Ordnung gegeben hat. In einem *Scenario zum vierten Akt des Faust* vom 16. Mai 1831 heißt es:

»Jener [Mephisto] schildert die Zustände der besitzenden Menschen. Faust hat immer etwas Widerwärtiges. Mephistopheles schildert ein sardanapalisches Leben. Faust entgegnet durch Schilderung der Revolte. Beneidenswert sind ihm die Anwohner des Meeresufers, das sie der Flut abgewinnen wollen. Zu diesen will er sich gesellen. Erst bilden und schaffen. Vorzüge der menschlichen Gesellschaft in ihren Anfängen.« (Plp. 107 H/187 WA)

Die Sehnsucht nach den »Anfängen« ist es, die Faust beseelt. Er möchte am liebsten aus der Geschichte aussteigen und ganz von vorn anfangen. Doch schon wird er von der Geschichte eingeholt. »Trommeln und kriegerische Musik« verkünden »aus der Ferne« (Szenenanweisung nach 10233), dass »Schon wieder Krieg« (10235) ist.

Der vierte Akt knüpft jetzt an die Kaiserhof-Handlung des ersten Akts an. Mephisto berichtet, was inzwischen geschehen ist. Wir erfahren, dass der Kaiser »in großen Sorgen« (10243) schwebt. Mit dem »falschen Reichtum« (10245) des Papiergelds habe er weiter nur dem Genuss gelebt und vom Regieren die Hände gelassen. Darüber sei »das Reich in Anarchie« (10261) zerfallen. Anarchie habe dann »Aufruhr« (10288) gezeugt. Die Aufrührer würden als die »Tüchtigen« (10278) auftreten und verkünden, dass sie mit einem »neuen Kaiser« »neu das Reich beseelen« (10281) und in »einer frisch geschaffnen Welt / Fried und Gerechtigkeit vermählen« (10283f.) wollten. Faust kommentiert lakonisch: »Das klingt sehr pfäffisch.« (10285) Das will heißen: Hier wird in der Art von Kirchenmännern salbungsvoll eine völlige Uneigennützigkeit vorgegeben und in Wahrheit nur an den eigenen Vorteil gedacht. Mephisto bestätigt die Vermutung: »Pfaffen« (10285) wären aus Sorge um den »wohlgenährten Bauch« (10286) mehr als andere am Schüren des Aufruhrs beteiligt gewesen. Die Aufrührer, die die Wahl eines Gegenkaisers vorhaben, wollen im Kaiserreich, dessen Nutznießer sie sind, wieder Ruhe und Ordnung herstellen, nicht mehr. Grundlegende Veränderungen zum Wohle des Ganzen planen sie nicht. Wenn Goethe wirklich an eine »positive politische Alternative zum Kaiser und zu der existierenden Form des Feudalsystems«[100] gedacht hätte, würde er deutlichere Zeichen gesetzt haben.

Faust und Mephisto treten wieder in die Kaiserhof-Handlung ein, als die Heere der sich bekämpfenden Parteien zur entscheidenden Schlacht Aufstellung genommen haben. Mephisto erkennt sofort die gute Gelegenheit, die Notlage des Kaisers für eigene Zwecke auszunutzen. Während Faust bei seinem Projekt der Neulandgewinnung so tut, als wäre er allein auf der Welt, als brauchte er auf bestehende Verhältnisse keine Rücksicht zu nehmen, hat Mephisto schon bedacht, dass der Kaiser als oberster Grundeigentümer und Lehnsherr auch über das Meeresufer verfügt. Faust soll dem Kaiser als »Obergeneral« (10310) die Schlacht gegen den Gegenkaiser gewinnen und dafür zur Belohnung die »Lehn von grenzenlosem Strande« (10306) empfangen. Indem er des eigenen Vorteils wegen auf diesen Vorschlag eingeht, liefert Faust sich den »tollen Strudeleien« aus, denen er sich eigentlich entziehen wollte. Hätte er sich auf die Seite des Gegenkaisers geschlagen, wäre das nicht anders gewesen. Faust steht in diesem Krieg auf jeden Fall im falschen Lager.

Faust und Mephisto sind inzwischen vom Hochgebirge auf eine mittlere Höhe hinabgestiegen und beschauen sich das im Tal aufgestellte Heer des Kaisers. Mephisto hat schon die nötigen Vorkehrungen für den Krieg getroffen. Längst »Kriegsunrat« (10315) witternd, hat er den »Kriegsrat gleich voraus formiert« (10316). Er besteht aus den »drei Gewaltigen« (Szenenanweisung nach 10322), die jetzt auftreten. Das 2. Buch Samuel, auf das in Klammern verwiesen wird, erzählt von drei Helden, die für König David den Sieg gegen die Philister erkämpften. Als Werkzeuge Mephistos sind die drei gewaltigen Krieger eindeutig »Lumpe« (10329), allegorische Exponenten des menschenfeindlichen Kriegshandwerks. »Raufebold«, »jung, leicht bewaffnet, bunt gekleidet« (Szenenanweisung vor 10331), verkörpert die reine Aggressivität und Gewalttätigkeit. Für »Habebald«, »männlich, wohl bewaffnet, reich gekleidet« (Szenenanweisung vor 10335), ist der Krieg ein Mittel der schnellen Bereicherung. »Haltefest«, »bejahrt, stark bewaffnet, ohne Gewand« (Szenenanweisung vor 10339), sorgt mit seiner großen Erfahrung dafür, dass die geraubten Güter für immer in den Händen der Kriegsgewinnler bleiben.

Zusammen mit den »drei Gewaltigen« steigen Faust und Mephisto weiter zum »Vorgebirg« hinunter.

(IV,2) »Auf dem Vorgebirg« (10345 – 10782)

Auf dem »Vorgebirg« wird gerade das Zelt des Kaisers aufgeschlagen. Wir befinden uns auf dem ›Feldherrenhügel‹, von dem aus die Schlacht geleitet wird. Der militärische Oberbefehlshaber, der »Obergeneral«, erstattet seinem Kaiser einen Bericht über die »Anordnung des Heeres im Tal« (Szenenanweisung nach 10296). Die Hauptmacht steht auf der Wiese des Tals. Der rechte Flügel besetzt ein schon hügeliges Gelände; der linke Flügel ist mit schwachen Kräften im angrenzenden »Hochgebirg« verteilt, um den »wichtigen Paß« (10372) zu schützen. Anfangs tadelt der Kaiser den Rückzug in das Tal als eine »halbe Flucht« (10350). Nach den Ausführungen des Obergenerals weiß auch er die defensive Einstellung nur zu loben.

Zwei auf Kundschaft ausgeschickte Männer kehren zurück und bringen schlechte Nachrichten. Die um Hilfe ersuchten Herrscher würden keine Truppen senden, weil sie selbst genug mit »innerer Gärung« und »Volksgefahr« (10392) zu tun hätten; und im eigenen Land sei soeben ein »neuer Kaiser« (10402) aufgetreten, dem alle folgten. Die Nachricht vom Auftreten eines »Gegenkaiser[s]« (10407) weckt im Kaiser plötzlich den Drang nach »lichten Heldentaten« (10416). Ihm kommt das »Flammengaukelspiel« wieder in den Sinn, wo ihm das Element des Feuers bedingungslos gehorchte. Das sei damals nur Schein gewesen. Jetzt wolle er »Sieg und Ruhm« (10421), bisher »frevelhaft versäumt« (10422), in der Wirklichkeit erringen. Er beschließt, den Gegenkaiser zum Zweikampf herauszufordern. Offensichtlich hat er noch nicht mitbekommen, dass die Zeiten, als Kriege durch den ritterlichen Zweikampf der Heerführer entschieden werden konnten, längst vorbei sind.

Nachdem Herolde zur »Herausforderung des Gegenkaisers« abgegangen sind, tritt Faust, »geharnischt, mit halbgeschloßnem Helme«, zusammen mit den »drei Gewaltigen« auf (Szenenanweisung nach 10422). Er stellt sich dem Kaiser als Abgesandter des »Negromant[en] [Schwarzkünstlers] von Norcia« (10439) vor. Sein Herr habe ihn beauftragt, der bedrängten Majestät beizustehen zum Dank, dass sie ihn einst in Rom vor dem Scheiterhaufen bewahrt habe. Der Kaiser begrüßt den »Beistand« (10460) als »höchst willkommen« (10459). Dass er von einem Zauberer kommt, scheint ihn nicht anzufechten. Nur möchte er den Gegenkaiser lieber mit »eigner Faust ins Totenreich« (10472) stoßen. Doch diese Freude wird ihm nicht gegönnt. Die zurückkehrenden Herolde melden, dass man die Herausforderung zum Zweikampf im Lager des Gegenkaisers mit Hohngelächter als »schaler Possen« (10492) abgewiesen hat. Der Kaiser verzichtet nach dieser Verhöhnung seiner Person und Würde auf das Oberkommando und legt es in die Hände des Obergenerals.

Im Eingang des Tals naht das Heer des Gegenkaisers. Nachdem Faust schon zum Losschlagen gedrängt hat, gibt der Obergeneral dem rechten Flügel den Befehl zum Angriff. Danach lässt er die Hauptmacht in der Mitte vorrücken. Faust verteilt seine »Gewaltigen« auf die drei Heeresteile. Mephisto, »von oben herunterkommend« (Szenenanweisung nach 10546), meldet die Bildung einer Reserve, die sich »im Hintergrunde« (10547) bereithält. Den »Wissenden« (Szenenanweisung vor 10554) verrät er leise deren Geheimnis: Sie besteht aus leeren mittelalterlichen Rüstungen, die er den »Waffensäle[n] ringsum« (10556) entnommen und mit Gespenstern und »Teufelchen« (10563) belebt hat.

Die Führungsmannschaft verfolgt vom ›Feldherrenhügel‹ aus den Kampf, der jetzt im vollen Gange ist. Gesehen wird das »Seltenste« (10605): Raufebold, der zuerst nur einen Arm erhoben hat, kämpft nun mit einem »Dutzend« (10582). Die Spitzen der Speere blitzen. Auf den Lanzen tanzen »behende Flämmchen« (10596). Der Kaiser wundert sich über alle Maßen, als hätte er nie zugelassen, dass ihm ein Schwarzkünstler hilft. »Naturgemäß« (10583) sei das alles nicht, »gar zu geisterhaft« (10597) und »bedenklich« (10593). Er lässt sich aber seine Bedenken durch aberwitzige Erklärungen ohne weiteres wieder ausreden. Zum offenen Konflikt kommt es erst, als das kaiserliche Heer nach anfänglichen Erfolgen an den Rand einer Niederlage gerät. Während die Kaiserlichen auf der rechten Flanke des »Feindes Linke« (10504) siegreich zurückwerfen und dadurch bei dessen Hauptmacht Verwirrung stiften, sodass Mephisto schon »diese Schlacht gewonnen« (10653) glaubt, führt der Gegenkaiser einen konzentrierten Angriff auf die schwach besetzte linke Flanke, um den »wichtigen Paß« zu erobern. Der Vorstoß scheint zu glücken. Mephisto muss zugeben, dass die Kaiserlichen nach der Einnahme des Passes einen »schweren Stand« (10684) hätten, und fordert für sich den Oberbefehl, um das Blatt zu wenden. Dem Obergeneral, der am Ende seines Lateins ist, kommt das sehr gelegen. Er kann dem »Gaukeln« (10695) der kaiserlichen Helfer die Schuld geben und vornehm das Kommando niederlegen. Der Kaiser führt sich seinerseits als Betrogener auf, der unschuldig Zauberern ins Netz gegangen ist. Unfähigkeit, Ohnmacht und Dünkel erreichen ihren Gipfel. Mephisto wird das äußere Zeichen des Oberbefehlshabers, der »Stab« (10703), verweigert, da er nicht der »rechte Mann« (10704) ist. Aber das Kommando übernehmen und den Kaiser vor dem Verderben retten, das darf er. Der Kaiser überlässt dem ›unrechten‹ Mann das Feld und zieht sich mit dem Obergeneral ins Zelt zurück.

Das »Zauberblendwerk« (10300) kann sich jetzt im großen Stil entfalten. Von den Undinen, den Elementargeistern des Wassers, leiht sich Mephisto der »Fluten Schein« (10713), damit sie den anstürmenden Feind mit vorgetäuschter »mächtige[r] Woge« (10732) wegschwemmen. Die schmiedenden Zwerge bittet er um »Feuer«, das, »leuchtend, blinkend, platzend«, (10748) den Feind blenden und in die Irre führen soll. Zuletzt lassen sich auch die »hohlen Waffen« (10764) der toten

Ritter, Könige und Kaiser nicht mehr zügeln. Ein »alte[s] Volk« (10569), das »unversöhnlich« (10775) in Parteien, die einander hassen, gespalten bleibt, hat schon voller Ungeduld darauf gewartet, den »ewigen Streit« (10773) zu erneuern. Jetzt darf es wieder aufeinander losschlagen und ein ohrenbetäubendes »Schreckgetön« (10763) erzeugen, das die Soldaten des Gegenkaisers in die Flucht schlägt.

Am Ende der Szene spricht es Mephisto offen aus, dass dieser Bürgerkrieg wie jeder »Streit«, in dem wirtschaftliche und politische Interessen mit Gewalt durchgesetzt werden, für ihn ein Fest ist. Damit ist auch geklärt, warum das kriegerische Geschehen derart im Zentrum steht. Noch tief bestürzt über die revolutionären Erschütterungen von 1830/31, wollte Goethe den Bürgerkrieg in bedrückender Gegenwärtigkeit auf die Bühne bringen, damit er sich in seinem Wesen entlarve: als »Teufelsfest« (10777), als Werk des Teufels, das auf die Vernichtung des Menschen abzielt.

(IV,3) »Des Gegenkaisers Zelt« (10783 – 11042)

Habebald und die Marketenderin Eilebeute dringen als erste in das Zelt des geflüchteten Gegenkaisers ein, wo sie auf den »Kaiserschatz« (10818) stoßen, aus dem der »Sold« (10801) für das aufständische Heer gezahlt werden sollte. Sie haben auf dem Schlachtfeld ihre Haut zu Markte getragen und holen sich nun ihren »Beuteteil« (10820), wie es in »Feindeszelten« »der Brauch« (10821) ist. Beim Einsacken des Goldes werden sie von »Trabanten unsres Kaisers« (Szenenanweisung vor 10817) überrascht und als »Diebsgeschmeiß« (10824) beschimpft, das nicht in den Kreis »redlicher Soldat[en]« (10826) gehöre. Der Text lässt offen, ob diese Leibgarde dem Kaiser oder dem Gegenkaiser angehört, weil das letztlich ohne Belang ist. Ein Gleiches gilt für den »Kaiserschatz«. Wichtig ist nur, dass die »Trabanten« gegenüber den Beutemachern eine »Redlichkeit« (10827) beanspruchen, die sie in Wahrheit selbst nicht haben. Habebald lässt sich denn auch von der Entrüstung, die er längst als Heuchelei durchschaut hat, nicht beeindrucken. Die hohen Herren würden doch unter dem vornehmen Etikett »Kontribution« (10828) nur genau das gleiche Geschäft des Beutemachens betreiben.

Nachdem das niedere Volk mit seinem Beuteteil abgegangen ist, betritt der Kaiser mit vier Fürsten das Zelt und ruft sich als Sieger aus. Zwar sei beim Kampf »auch Gaukelei« (10857) im Spiel gewesen, doch habe am »Ende« (10858) allein die eigene Leistung zum Sieg geführt.

Zur grenzenlosen Unfähigkeit und zum maßlosen Dünkel, die bei der Übergabe des Kommandos an Mephisto offenbar wurden, gesellt sich der ungeheuerlichste Selbstbetrug. Der Kaiser hält sich für einen energischen und tüchtigen Herrscher und auf der Höhe seiner Aufgaben. Nach der Proklamation des Sieges trifft er in einem Staatsakt unverzüglich wichtige politische Entscheidungen, die für »Haus und Hof und Reich« (10872) Ordnung und Sicherheit befestigen sollen. Als Erstes werden die Ämter »Erzmarschall«, »Erzkämmerer«, »Erztruchseß« und »Erzschenk« begründet, um die vier Fürsten, die treu geblieben waren, mit ehrenvollen Aufgaben auszuzeichnen und für immer an den kaiserlichen Hof zu binden. Es handelt sich hier um die vier karolingischen Hofämter, die erstmals 936 beim Krönungsmahl Ottos I. von den Herzögen von Bayern, Lothringen, Franken und Schwaben ausgeübt wurden. Der Kaiser erweitert des »Besitztums Grenzen« der vier ausgezeichneten Fürsten und des Erzbischofs, der, seine Sonderrolle herausstreichend, erst jetzt auftritt, aus dem »Erbteil jener, die sich von uns abgewandt« (10938 f.), und garantiert ihnen die unbeschränkte Wahrnehmung der Rechte und Privilegien eines freien »Landesherrn« (10944). Darauf setzt er sie zu Kurfürsten ein, ihnen somit das Recht verleihend, den Kaiser zu wählen. Gemäß dem historischen Vorbild der *Goldenen Bulle*, die 1356 unter Kaiser Karl IV. erstmals die Grundrechte der aus den Hofämtern entstandenen Kurfürstentümer fixiert hat, werden die Entscheidungen des Kaisers kodifiziert und zum »wichtigste[n] Statut« (10972) erhoben. Der Erzbischof, der als Erzkanzler die Kanzlei des Reichs leitet, dankt im Namen seiner kurfürstlichen Kollegen dem Kaiser »mit Demut« (10961) für die hohe Würde und gelobt ihm, »der Körper« zu sein, den dessen »Wille leicht bewegt« (10964).

Die neue Ordnung ist die überlebte alte. Mit ihr wird versucht, das Reich zu restaurieren, das schon einmal in Anarchie zerfallen ist. Das Unzeitgemäße dieses Versuchs offenbart sich auch in der überlebten Versform der Sprache. Der Alexandriner, der in der Staatsszene gesprochen wird, war in der Blütezeit des Absolutismus bis in die Mitte des 18. Jahrhunderts hinein die am meisten benutzte Versform. Diese Vormachtstellung verdankte er seiner Eignung zum hohen Stil der tonangebenden höfisch-aristokratischen Welt. Der Kaiser und die Fürsten sprechen in Alexandrinern, weil sie dem Staatsakt, der ein feudales Staatswesen in der Art des Heiligen Römischen Reichs Deutscher Nation begründet, ebenfalls feierliche Würde und Größe verleihen wollen. Doch das muss scheitern, da sich dieses abgewirtschaftete Staatswesen nicht mehr zum Gegenstand feierlicher Würdigung eignet. Äußeres Zeichen des Misslingens sind die zahlreichen Verstöße gegen die Vorgaben der Versform. Die Akteure beherrschen den Alexandriner nicht mehr, weil der Staatsakt in ihren Händen nur noch eine leere, leblose Hülse ist.

Das neu begründete alte Reich hat keine Zukunft. Niemand ist willens und fähig, aus den Erfahrungen der Geschichte Lehren zu ziehen. Der Kaiser wird nicht für das Wohl des Ganzen sorgen und die partikularen Mächte, allen voran die »Pfaffen«, werden wieder jede Gelegenheit nutzen, zu ihrem »Vorteil etwas auszuziehen« [herauszuholen] (10237). Das alte Spiel beginnt schon, nachdem sich die »weltlichen Fürsten« (Szenenanweisung nach 10976) entfernt haben. Allein mit dem Kaiser, lässt der Erzkanzler die Maske des treu ergebenen uneigennützigen Staatsdieners fallen, um als Erzbischof wegen der Kumpanei mit »böse[n] Geistern« (10994) weit reichende Schenkungen an die Kirche zu erpressen. Der Kaiser soll zur Sühne seiner schweren Sünde der Kirche den »entweihte[n] Raum« (11005) des Schlachtfelds samt umliegenden Ländereien übereignen, ihr darauf Kirchen und Klöster bauen und ihr für »ewig« (11025) alle Abgaberechte eines Zehntherrn widmen. Andernfalls wäre der »Vater Papst« (10984) zu unterrichten, der mit »heiligem Strahl« (10986) das Reich vernichten würde. Zweimal kehrt der Erzbischof, der sich schon verabschiedet hat, vom Ausgang zurück, weil seine Gier nicht zu stillen ist. Beim zweiten Mal verlangt er sogar die Abgaberechte für das »dem sehr verrufnen Mann« (11035) »verliehn[e]« (11036) Meeresufer – für ein Land, das »noch nicht da« (11039) ist. Wir erfahren also am Ende der Szene, dass die Belehnung, die ursprünglich in Szene gesetzt werden sollte (Plpp. 107 H/ 178 WA; 108 H/181 und 182 WA; 219 H/WA 15/1, 342), schon vollzogen ist.

Im Treiben des Erzbischofs, das vom Kaiser geduldet wird, ist das böse Ende schon vorgezeichnet. Die revolutionären Ereignisse von 1830/31 ragen gleichsam in den Text hinein. Sie zeigen den »Wissenden« (Szenenanweisung vor 10547) an, worauf Versuche, die überlebte feudale Ordnung zu restaurieren, hinauslaufen.

Fünfter Akt (11043 – 12111)

Die feudale Ordnung hat im fünften Akt aufgehört, Rahmenbedingung für Fausts Wirken zu sein. Er verfügt über seinen Grundbesitz ohne jegliche Einschränkung in freier Entscheidung. Es gibt keinen

Kaiser mehr, der als Lehnsherr und Obereigentümer irgendwelche Rechte geltend machen würde. Die von der Kirche gehaltenen Feudalabgaben werden nicht eingezogen.

Faust verwertet seinen Grundbesitz als freier Unternehmer. Er hat durch ein großangelegtes Entwässerungsprojekt das Meeresufer in fruchtbares, bewohnbares Land verwandelt. Mit den Gewinnen, die aus der Ansiedlung von Menschen und der landwirtschaftlichen Nutzung gezogen wurden, hat er dann einen Hafen, einen Kanal sowie Schiffe gebaut, mit denen er einen weltumspannenden Handel treibt.

Arbeiten zur Erhöhung des Bodenwerts galten am Beginn des 19. Jahrhunderts als das geeignete Mittel, eine noch kapitalschwache Wirtschaft in Schwung zu bringen. Saint-Simon forderte zum Beispiel 1821 die »Leiter der maßgeblichen Unternehmen in Landwirtschaft, Fabrikation und Handel« auf, sich an einem »allgemeinen Ameliorationsprojekt für das Territorium Frankreichs« zu beteiligen, weil nur auf diesem Wege die nötigen Kapitalien für »eine allgemeine Belebung der Produktion« erwirtschaftet werden könnten:

> »In weniger als zehn Jahren lässt sich der Wert des Territoriums Frankreichs verdoppeln. Dazu müssen brachliegende Flächen urbar gemacht, Sumpfgebiete ausgetrocknet, neue Straßen angelegt und die bestehenden verbessert, Brücken, die zur Verkürzung der Transportwege nötig sind, und all jene Kanäle, die für die Schifffahrt und für die Bewässerung von Nutzen sein können, gebaut werden [...]. Die Unternehmer werden beflissentlich Kapitalien bereitstellen, wenn ihnen der Staat alle aus der Ausführung ihrer Vorhaben erwachsenen Gewinne so weit wie möglich belässt [...]. An Arbeitshänden wird es auch nicht fehlen; denn, da die von uns angeführte Maßnahme, die allein geeignet wäre, eine allgemeine Belebung der Produktion herbeizuführen, nicht getroffen wurde, sind zahlreiche Erdarbeiter für gewöhnlich ohne Arbeit.«[101]

Faust besitzt privates »Eigentum« (10187) an gegenständlichen Produktionsmitteln und nimmt selbst an der Produktion teil, indem er sie lenkt und leitet. Ihm stehen die Arbeiter gegenüber, die seine Pläne und Vorhaben durch manuelle Tätigkeit ausführen und die er dafür bezahlt. Unmittelbar politische Macht wie vor ihm der Kaiser besitzt er nicht. Von einem politischen Amt, das ihm hoheitliche Vollmachten gäbe, ist jedenfalls nicht die Rede. Über »Herrschaft« (10187) verfügt Faust als Besitzer und Chef eines Großunternehmens. Die persönlich freien Arbeiter müssen ihm ihre Arbeitskraft verkaufen und seinen Anweisungen gehorchen, weil sie selbst keine Produktionsmittel besitzen und anders nicht leben könnten. Insofern sind sie seine

»Knechte« (11503). Anderer als ökonomischer Zwänge bedarf es in der Regel nicht. Die neue Gesellschaftsordnung, die Faust begründet hat, ist damit deutlich genug als eine bürgerlich-kapitalistische erkennbar, auch wenn das Industriezeitalter noch vor ihr liegt.

(V,1) »Offene Gegend« (11043 – 11142)

Die neue, durch Faust geprägte Welt wird zuerst vorgestellt von den sehr alten Eheleuten Philemon und Baucis, die noch der alten Zeit angehören und als Einzige in die neue Zeit hineinragen. Die Hochbetagten – sie tragen den Namen des gastfreundlichen Ehepaars aus Ovids *Metamorphosen* – besitzen ein kleines Anwesen auf einer Düne, die einst den Blick auf das Meer eröffnet hat und jetzt unmittelbar an Fausts Besitztum grenzt. Sie haben auf ihrem Grundstück eine kleine »Hütte« (11048), die von »dunkeln Linden« (11043) umstanden ist, ein »Gärtchen« (11080) und eine »Kapelle« (11139), in der sie zum »alten Gott« (11142) beten.

Die »fromme[n] Leute« (11055) leben selbstgenügsam und bescheiden in ganz einfachen Verhältnissen und finden dennoch Glück im »Wohltun« (11058) an anderen. Vor vielen Jahren haben sie sich eines schiffbrüchigen »Jünglings« (11065), den die »sturmerregte Welle« (11049) halbtot ans Ufer geworfen hatte, angenommen und in ihrer Hütte wieder zu Kräften gebracht. Als »Wandrer« (Personenangabe vor 11043) kehrt er im Mannesalter jetzt zurück, um die alten Leute zu segnen und ihnen Dank zu sagen. Nach der freudigen Begrüßung drängt es ihn, das »grenzenlose Meer« (11076) zu schauen. Er möchte sich im Angesicht der unendlichen Weite kniend und betend von einem Gefühl der Beklemmung befreien, das seine Brust bedrängt. Doch was er, auf der Düne mit Philemon vorwärts schreitend, zu sehen bekommt, verschlägt ihm die Sprache.

Philemon schildert und erklärt das Unglaubliche. Das Meer ist bis an den Horizont zurückgedrängt. Wo einst die Wogen wüteten, liegt jetzt ein »dichtgedrängt bewohnte[r] Raum« (11106), eine fruchtbare Kulturlandschaft mit Wiesen, Wäldern, Feldern, Dörfern und Menschen. Der Greis blickt auf das »paradiesisch Bild« (11086), das ihm die Landschaft bietet, mit unverhohlener Bewunderung. Immer noch hält er für ein »Wunder« (11109), wie von »kühne[n] Knechte[n]« unter der Leitung »kluger Herren« (11091) in kürzester Zeit das Meer in einen »Garten« (11085) verwandelt wurde.

Rudolf Schröder (*1885 Hamburg, †1960 Dresden): Offene Gegend (e. 1945/49 [41 großformatige Aquarelle zu *Faust I* und *II*], 40,4 x 33,7 cm)

In der Bearbeitung der Natur zu menschlichen Zwecken hat Faust durch den zentral geleiteten massenhaften Einsatz menschlicher Arbeitskraft eine Produktivität erzielt, die in der alten feudalen Zeit undenkbar war. Dass er bei den Erdarbeiten neben »Hack und Schaufel« (11124) auch schon dampfgetriebene Maschinen eingesetzt hat, darf angenommen werden. Goethe war über die Leistungskraft der Dampfmaschinen bestens informiert. Er wusste, dass der Siegeszug der neuen Antriebsquelle, der in England begonnen hatte, auch in den deutschen Staaten nicht aufzuhalten war. In *Wilhelm Meisters Wanderjahre* heißt es aus der Sicht einer Gebirgsbewohnerin, die um ihren Arbeitsplatz im Textilgewerbe fürchtet:

> »Das überhandnehmende Maschinenwesen quält und ängstigt mich, es wälzt sich heran wie ein Gewitter, langsam, langsam; aber es hat seine Richtung genommen, es wird kommen und treffen.« (BA II, 453)

Philemon zollt der ungeahnten Mobilisierung menschlicher Arbeitskraft ungeteilte Anerkennung. In der überlegenen Produktivität sieht er ohne Einschränkung einen großen Fortschritt. Beim anschließenden Gespräch im »Gärtchen« am gedeckten Tisch erscheint aber das

»Wunder« in einem anderen Licht. Für Baucis, die dem noch immer sprachlosen Wandrer weitere Erklärungen geben soll, besteht kein Zweifel, dass »das ganze Wesen / Nicht mit rechten Dingen« (11113 f.) zugegangen sei. Zum Beweis berichtet sie von schlimmen Vorgängen, die sie bei den Arbeiten gesehen hat:

> »Tags umsonst die Knechte lärmten, / Hack und Schaufel, Schlag um Schlag; / Wo die Flämmchen nächtig schwärmten, / Stand ein Damm den andern Tag. / Menschenopfer mußten bluten, / Nachts erscholl des Jammers Qual; / Meerab flossen Feuergluten, / Morgens war es ein Kanal.« (11123–11130)

Die Greisin dämonisiert zweifellos das Gesehene. Bei den »Flämmchen« und den »Feuergluten« wird es sich um den Feuerschein aus den Dampfmaschinen gehandelt haben. Doch eines scheint unzweifelhaft: Die Arbeitermassen mussten das Äußerste an Leistung erbringen; Vernichtung menschlichen Lebens wurde bewusst in Kauf genommen.

Nach dem Bericht über das Gesehene kann Baucis dem Wandrer nicht mehr verschweigen, dass Fausts Anspruch, nach seinem Willen über Natur und Mensch zu verfügen, auch vor ihnen nicht Halt macht. Den neuen Herrn »gelüstet« (11131) es nach ihrem Anwesen; er erwarte, dass man sich als »untertänig« (11134) erweise und sein Tauschangebot annehme. Philemon wäre nicht abgeneigt, auf das schöne »Gut im neuen Land« (11136) überzusiedeln. Baucis aber traut dem »Wasserboden« (11137) nicht. Sie will ihre Unabhängigkeit wahren und auf ihrer »Höhe« (11138) standhalten.

Über dem Bericht ist es Abend geworden. Unter den letzten Strahlen der Sonne gehen die Alten mit ihrem Gast zur Kapelle, um zum »alten Gott« zu beten. Auf ihn gründet sich das Vertrauen, dass ihr Leben wie bisher ungestört weitergeht.

(V,2) »Palast« (11143–11287)

Die nächsten fünf Szenen spielen in Fausts Wohnsitz, an dem Ort, von dem aus das wirtschaftliche Imperium der neuen Welt geleitet wird. Im Gegensatz zu seinen Arbeitern, die sich mit »Hütten« (11121) begnügen müssen, bewohnt Faust einen Palast in einem »weiten Ziergarten«, durch den sich ein »großer, gradgeführter Kanal« (Untertitel vor 11143) zieht. Der reiche bürgerliche Unternehmer hat den »sardanapalischen« Fürsten, die er verachtet, ihre herrscherlich prachtvolle Architektur nachgemacht.

Die Szene *Palast* schließt sich zeitlich unmittelbar an die vorangegangene Szene an. Während Philemon und Baucis mit ihrem Gast die Kapelle betreten, wandelt Faust, ebenfalls »im höchsten Alter« (Szenenanweisung vor 11143), nachdenklich vor seinem Palast. Er soll nach Goethes Intention »gerade hundert Jahre«[102] alt sein. Nach Mitternacht wird sein Leben zu Ende gehn.

In Gedanken versunken, hört Faust nicht, wie der Türmer Lynkeus oben auf der Warte des Palasts »durchs Sprachrohr« (Szenenanweisung vor 11143) die Ankunft eines »große[n] Kahn[s]« (11145) auf dem Kanal verkündet. Als aber auf der Düne das Glöckchen der Kapelle zu läuten beginnt, fährt er erschreckt in die Höhe, um dann in einem heftigen Gefühlsausbruch über das »verdammte Läuten« (11151) herzufallen, als würde es ihn »wie ein tückischer Schuß« (11152) auf das Schwerste verletzen. Warum diese maßlos überzogene Reaktion? Das Läuten erinnert Faust daran, dass es da etwas gibt, das außerhalb seines wirtschaftlichen Imperiums liegt, das er nicht besitzt und nicht beherrschen kann. Und das bringt ihn an den Rand der Verzweiflung. Die kleine Enklave, die ihm nicht gehört, fällt so schwer ins Gewicht, dass sie seinen »Hochbesitz« (11156) völlig wertlos macht. Faust wünscht sich »weit hinweg von hier« (11162).

Der angekündigte prächtige Kahn, »reich und bunt beladen mit Erzeugnissen fremder Weltgegenden« (Szenenanweisung nach 11166), hat inzwischen angelegt. Mephisto, der Kapitän der Flotte, und die »drei gewaltigen Gesellen« (Szenenanweisung nach 11166), seine Offiziere, gehen an Land, um dem Eigentümer Faust, dem »Patron« (11170), Bericht zu erstatten.

Zwei Schiffe waren von Faust ausgesandt worden, um in der Welt Handel zu treiben. Zweifellos hatten sie nicht von vornherein den Auftrag zur Piraterie. Doch unter der Hand, gleichsam unbeabsichtigt, ist es anders gekommen. Es wurden nicht nur »Fisch[e]«, sondern auch »Schiff[e]« (11180) gefangen. Treuherzig unbekümmert berichtet Mephisto, wie die Flotte auf zwanzig Schiffe angewachsen ist und mit reicher Ladung versehen wurde. Dass bei dieser gewaltigen Wertsteigerung die »Gewalt« (11184) eine entscheidende Rolle gespielt hat, ficht ihn nicht an; denn die Ausübung von Gewalt hält er in diesem Geschäft für eine Normalität. »Krieg, Handel und Piraterie« seien in der »Schifffahrt« »dreieinig« und »nicht zu trennen« (11186–11188). Aus der Geschichte der Seefahrt weiß man, dass er hier durchaus die Wahrheit sagt.

Faust vernimmt das »erhaben Glück« (11220), erneut um ein Vielfaches reicher geworden zu sein, mit »ernster Stirn, mit düstrem Blick«

(11119). Der neue Reichtum bedeutet ihm nichts, solange das kleine Anwesen auf der Düne nicht sein Eigen ist. Zwar schämt er sich; doch er kann nicht anders; er muss es Mephisto, dem »Vielgewandten« (11235), sagen, dass er sich die »Linden« »zum Sitz« (11240) wünscht und dass deshalb die »Alten droben« »weichen« (10239) sollten. Er würde die »Linden« unbedingt brauchen, um sein großes Werk, des »Menschengeistes Meisterstück« (11248), das den Völkern »breiten Wohngewinn« (11250) beschert hat, »mit einem Blick« zu »überschaun« (11247). Im Stillen müsste er sich sagen, dass er wie Lynkeus auch vom Turm seines Schlosses Überschau halten könnte oder sich ein Aussichtsturm auch an anderer Stelle errichten ließe.

Goethe hätte zum Beispiel mit Straßenbau- oder Meliorationsarbeiten leicht Sachzwänge erfinden können, die der ›Umsetzung‹ der beiden Alten wenigstens einen Anschein von Berechtigung gegeben hätten. Aber gerade das wollte er nicht. Philemon und Baucis leben zwar auf eine althergebrachte Weise; doch dem wirtschaftlichen oder technischen Fortschritt stehen sie nicht im Wege. Deshalb besteht auch keinerlei sachliche Notwendigkeit, sie beiseite zu räumen. Faust will, wie er selbst zugibt, das kleine Anwesen allein deshalb in seinen Besitz bringen, weil er es nicht besitzt, weil hier seines »allgewaltigen Willens Kür« (11255) keine Macht hat. »Die wenig Bäume«, die ihm nicht gehören, »Verderben [ihm] den Weltbesitz« (11241 f.).

Eigenständiges darf auf die Dauer keinen Bestand haben. Faust kann es nicht länger ertragen, dass neben ihm etwas existiert, was nicht von ihm abhängt und nicht seinem Willen unterworfen ist. Deshalb erteilt er trotz schlechten Gewissens Mephisto den Auftrag, die alten Eheleute, die sich bisher mit »Eigensinn« (11269) seinem Tauschwunsch widersetzt haben, notfalls auch gegen ihren Willen auf das »schöne Gütchen« (11276) zu schaffen, das ihnen als Ersatz ausersehen ist. Mit einem gellenden Pfiff ruft Mephisto seine »drei Gewaltigen« zur Unterstützung herbei. Den Zuschauern teilt er mit, dass auch »hier geschieht, was längst geschah, / Denn Naboths Weinberg war schon da« (11286 f.). Im Ersten Buch der Könige im 21. Kapitel, von Goethe in Klammern nachgewiesen, wird von Achabs Freveltat an Naboth erzählt. Naboth besaß einen Weinberg, den König Achab zur Erweiterung seines Gartens verlangte. Als er sich weigerte, sein väterliches Erbe durch Verkauf oder Tausch abzutreten, gelang es der Izebel, der Frau des Königs, Naboth und seine Söhne durch Steinigung hinrichten zu lassen. Achab nahm das herrenlose Grundstück in Besitz, wurde aber vom Propheten Elias mit dem Untergang seines Hauses bedroht. Das katastrophale Ende der ›Umsetzung‹ ist damit schon angekündigt.

Das Streben des Einzelnen, alles zu haben und über alles zu verfügen, liegt für Goethe im Wesen der neuen Gesellschaft selbst begründet. Es trifft deshalb nicht den Kern der Sache, hier von einer abartigen »totalitären Herrschaft«[103] zu sprechen und Faust in der ›Totalitarismus‹-Ecke abzustellen. Faust strebt wie ein normaler bürgerlicher Unternehmer nach immer mehr Besitz und Gewinn, erliegt aber der ständig gegebenen Gefahr, dieses Streben ins Maßlose zu treiben und das eigene Interesse zu verabsolutieren.

Man muss davon ausgehen, dass Goethe die »neue bürgerliche Gesellschaft, die Gesellschaft der Industrie, der allgemeinen Konkurrenz, der frei ihre Zwecke verfolgenden Privatinteressen«[104], im Prinzip bejahte und der feudalen Ständegesellschaft vorzog. Er lehnte es stets ab, den ›Eigennutz‹, die ›Selbstsucht‹, als unmoralischen Egoismus zu diffamieren, weil er wie Hegel gerade in der freien Entfaltung des Einzelnen das »Prinzip aller Belebung der bürgerlichen Gesellschaft, der Entwickelung der denkenden Tätigkeit, des Verdiensts und der Ehre«[105] erkannt hatte. Wie Adam Smith war er ebenfalls davon überzeugt, dass jedes Individuum, indem es dem eigenen Vorteil nachjage, gleichzeitig das Wohl des Ganzen befördern würde. Der hohen Wertschätzung des privaten Interesses stand jedoch ein tiefes Misstrauen zur Seite. Goethe glaubte an einen selbstregulatorischen Ausgleich in einem System allseitiger Abhängigkeit und sah gleichzeitig das Interesse des Einzelnen immer in der Gefahr, sich blind als das Höchste zu setzen und durch das rücksichtslose Durchsetzen seiner Zwecke physisches und psychisches Verderben zu stiften. Das mangelnde Vertrauen in die Fähigkeit des Bürgers, sein Gewinn- und Besitzstreben im Interesse des Ganzen selbst maßvoll zu begrenzen, behielt am Ende die Oberhand. Goethe stand deshalb Forderungen des liberalen Bürgertums nach Beteiligung an der politischen Macht mit äußerster Skepsis gegenüber. Er wollte lieber von einem adligen Landesherrn regiert werden, der nicht auf eigene wirtschaftliche Unternehmungen angewiesen war. Dem materiell Unabhängigen traute er eher die Fähigkeit zu, überparteilich zwischen den Einzelinteressen zu vermitteln. Bürgerliche an der Macht würden alle Eigenständigkeit vernichten und alle anderen Interessen ihrer Selbstsucht unterwerfen wollen.

(V,3) »Tiefe Nacht« (11288–11383)

Der Türmer Lynkeus steht zur Nachtzeit auf der »Schloßwarte« (Szenenanweisung vor 11288) und besingt die Schönheit der Welt. In allem sieht er die »ewige Zier« (11297), eine schöne harmonische Ordnung. Er preist seine Augen glücklich, dass sie diese Schönheit sehen dürfen.

Doch dann wird er Augenzeuge eines entsetzlichen Geschehens. Ohne helfen zu können, muss er mit ansehen, wie die Hütte, die Kapelle und die Linden in Flammen aufgehen und verbrennen. Wie sehnlich hofft er, dass die »guten alten Leute« (11316), die sonst so sorglich mit dem Feuer umgingen, sich aus »der wildentbrannten Hölle« (11323) noch rechtzeitig retten konnten. Am Ende bleibt ihm nur die traurige ohnmächtige Klage, dass alles »hin« (11337) ist: das kleine Anwesen und die alte Zeit, in der es Bestand hatte.

Faust steht »auf dem Balkon, gegen die Dünen« (Szenenanweisung vor 11338) und hört seinen Türmer jammern. Er empfindet Verdruss über die »ungeduld'ge Tat« (11341) des Feuerlegens. Ihn »verdrießt« (11341) es, dass der »Lindenwuchs« (11342), der ihm zur Aussicht dienen sollte, durch das Feuer vernichtet ist. Doch könnte als Ersatz schnell ein »Luginsland« (11344) errichtet werden. Dann wäre auch die »neue Wohnung« (11446) zu sehen, wo jetzt das alte Paar voller Dankbarkeit, »im Gefühl großmütiger Schonung« (11348), seine späten Tage genieße. Vom Verbrennen der Hütte und der Kapelle ist nicht die Rede. Dass auch die beiden Alten durch das Feuer versehrt sein könnten, wird überhaupt nicht in Betracht gezogen.

Mephisto und die drei gewaltigen Gesellen kommen »mit vollem Trab« (11350) und berichten, wie sie ihren Auftrag ausgeführt haben. Es sei leider »nicht gütlich« (11351) abgegangen, aber nur, weil man sich der »gütlich[en]« Umsiedlung widersetzt habe. »Das Paar« habe sich »nicht viel gequält«; es sei nach dem Aufbrechen der Tür vor »Schrecken« (11362 f.) tot umgefallen. »Ein Fremder« (11364), der fechten wollte, sei niedergestreckt worden. Beim wilden Kampf umherfliegende Kohlen hätten dann die Hütte in Brand gesteckt und zum »Scheiterhaufen dieser drei« (11369) gemacht.

Faust quittiert den Bericht mit Unmut. Habe er doch einen »Tausch« gewollt und keinen »Raub« (11371). Dass er einen Zwangstausch in Auftrag gegeben hat, scheint er verdrängt zu haben. Zwar ringt er sich eine Verfluchung ab. Aber die gilt nicht dem Verbrechen, das eben mit der Vernichtung dreier Menschenleben und eines ganzen Anwesens begangen wurde, sondern einem »unbesonnenen, wilden Streich« (11372).

Faust bedauert allenfalls, dass alles »zu schnell« (11382) gegangen ist. Vom Bewusstsein einer schweren Schuld kann nicht die Rede sein. Am Ende sind die Ermordeten nur selber schuld, weil sie nicht »willig der Gewalt« (11375) gehorcht haben. – Am Szenenschluss sieht Faust vom Balkon aus, wie »Rauch und Dunst« (11381), vom erlöschenden »Scheiterhaufen« aufsteigend, »schattenhaft« (11383) zu ihm herüberschweben.

(V,4) »Mitternacht« (11384 – 11510)

Aus »Rauch und Dunst« haben sich »vier graue Weiber« (Szenenanweisung vor 11384) gebildet. Sie stellen als allegorische Gestalten »Mangel«, »Schuld«, »Sorge« und »Not« dar. Vor dem Eingang zu Fausts Palast angelangt, erklären »Mangel«, »Schuld« und »Not«, dass sie nicht hineinkönnen, da hier ein »Reicher« (11387) wohne. Sie wollen es auch nicht, weil sie vor dem »Reiche[n]« »zunicht« (11388) würden.

»Mangel« und »Not« haben über den reichen Faust keine Macht. Das liegt auf der Hand. »Schuld« wäre aus gleichem Grund ausgeschlossen, würde sie eine materielle Schuld bedeuten. Nach der Untat, die eben geschehen ist, liegt es freilich näher, unter ›Schuld‹ eine moralische und rechtliche Schuld zu verstehen, bei der die Verhältnisse anders liegen. Sie müsste eigentlich an den »Reiche[n]« herankönnen. Doch Faust soll offenbar von einer stärkeren Macht heimgesucht werden. Es ist »Sorge«, die sich »durchs Schlüsselloch« (11391) einschleicht. Die andern drei Weiber entfernen sich mit der Ankündigung, dass »dahinten« (11396) ihr »Bruder«, der »Tod« (11397), kommt.

Faust, »im Palast« (Szenenanweisung vor 11398), hat die »vier grauen Weiber« reden gehört, ohne den »Sinn der Rede« (11399) zu verstehen. Nur »Not« und ein »düstres Reimwort« (11401), »Tod«, sind zu ihm durchgedrungen. Die »hohl« und »gespensterhaft gedämpft« (11402) tönenden Stimmen beunruhigen den alten Mann. Ohne jede Überleitung offenbart er plötzlich, wie er sein Leben zutiefst problematisch findet:

> »Noch hab ich mich ins Freie nicht gekämpft. / Könnt ich Magie von meinem Pfad entfernen, / Die Zaubersprüche ganz und gar verlernen, / Stünd ich, Natur! vor dir ein Mann allein, / Da wär's der Mühe wert, ein Mensch zu sein.« (11403 – 11407)

Der nach außen so stark und tatkräftig wirkende Faust bekennt, auf sein Innerstes blickend, dass ihn böse Ahnungen bedrängen, dass er sich »verschüchtert« und »allein« (11418) fühlt.

»Magie« ist der »Missbrauch des Echten und Wahren, ein Sprung von der Idee, vom Möglichen, zur Wirklichkeit, eine falsche Anwendung echter Gefühle, ein lügenhaftes Zusagen, wodurch unsern liebsten Hoffnungen und Wünschen geschmeichelt wird«. (LA I 6,129) Faust versuchte sein ganzes langes Leben hindurch stets aufs Neue, dem Menschen gesetzte Grenzen zu überspringen, obwohl er sich wiederholt weise Selbstbeschränkung vorgenommen hatte. Bedient wurde das menschlich verständliche, aber letztlich verderbliche Verlangen nach Grenzüberschreitung von Mephisto. Im höchsten Alter, nach der Vernichtung der Welt von Philemon und Bacis, scheint Faust jetzt in einem Moment des Innehaltens zu erkennen, dass für sein großes Vorhaben, Natur und Mensch zu beherrschen, mit schlimmen Folgen für seine Mitmenschen und dem Verlust des eigenen Menschseins, ein zu hoher Preis zu zahlen war. In diesem Moment, wo er mit der »Magie« endgültig aufhören möchte, wo ihm schmerzlich bewusst wird, dass sich seine großen Absichten ins Verderbliche verkehrt haben, drängt sich »Sorge« auf.

Mit dem Auftritt von »Sorge« hat das beunruhigte Nachsinnen schlagartig ein Ende. Faust muss ihre Anwesenheit ertragen; er muss sich die Frage gefallen lassen, ob er »die Sorge nie gekannt« (11432) habe. Doch ist er fest entschlossen, ihr nicht den mindesten Einfluss einzuräumen. Deshalb zeichnet er, bewusst die Wahrheit verzerrend, von seinem Leben ein Bild, in dem Sorge um die Zukunft überhaupt nicht vorkommt. Er habe immer »nur begehrt und nur vollbracht« (11437) und »so mit Macht / [S]ein Leben durchgestürmt« (11438 f.). Keine »Grille« (11461) habe ihm die Gegenwart verdüstern und seinen Tatendrang lähmen können, auch nicht die Sorge um das Jenseits. Den »Tüchtigen« (11446), »unbefriedigt jeden Augenblick« (11452), werde »Qual und Glück« im steten »Weiterschreiten« (11451) begleiten.

»Sorge« versucht mit suggestiven Schilderungen ihrer Macht, von Faust Besitz zu ergreifen, damit ihm »alle Welt nichts nütze« (11454). Sie will ihn lähmen und in die Kapitulation führen. Aber die »schlechte Litanei« (11469) prallt am entschlossenen Widerstand wirkungslos ab. Faust besitzt die Kraft, »Sorge« die Macht über sein Inneres zu verweigern. Von geistiger Blindheit kann ihm die Welt nicht verstellt werden. Die physische Erblindung wird er erdulden müssen. »Sorge« wendet sich nach ihrer schmählichen Niederlage »mit Verwünschung« (11496) von Faust ab. Als Schwester des Todes bleibt ihr nur die Genugtuung, das nahe physische Ende anzukündigen und einzuleiten. Sie haucht Faust an, worauf er »erblindet« (Szenenanweisung nach 11498).

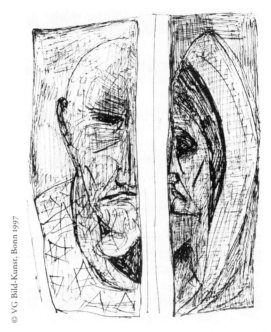

© VG Bild-Kunst, Bonn 1997

Max Beckmann (*1884 Leipzig, †1950 New York): [Faust und die Sorge] – Zuordnung von M. B.: »FAUST *im Palast* Vier sah ich kommen, drei nur gehn; / [...].« (e. April 1943/Febr. 1944 [143 Blätter zu Faust II], Federzeichnung, 18 x 25 cm)

Durch die Erblindung verliert Faust den Zugang zur Wirklichkeit. Die Wechselwirkung von Ich und Außenwelt, die für den Menschen lebensnotwendig ist, wird aufgehoben. Auf sich zurückgeworfen, beginnt Faust sein Menschsein zu verlieren. Aber er merkt es nicht. Die Nacht kommt dem Blinden nur noch etwas dunkler vor. Er hält sich immer noch für sehend. Ungewollt verfällt er damit in seiner Beziehung zur Wirklichkeit tiefer Verblendung. Was in der Außenwelt tatsächlich geschieht, steht zu dem, was er in ihr zu sehen glaubt, in einem schrillen Gegensatz.

Der Verlust des Weltbezugs führt notwendig auch zu einer Deformation des Innern. Doch nicht auf der Stelle. Nach der Erblindung leuchtet des Geistes »helles Licht« (11500) nicht heller; aber es leuchtet für die kurze Zeit bis zum Tode ungetrübt wie bisher. »Im Innern« (11500) verfällt Faust nicht der Verblendung, der Täuschung. Hier bleibt er sich unbeirrt treu; hier führt er konsequent zu Ende, wofür er viele Jahre gelebt und gearbeitet hat.

Mitten in der Nacht entschließt sich Faust, die letzten Arbeiten, die zur Vollendung seines Lebenswerks noch erforderlich sind, unverzüglich in die Wege zu leiten. Er ist wie bisher der »Herr«, der den Plan entwirft und seinen Arbeitern durch »strenges Ordnen« (11507) vorgibt, was sie mit »raschem Fleiß« (11507) zu leisten haben. Die »Knechte« werden aufgefordert, augenblicklich vom »Lager« (11503) aufzustehen, die Werkzeuge zu ergreifen und mit »Schaufel« und »Spaten« (11505) sofort an die Arbeit zu gehen, da das »Abgesteckte« »sogleich geraten« (11506) müsse. Am Ende feiert sich Faust als den alleinigen Schöpfer des großen Werks der Landgewinnung und Kolonisation. Ein einziger »Geist« genüge, um mit »tausend Hände[n]« »das größte Werk« (11509 f.) zu vollenden.

Faust kann vorgeworfen werden, dass er zu sehr den »Herr[n]« herauskehrt und die Leistungen seiner Arbeiter zu grob missachtet; aber in der Sache verkündet er nur die herrschende Meinung, dass die geistige Arbeit konzeptiv und damit im eigentlichen Sinne produktiv ist, die körperliche Arbeit dagegen bloß den geistigen Entwurf ausführt. In den realen Verhältnissen am Beginn des 19. Jahrhunderts konnte sich diese Wertung bestätigt sehen. Erfinder und Unternehmer revolutionierten für jedermann sichtbar die Produktion, während die körperliche Arbeit immer mehr nur Detailfunktionen übernahm und dadurch immer mechanischer wurde.

(V,5) »Großer Vorhof des Palasts« (11511 – 11603)

Fausts Anweisungen werden nicht mehr befolgt. Auf den von Fackeln beleuchteten Vorhof des Palasts treten anstelle der Arbeiter die Lemuren, herbeigeholt von Mephisto, der ihnen als »Aufseher« (Szenenanweisung vor 11511) vorangeht. Von den letzten Arbeiten am Kolonisationswerk sollte er ausgeschlossen bleiben; ungerufen ist er dennoch gekommen, freilich nicht mehr als Fausts Diener, sondern in eigener Mission.

Die Lemuren waren in altrömischer Vorstellung Geister von Toten, die als böse, quälende Spukgestalten die Menschen belästigten. Hier sind es Tote, »denen noch so viel Muskeln und Sehnen übrigblieben, daß sie sich kümmerlich bewegen können, damit sie nicht ganz als durchsichtige Gerippe erscheinen und zusammenstürzen«[106]. Goethe kannte die Darstellung eines Toten »in diesem widerwärtigen Zustand« der »Verwesung und Halbvernichtung«[107] von einem dreiteiligen Basrelief auf einem griechischen Grabmahl beim süditalienischen Cumae.

Die aus »Bändern, Sehnen und Gebein / Geflickte[n] Halbnaturen« (11513) sind offenbar zu ihren Lebzeiten Fausts »Knechte« gewesen; denn sie führen die Arbeitsgeräte der Deich- und Dammbauer mit sich. Was ihnen im Leben versagt geblieben ist, hoffen sie als Tote zu bekommen. Sie meinen, der Aufseher habe sie herbeigerufen, weil sie jetzt »wohl gar ein weites Land« (11517) erhalten sollen. Doch auch als Tote werden sie nicht für sich arbeiten. Mephisto erteilt ihnen den Auftrag, im Vorhof des Palasts ein Grab für einen Großen auszuheben. Willenlos gehorchend, gehen die jämmerlichen Kreaturen »mit neckischen Gebärden« (Szenenanweisung vor 11531) ans Werk. Bei ihrer traurigen Arbeit singen sie ein Lied, das dem Gesang der Totengräber in Shakespeares *Hamlet* nachgestaltet ist.

Während die Lemuren das Grab ausheben, tritt Faust aus dem Palast. Er »tastet an den Türpfosten« (Szenenanweisung vor 11539). Blind für die Realität, ohne sich dessen bewusst zu sein, entnimmt er voller Genugtuung dem »Geklirr der Spaten« (11539), dass die »Menge« (11540) seinen Anweisungen gefolgt ist und die Arbeiten schon voll im Gange sind. Mephisto sieht keine Veranlassung mehr, Faust über seinen Irrtum aufzuklären. Aber die Hochstimmung des alten Mannes kann er nicht ohne Gegenerklärung im Raum stehen lassen. Da sie »beiseite« (Szenenanweisung vor 11544) gesprochen wird, also für

Lemuren. Basrelief aus einem Grabe bei Cumae
(Abbildung in G.s Aufsatz »Der Tänzerin Grab« [BA 20, 9])

Faust nicht hörbar ist, kann sie schonungslos offen sein. Mephisto prophezeit dem großen Werk der Landgewinnung und Kolonisation den baldigen Untergang. Faust werde mit all seinen »Dämmen« und »Buhnen« doch nur dem »Wasserteufel« einen »großen Schmaus« (11545 bis 11547) bereiten. Überhaupt seien die Menschen »in jeder Art« »verloren«; denn die »Elemente sind mit uns verschworen, / Und auf Vernichtung läuft's hinaus«. (11548 – 11550)

Das »Geklirr der Spaten« hat den ungebrochenen Tatendrang weiter beflügelt. Faust beschließt, die Arbeiten noch zu forcieren. Der »Aufseher« wird herbeizitiert. Er soll mit dem Versprechen guter Bezahlung und notfalls auch mit Druck neue Arbeitermassen heranschaffen und jeden Tag über die Fortschritte beim Bau des neu »unternommene[n] Graben[s]« (11556) Bericht erstatten.

Faust hat die Leute, die auf seinem Grundbesitz unter seiner Leitung körperliche Arbeit verrichten, bisher immer »Knechte« genannt. Jetzt zum Schluss spricht er erstmals selbst von bezahlten Arbeitern. Damit ist sichergestellt, dass wir es schon mit den Lohnarbeitern zu tun haben, die im Verlauf des 19. Jahrhunderts zur zahlenmäßig stärksten Schicht der neuen bürgerlichen Gesellschaft anwachsen werden. Fausts »Knechte« sind freie Eigentümer ihrer Person und ihres Arbeitsvermögens und können ihre Arbeitskraft frei auf dem Markt verkaufen. Sie dürfen deshalb nicht mit den ›Knechten‹ verwechselt werden, die bei freier Kost und Unterbringung und minimaler Bezahlung langfristig auf den großen Gütern als Landarbeiter angestellt waren. Gleichermaßen verfehlt wäre die Bezeichnung ›Zwangsarbeiter‹. Fausts »Knechte« werden nicht von einer staatlichen Macht durch Gesetz zur Arbeit gezwungen. Was sie zur Arbeit zwingt, ist ihre wirtschaftliche Abhängigkeit.

Faust agiert unverändert als »Herr«, der mit seinem »Geist« »tausend Hände« in Bewegung setzt. Trotz der Begegnung mit »Sorge«, trotz der schweren Bewusstseinskrise führt er die bisherige Praxis seines Unternehmertums unbeirrt weiter. Ja, er forciert sie sogar noch. So gibt es nicht die geringste Andeutung, dass Faust an der bestehenden gesellschaftlichen Ordnung, die ihm diese Praxis ermöglicht, das Mindeste auszusetzen hätte. Und dann gibt es völlig unvorbereitet, buchstäblich in letzter Minute, in den letzten Worten vor dem Tod, doch ein neues Denken.

Im Schlussmonolog geht es um die gewichtige Frage: Soll es und wird es trotz unübersehbarer Schattenseiten in der von Faust begründeten Welt im Prinzip so weitergehen wie bisher? Oder besteht die Notwendigkeit zu grundlegenden Veränderungen? Vor der Analyse des Textes empfiehlt es sich, zu erkunden, ob Goethe von krisenhaften Erscheinungen in der neuen bürgerlichen Gesellschaft gewusst hat und wie er mit diesem Problem in außerdichterischen Stellungnahmen umgegangen ist.

Eigene Erfahrungen mit dem beginnenden Industriezeitalter konnte Goethe in seinem thüringischen Kleinstaat natürlich nicht machen. Aber er besaß ein erstaunliches Maß an ›Sekundärerfahrung‹, gewonnen aus intensiver Lektüre. Wie sich nachweisen lässt[108], wusste er über die positiven wie die negativen Folgen der Industrialisierung um 1830 besser Bescheid als bisher angenommen. Mit besonderem Interesse verfolgte er die Entwicklung in Großbritannien, das in der bürgerlich-kapitalistischen Umgestaltung der Gesellschaft am weitesten fortgeschritten war, weil man dort studieren konnte, welchen Weg die Entwicklung auch in Frankreich und Deutschland nehmen würde. Goethe wusste um die eindeutige Überlegenheit eines Wirtschaftens, in dem Kapital und Arbeitskraft, Ware und Geld ihre Bewegungsfreiheit erlangt hatten. Einem Bericht über die Festversammlung zu Ehren von James Watt am 18. Juni 1824 in London konnte er zum Beispiel imponierende Einzelheiten über die Steigerung der Arbeitsproduktivität entnehmen, die in verschiedenen Produktionszweigen durch den Einsatz der Dampfmaschine erzielt worden war. Gleichzeitig hatte er Kenntnis von den schweren sozialen Problemen, die mit der Industrialisierung verbunden waren, von der elenden Lage der Arbeiter in den englischen Großstädten, von der Massenarbeitslosigkeit, von Aufständen, die blutig niedergeschlagen wurden. Natürlich registrierte er auch die verschiedenen Konzepte und Maßnahmen zur Milderung und Lösung dieser sozialen Probleme. Er kannte die Vorschläge des englischen Geistlichen und Nationalökonoms Thomas Robert Malthus (1766–1834); er war informiert über die Bemühungen des Staates und philanthropischer Gesellschaften, den unteren Schichten eine gute Berufsausbildung zu geben, offenkundiges Elend zu mildern und dauerhafte Einrichtungen eines soziales Netzes zu schaffen. Am eingehendsten beschäftigte er sich mit einem Reformkonzept, das aus Frankreich kam: mit dem Saint-Simonismus.

Vom Wirken des Comte Claude-Henri de Saint-Simon (1760 bis 1825) hatte Goethe schon im Jahre 1826 Kenntnis. In der französischen Zeitschrift »Le Globe« vom 4. Juni 1825 fand er einen Nachruf auf den am 19. Mai Verstorbenen, in dem Leben und Werk im Überblick gewürdigt wurde. Neun Anstreichungen von eigener Hand bezeugen, dass er diesem Nachruf eine große Beachtung geschenkt hat. Auch die

Berichte über die Schüler von Saint-Simon, die so genannten Saint-Simonisten, die mit ihren viel weiter reichenden Reformvorschlägen ihren Lehrer bald nach dessen Tod aus dem öffentlichen Interesse verdrängten, wird er aufmerksam gelesen haben. Doch das waren immer nur allgemeine Informationen aus zweiter Hand. Sich eingehender mit der Lehre der Schüler, dem so genannten Saint-Simonismus, zu beschäftigen, sah Goethe noch keine Veranlassung. Nach der Julirevolution von 1830 änderte sich das. Die Schüler, die sich seit 1828 mit zwei Vorlesungszyklen intensiv um die Verbreitung ihrer Ideen bemüht, aber nur einen kleinen Kreis erreicht hatten, erhielten durch die Revolution die Gelegenheit, zu einer großen Öffentlichkeit zu sprechen und ihre Wirkung auf das Ausland auszudehnen. Dass sich Goethe jetzt vornahm, den Saint-Simonismus aus Quellentexten kennen zu lernen, hängt mit dem stark gewachsenen öffentlichen Interesse zusammen. Den Ausschlag gab aber die eigene tiefe Verunsicherung. Nachdem die neue Revolution das eigene Konzept gesellschaftlichen Fortschreitens brutal widerlegt hatte, fühlte er sich verpflichtet, das Reformkonzept der vielberufenen saint-simonistischen Schule selbst auf seine Brauchbarkeit zu überprüfen. Im Mai 1831 las er die *Exposition de la Doctrine de Saint-Simon* (1829/30; Darstellung der Lehre S.-S.), die gedruckte Fassung der Vorlesungen, in denen die Schüler (vor allem Prosper Barthélemy Enfantin [1796–1864] und Saint-Armand Bazard [1791–1832]) seit 1828 ihre Ideen vorgetragen hatten.[109]

Saint-Simon, der im Ancien Régime aufgewachsen war, stand noch bis ans Ende seines Lebens unter dem Eindruck des sozialen Fortschritts, der durch die Französische Revolution erzielt worden war. Für ihn gab es in der Gesellschaft nur einen Antagonismus, den zwischen Müßiggängern und Arbeitenden; Interessengegensätze zwischen Lohnarbeitern und Unternehmern konnte er nicht wahrnehmen. Die ideale Gesellschaft der Zukunft war für ihn hergestellt, wenn keiner mehr dem feudalen Müßiggang anhing und alle arbeiteten. Die jungen Männer der Schule, geboren zwischen 1790 und 1800, waren dagegen von der Erfahrung des frühen Kapitalismus geprägt. Sie sahen die Gesellschaft der Gegenwart bestimmt von unerbittlichem Konkurrenzkampf, in dem massenhaft menschliche Arbeit vergeudet wurde, sowie von gnadenloser Ausbeutung der Lohnarbeiter durch die Unternehmer. In einer Gesellschaft der Zukunft müsse die Ausbeutung des Menschen durch den Menschen beseitigt, für alle Mitglieder der Gesellschaft das Leistungsprinzip durchgesetzt und der Konkurrenzkampf durch eine gesamtgesellschaftliche Planung ersetzt werden:

»Auf diesen Mangel eines allgemeinen Planes der Bedürfnisse des Verbrauchs, der Hilfsmittel der Produktion, muss man diese industriellen Krisen zurückführen, [...]. Wenn in diesem wichtigen Zweig sozialen Handelns sich so viele Störungen und Unordnungen zeigen, *so deshalb, weil die Verteilung der Arbeitswerkzeuge nur von isolierten Einzelnen vorgenommen wird, die das Ganze nicht übersehen.*«[110] »Heute wird die ganze Masse der Arbeiter von denen ausgebeutet, deren Eigentum sie nutzbar machen [...]. In einer solchen Lage erweist sich somit der Arbeiter als unmittelbarer Abkömmling des Sklaven und des Leibeigenen; seine Person ist zwar frei, er ist nicht mehr an die Scholle gebunden. Aber dies ist alles, was er erreicht hat, und in diesem gesetzmäßigen Zustand der Freiheit kann er nur unter Bedingungen leben, die ihm die kleine Klasse von Menschen auferlegt, der eine vom Eroberungsrecht abgeleitete Gesetzgebung das Monopol des Reichtums verliehen hat. Und dieses Monopol bedeutet die Möglichkeit, nach Belieben und selbst im *Nichtstun* über die *Produktionsmittel* zu verfügen.«[111] Die Hauptschuld an der miserablen Lage der Arbeiter gaben die Saint-Simonisten der bestehenden Form des Privateigentums an den Produktionsmitteln, womit sie weit über ihren Lehrer hinausgingen. Sie waren davon überzeugt, dass die gerechtere Gesellschaft der Zukunft nur errichtet werden könne, wenn »die gegenwärtige Einrichtung des Eigentums einer gänzlich neuen Einrichtung«[112] Platz machen würde. Deshalb forderten sie in einem ersten Schritt die Aufhebung des Erbrechts, wodurch alle Produktionsmittel in die Verfügungsgewalt der gesamten Gesellschaft fallen würden. In einem zweiten Schritt wollten sie dann privates Eigentum wiederherstellen, indem sie den einzelnen Mitgliedern der Gesellschaft je nach ihrer Leistungsfähigkeit Produktionsmittel zur Verwaltung und Nutzung übertrugen. Von der bestehenden Form des Eigentums würde sich diese neue Form grundsätzlich dadurch unterscheiden, dass es »*allein durch die Fähigkeit* gerechtfertigt [ist] [...], durch das *persönliche Verdienst* und nicht durch *die Geburt*«[113]. Es wäre nicht vererbbar, müsste sich ständig durch Leistung legitimieren und könnte bei Misswirtschaft wieder kassiert werden. Funktionieren sollte diese Organisationsform des Eigentums mit Hilfe einer mächtigen kompetenten Zentrale. Im Gesellschaftsmodell der Schule spielten denn auch die »allgemeinen Leiter« eine entscheidende Rolle. Als Interessenvertretern des Ganzen oblag ihnen die verantwortungsvolle Aufgabe, »jedem die *für ihn* und *für andere* am zweckmäßigsten einzunehmende Stelle anzuweisen«.[114]
Die saint-simonistische Schule unterschied also zwischen einem Obereigentum, das der ganzen Gesellschaft, repräsentiert durch die zentralen Instanzen, zustand, und einem an die einzelnen Mitglieder

der Gesellschaft übertragbaren Untereigentum. Das Privateigentum an den Produktionsmitteln wurde somit nicht abgeschafft, sondern nur aus seiner dominanten Stellung verdrängt. Ausdrücklich lehnte man die »Gütergemeinschaft« (communauté des biens) ab, weil sie das unerlässliche Leistungsprinzip außer Kraft setzen würde:

> »Wir müssen von vornherein bedenken, dass einige dieses System mit demjenigen verwechseln, das man unter dem Namen *Gütergemeinschaft* kennt. Zwischen ihnen besteht jedoch keine Beziehung. In der Gesellschaftsordnung der Zukunft wird, […], jeder nach seinen Fähigkeiten *eingestuft* und nach seinen Werken *belohnt* werden. Damit ist die *Ungleichheit* der Teilung hinreichend angedeutet. Im System der Gütergemeinschaft dagegen sind alle Teile gleich, und gegen eine solche Verteilungsart treten gezwungenermaßen eine Menge von Einwänden auf. Das Prinzip des Wetteifers wird dort vernichtet, wo der Müßige ebenso viel erhält wie der fleißige Arbeiter, und dieser daher alle Lasten der Gemeinschaft auf sich fallen sieht.«[115]

Goethes Urteil über die Lehre der Saint-Simonisten finden wir in einem Brief an den engen Freund Zelter vom 28. Juni 1831. Leider gibt es nur dieses eine Zeugnis; doch ist es aussagekräftig genug:

> »An der Spitze dieser Secte stehen sehr gescheite Leute, sie kennen die Mängel unserer Zeit genau und verstehen auch das Wünschenswerthe vorzutragen; […].« (WA B 48, 258)

Diese anerkennenden Worte zu Beginn sind äußerst bemerkenswert; denn sie signalisieren unmissverständlich, dass Goethe mit der Schule in der Sache übereinstimmte, wenn sie den planlosen Konkurrenzkampf und das elende Los der Lohnarbeiter anprangerte und wenn sie eine Gesellschaftsordnung einforderte, in der die Menschen brüderlich vereint zusammenarbeiten und jeder entsprechend seiner Leistung ein hinreichendes Auskommen hat. Der »gänzlich neuen Einrichtung« des Eigentums, die das »Wünschenswerthe« verwirklichen sollte, musste er freilich entschieden seine Gefolgschaft versagen, weil sie mit einem schweren Eingriff in die bestehenden Eigentumsverhältnisse verbunden war. Forderungen aber nach Änderung der Eigentumsordnung hatte Goethe stets energisch abgelehnt; denn sie würden immer auf eine Gleichheit des Besitzes ausgehen und damit die Gesellschaft wieder in den Naturzustand zurückwerfen.

Zur neuen Organisationsform des Eigentums selbst, dem Herzstück des saint-simonistischen Reformkonzepts, nahm Goethe nicht Stellung. Er verwies stattdessen auf schwerwiegende Probleme der Realisierung, was auf eine Ablehnung hinauslief. Wie sollte die Vergabe der Produktionsmittel aufgrund einer Leistungseinschätzung durch die »Leiter« in der Praxis funktionieren, ohne wieder in anmaßender Weise die Rechte des einzelnen Menschen zu verletzen?

> »Die Narren bilden sich ein, die Vorsehung spielen zu wollen, und versichern, jeder solle nach seinem Verdienst belohnt werden, wenn er sich mit Leib und Seele, Haut und Haar an sie anschließt und sich mit ihnen vereinigt. Welcher Mensch, welche Gesellschaft dürfte dergleichen, da man ja von Jugend auf nicht leicht jemand kennen und die Steigerung seiner Tätigkeit beurteilen wird. Wodurch bethätigt sich denn zuletzt der Charakter, als daß er sich in der Tagesbewegung, im Hin- und Widerwirken bildet. Wer unterstünde sich den Werth der Zufälligkeiten, der Anstöße, der Nachklänge zu bestimmen, wer getraute sich die Wahlverwandtschaften zu würdigen. Genug, wer sich untersteht zu schätzen, was der Mensch ist, der müßte in Anschlag bringen, was er war und wie er's geworden ist. Solche allgemeine Unverschämtheiten haben wir gar oft schon erlebt, sie kehren immer zurück und müssen geduldet werden.« (WA B 48, 259)

Nirgendwo im fünften Akt wird nur im Mindesten auf spezifisch saint-simonistische Anschauungen angespielt. Die *Exposition de la Doctrine de Saint-Simon* hinterließ in *Faust* keinerlei Spuren; aber speziell für den Schlussmonolog ist sie eine sehr wichtige Bezugsgröße, ein wesentliches Element des Kontextes. Durch die Stellungnahme zur *Doctrine* der Saint-Simonisten wissen wir genauer, was Goethe unter den »Mängeln« seiner Zeit verstand und welche Veränderungen in der Gesellschaftsordnung er für wünschenswert hielt. Und wir können mit Sicherheit sagen, dass Eingriffe in die Eigentumsordnung für ihn nicht der richtige Weg waren, die wünschenswerten Veränderungen herbeizuführen.

Der Schlussmonolog besteht in seiner ersten Fassung von 1826, die in der Handschrift VH² überliefert ist[116], aus 9 Versen:

> »Dem Graben, der durch Sümpfe schleicht / Und endlich doch das Meer erreicht. / Gewinn ich Platz für viele Millionen / Da will ich unter ihnen wohnen, / Auf wahrhaft eignem Grund und Boden stehn. / Ich darf zum Augenblicke sagen: / Verweile doch, du bist so schön! / Es kann die Spur von meinen Erdentagen / Nicht in Äonen untergehn.«[117]

Faust hat seinem »Aufseher« Mephisto kurz vorher aufgetragen, täglich über die Fortschritte beim Bau des neuen »Graben[s]« zu berichten, worauf dieser »halblaut« (Szenenanweisung vor 11557) erwiderte, man spreche von »keinem Graben, doch vom Grab« (11558). Jetzt nimmt er seine Rede vom »Graben« wieder auf. Wir erfahren, dass Faust erneut für »Millionen« aus einem versumpften Gebiet neues Siedlungsland schaffen und »unter« diesen »Millionen« »wohnen« will. Das neu gewonnene Land wird als »wahrhaft eigne[r] Grund und Boden« bezeichnet. »Wahrhaft« ist in H² nachträglich über der Zeile eingefügt und soll offenbar signalisieren, dass die Hilfe Mephistos nicht mehr mit im Spiel ist. Das neue Projekt bereitet Faust eine grenzenlose Genugtuung. Bei seiner Wette mit Mephisto hatte er die Entscheidung über deren Ausgang nachträglich an das Aussprechen einer Formel geknüpft. Jetzt empfindet er ein solches Glück, dass er bereit ist, diese Formel auszusprechen, womit er die Wette verloren hätte.

Faust führt in der Erstfassung des Schlussmonologs im Wesentlichen die bisherige Praxis fort. »Millionen« von Menschen sollen auf dem neuen Land, das sie nach seinen Plänen durch ihre körperliche Arbeit geschaffen haben, siedeln und leben können. Aber gehören wird es ihnen nicht. Faust bleibt der alleinige Besitzer von »Grund und Boden«. Das Wort »eigen« gebraucht er nur im Bezug auf sich selbst. Neu ist seine Absicht, »unter« den »Millionen« zu »wohnen«. Faust empfindet offenbar erstmals das Bedürfnis, die bisherige Distanz zwischen sich und seinen Arbeitern abzubauen. Wie das in der Praxis aussehen soll, wird offen gelassen.

In der endgültigen Fassung, die nach der Julirevolution von 1830 niedergeschrieben wurde, ist der Schlussmonolog von 9 auf 28 Verse angewachsen. Faust benennt eingangs das Ziel seines letzten Handelns. Am Ende der Szene *Mitternacht* entschloss er sich, die letzten Arbeiten, die zur Vollendung seines Lebenswerks noch erforderlich waren, unverzüglich in die Wege zu leiten. Worin diese Arbeiten bestehen sollten, erläuterte er nicht. In der Erstfassung des Schlussmonologs sprach er dann von einem neuen »Graben, der durch Sümpfe schleicht«. Jetzt erfahren wir, dass es um die Trockenlegung eines Sumpfes geht. Faust stellt sich diese Aufgabe, weil er plötzlich erkannt hat, dass sein Werk bedroht ist. Die scheinbar für die Ewigkeit gemachte neue Welt läuft Gefahr, wieder vernichtet zu werden: »Ein Sumpf«, der »am Gebirge hin[zieht], / Verpestet alles schon Errungene« (11559 f.). Die Trockenlegung soll diese Gefahr abwehren. Sollte es gelingen, den »faulen Pfuhl auch abzuziehn«, wäre es »das Höchsterrungene« (11561 f.).

Die Trockenlegung des Sumpfes, die den Fortbestand des »schon Errungene[n]« sichern soll, wird zugleich neues Siedlungsland schaffen. Noch einmal präsentiert sich Faust als der große Unternehmer, dessen geistige Leistung allein zählt. Es ist allein sein »Ich«, das »vielen Millionen« die neuen »Räume« (11563) eröffnet. Aber dann, als er sich das Projekt schon als Realität vorstellt, als er mit seinem inneren Auge ein fruchtbares grünes »Gefilde« (11565) und zufriedene Menschen sieht, wechselt er mit einem Mal seine Sichtweise. Den großen neuen Deich, hinter dem »Mensch und Herde« »behaglich auf der neusten Erde« (11565 f.) leben, hat »aufgewälzt kühn-emsige Völkerschaft« (11568). Und sollte die »Flut« (11570) Breschen in den Deich schlagen, womit immer zu rechnen ist, wird »Gemeindrang« eilen, »die Lücke zu verschließen« (11572). Es ist nicht mehr des »Herren Wort«, das »allein Gewicht« (11502) hat. Der Kampf gegen die »Elemente«, die menschliche Existenz ständig zu vernichten drohen, wird geleistet von einer tätigen Gemeinschaft, wo der Gegensatz von Herr und Knecht aufgehoben ist.

Ein grundlegender Sinneswandel hat stattgefunden. Jetzt muss er noch bewusst gemacht und bekräftigt werden. Der neue gesellschaftliche Zustand, der scheinbar unbewusst in der Vorstellung produziert worden ist, führt Faust auf die Erkenntnis, dass wahres Menschsein nur in einer tätigen, brüderlich vereinten Gemeinschaft möglich ist. Mit dieser Erkenntnis, die »der Weisheit letzter Schluß« (11574) ist, erwacht in ihm der Wunsch, die als Vision geschaute Gemeinschaft eines »tätig-frei[en]« (11564) Volks noch als Wirklichkeit zu erleben und ihr als gleichberechtigtes Mitglied anzugehören. Sollte dieser Wunsch jemals in Erfüllung gehen, dann »dürft« er »zum Augenblicke« sagen: »Verweile doch, du bist so schön!« (11581 f.) »Im Vorgefühl von solchem hohen Glück« genießt er den »höchsten Augenblick« (11585 f.).

Faust entwirft in allerletzter Minute das Wunschbild einer Gesellschaftsordnung, in der es keine Herren und Knechte mehr gibt, in der die Menschen als gleichberechtigte Elemente eines Ganzen brüderlich zusammenarbeiten. Auf welchem Wege diese neue Ordnung zu errichten war, wie sie im Einzelnen aussehen sollte, bleibt völlig offen. Es muss offen bleiben, weil der Dichter auf diese Fragen selbst keine Antworten wusste. Goethe war in der Lage, das »Wünschenswerthe« zu benennen; Vorschläge aber zu dessen Verwirklichung konnte er nicht unterbreiten.

Mit Sicherheit wissen wir nur, dass ein Eingriff in die bestehenden Eigentumsverhältnisse als Lösungsweg nicht infrage kam. Wie Goethe den Vers »Auf wahrhaft eignem Grund und Boden stehn« aus der Erstfassung des Schlussmonologs zweimal veränderte, verdient deshalb besondere Beachtung. Bei der Übernahme des Verses in den Kontext der endgültigen Fassung des Schlussmonologs ersetzte er das Attribut

»eignem« durch »freiem«. Kurz vor seinem Tode strich er noch »und Boden« und fügte dafür »mit freiem Volke« ein. Das waren Änderungen von außerordentlicher Tragweite. Faust legt als Teil des »tätig-frei[en]« Volks keinen Wert mehr darauf, das aus dem Sumpf gewonnene Neuland als sein Eigentum zu bezeichnen. Im Idealbild einer Gesellschaft gleichberechtigt zusammenarbeitender Menschen riskierte Goethe eine Änderung bei bestehendem Eigentum, die er in der Theorie entschieden ablehnte. Weiter konnte und wollte er sich nicht vorwagen. Die alte Eigentumsordnung, in der Faust privater Eigentümer des gesamten Neulands war, ist de facto aufgehoben. Eine neue aber wird nicht eingesetzt. An die Stelle des Attributs ›eigen‹ tritt das Attribut ›frei‹, das die Eigentumsfrage völlig offen hält. Goethe misstraute dem Freiheitsbegriff eigentlich wegen seiner Unbestimmtheit und seiner Brauchbarkeit als politisches Fahnenwort. Doch im Vers 11580 wurde gerade diese Unbestimmtheit benötigt.

Goethe war bereit, in der Vorstellung des »Wünschenswerthen« die frühere Festlegung auf privates Eigentum zu vermeiden – zu mehr nicht. Dass Goethe in Fausts letzten Worten »die Sozialstruktur einer künftigen Gesellschaft deutlich genug als die einer nicht mehr bürgerlichen konturiert«[118] habe, trifft nicht zu. Wenn Walter Dietze zum Vers 11580 ausführt:

> »[...] wahrhaft frei ist dieser Grund und Boden, wenn er dem freien, dem befreiten Volk gehört, und wahrhaft frei ist das Volk, wenn ihm der Grund und Boden gehört«[119],

dann nutzt er den Spielraum, den der Freiheitsbegriff bietet, zu einer Festlegung, die Goethes Absichten zuwiderläuft. Faust geht in seinem Wunschbild über die um 1830 bestehenden gesellschaftlichen Zustände hinaus, nicht über die bürgerliche Gesellschaft schlechthin.

Während Faust auf der Schwelle seines Palasts seine letzten Worte hinaus in den großen Vorhof spricht, graben ihm die »schlotternden Lemuren« (11512) auf Geheiß ihres »Aufseher[s]« Mephisto das Grab. In tragischer Verkennung seiner wahren Lage genießt er das »Vorgefühl« eines »hohen Glück[s]«. »Geflickte Halbnaturen« halten sich schon bereit, den Zusammensinkenden aufzufangen. Was er für den »höchsten Augenblick« (11586) seines Lebens hält, erweist sich in Wahrheit als dessen »letzte[r], schlechte[r], leere[r] Augenblick« (11589), erweist sich als sein Tod. Die letzten Worte, die das Wunschbild einer künftigen Gesellschaft entwerfen, stehen damit in einem Kontext gegenwärtiger Realität, der deprimierender nicht sein kann.

Reinschrift H (Schreiber John) von Fausts letzten Worten (11563–11586). Eingriff G.s in Vers 11580

Die Streitfrage ist, welche Rückwirkungen dieser Kontext auf den Text selbst hat.

Die düstere Gegenwart des Todes wirft zweifellos auf das helle Zukunftsbild tiefe Schatten. Goethe war niemals der Meinung, dass sich Fortschritt in der Geschichte der Menschheit mit Notwendigkeit kontinuierlich durchsetzen werde. Er sah in Geschichte immer einen höchst widersprüchlichen Prozess, der die Möglichkeit des Rückfalls und des Scheiterns einschloss. Dennoch hielt er an der Überzeugung fest, die Menschen würden letztlich über die Mächte der Unvernunft die Oberhand behalten. Um 1830 aber mehrten sich ihm die Krisenerscheinungen derart, dass er bisweilen an der Macht der Vernunft zu verzweifeln schien. Jetzt konnte er in einem poetischen Wunschbild das »Wünschenswerthe« nicht mehr vortragen, ohne es gleichzeitig mit Düsternis und Hoffnungslosigkeit zu umgeben. Das düstere Umfeld sollte vor blindem Optimismus warnen und die reale Möglichkeit des Scheiterns vor Augen führen. Infrage gestellt wurde die Realisierbarkeit des Wunschbildes, nicht aber das Wunschbild selbst. An ihm wurde trotz tiefer Skepsis festgehalten. »In die Zweideutigkeit der Bedingungen und der Umgebung von Fausts Wunschbild« wird folglich nicht, wie Heinz Schlaffer meint, »auch sein Inhalt hineingezogen«.[120] Die Vision selbst ist kein Zeugnis einer Verblendung; ihr Inhalt bleibt vom düsteren Kontext unberührt. Goethe war sich überhaupt nicht sicher, ob das »Wünschenswerthe« jemals Wirklichkeit werden könnte. Aber er war sich ganz sicher, dass es in der von Faust geschaffenen Welt nicht so weitergehen durfte wie bisher, dass die Notwendigkeit zu grundlegenden Veränderungen bestand. Deshalb hat Faust noch in allerletzter Minute auf der Schwelle des Todes die Kraft, die Worte von einer tätigen Gemeinschaft ohne Herrn und Knechte in die Dunkelheit hinauszurufen.

Den Epilog spricht Mephisto. Er stellt das Ende fest, Worte aufgreifend, die Faust bei der Formulierung der Wette verwendet hat. Von der Wette selbst spricht er nicht. Weil die Zeit über Faust Herr geworden ist, fühlt er sich im Stillen als Sieger. Ihn ärgert nur, dass da mit Fausts Leben, wie die Lemuren meinen, überhaupt etwas gewesen sein soll. Das muss er zurückweisen; denn im ewigen Kreislauf von Werden und Vergehen sieht er nur ein »reines Nicht« (11597). Was bloß entstehe, um wieder zu vergehn, sei »so gut, als wär es nicht gewesen« (11601). Drum wäre es besser, wenn es das »ew'ge Schaffen« (11598) überhaupt nicht gäbe. Wieder einmal bekennt sich Mephisto zu seinem Programm der totalen »Vernichtung« (11690) der Menschen. Er erstrebt mehr als die Vernichtung einzelnen Lebens; er will das »Ewig-Leere« (11603).

(V,6) »Grablegung« (11604 – 11843)

Auf die Todes-Szene folgt ohne Unterbrechung die Beerdigung. Die Lemuren legen Faust in sein Grab. Spätestens jetzt müsste sich Mephisto eigentlich zum Ausgang der Wette äußern. Ursprünglich war das ge-

Bernhard von Neher (*1806 Biberach, †1886 Stuttgart): Fausts Tod (um 1840, Fresko, entst. im Zusammenhang mit den Entwürfen für das G.-Zimmer im Großherzogl. Residenzschloss zu Weimar als Karton, 36,7 x 18,5 cm)

plant, wie aus einem nicht datierbaren Paralipomenon zu ersehen ist. Mephisto verkündet vor Fausts Grab seine Absicht, sich im »Himmel« als Sieger zu erklären und den Triumph über den »Herrn« zu genießen:

> »So ruhe denn an deiner Stätte! / Sie weihen das Paradebette, / Und eh das Seelchen sich entrafft, / Sich einen neuen Körper schafft, / Verkünd ich oben die gewonnene Wette. / Nun freu ich mich aufs große Fest, / Wie sich der Herr vernehmen läßt!« (Plp. 230 H/94 WA)

Im endgültigen Text spielt die Wette keine Rolle mehr. Ein Streit über ihren Ausgang findet nicht statt. Stattdessen läuft eine Farce ab, eine kurze derbkomische Posse, die das alte geistliche Spiel vom Kampf zwischen den Mächten der Hölle und den himmlischen Heerscharen um die dem Leichnam entschlüpfende Seele parodiert. Goethe kannte das Fresko *Der Triumph des Todes* (↗ S. 228) im Campo Santo [Friedhof] von Pisa, wo ein solcher Kampf bildlich dargestellt ist.

Mephisto, der sich vor dem Grab in Warteposition aufgestellt hat, rechnet mit Schwierigkeiten, obwohl er sich im Besitz des Vertragsdokuments, des »blutgeschriebnen Titel[s]« (11613), weiß. Leider habe »man jetzt so viele Mittel, / Dem Teufel Seelen zu entziehn« (11614 f.). Außerdem könne man sich heutzutage nicht mehr sicher sein, wann, wie und wo die Seele den Körper eines Toten verlasse. Zur Sicherheit holt er deshalb »Helfershelfer« (11619) herbei: dicke Teufel mit einem kurzen, geraden Horn und dünne mit einem langen, krummen, die zugleich einen »Höllenrachen« (11639), ein in Passionsspielen gebräuchliches Bühnenrequisit, mitbringen. Während er den Teufeln

Der Triumph des Todes. Kupferstich [von unbek.] nach einem Fresko im Campo Santo zu Pisa (2. Hälfte 14. Jh.)

höchste Wachsamkeit einschärft, schweben »von oben, rechts« (Szenenanweisung vor 11676) Engel heran, mit ihrem Glorienschein die Dunkelheit erhellend.

Die Engel verstreuen gegen die Mächte der »Vernichtung« Rosen, die Blumen der Liebe. Mephisto befiehlt seinen Teufeln, mit ihrer Puste die Rosen zu zerstören. Doch unter dem heißen Atem verwandeln sich die Rosen in Flammen, die sich überall festsetzen und »Liebe verbreiten« (11728). Die Teufel flüchten vor den Liebesflammen, »ärschlings in die Hölle [stürzend]« (11738). Mephisto will standhalten, wird aber von der Macht der Liebe überwältigt. Ihn überkommt ein handfestes »Gelüst« (11838) nach den männlichen Engeln. Das ist schon ein urkomisches Schauspiel, wie er sich nach den »allerliebsten Jungen« (11763) verzehrt, wie er mit süßen Worten die Gunst der »Racker« (11800) zu gewinnen versucht.

Als Mephisto, »sich fassend« (Szenenanweisung vor 11809), endlich die Liebesflammen abschütteln kann, ist es schon zu spät. Während er in »absurde[r] Liebschaft« (11838) befangen war, haben die Engel ihn, den »ausgepichten Teufel« (11839), unbemerkt vom Grab weg »ins Proszenium gedrängt« (Szenenanweisung vor 11780). Jetzt muss er machtlos zusehen, wie sie nach oben entschweben, »Faustens Unsterbliches entführend« (Szenenanweisung nach 11824).

Die gewaltige Blamage macht Mephisto handlungsunfähig. Er kann sich nur noch sein klägliches Versagen, seine unverzeihliche Dummheit eingestehen. »Erworbenes Recht« (11833) einklagen, um die »hohe Seele« (11830) kämpfen, dazu hat er keine Kraft mehr. Als geprellter Teufel, als großer Verlierer scheidet er, Haltung bewahrend, aus dem Spiel.

(V,7) »Bergschluchten, Wald, Fels, Einöde« (11844–12111)

Ein *Prolog* enthält die Verpflichtung zu einem gleichrangigen *Epilog*. Das Spiel, das in einem Raum über der Erfahrungswelt des Menschen eröffnet wurde, war auf hoher Ebene auch zu beenden.

Ursprünglich wollte Goethe, wie aus Plp. 112H/195 WA zu ersehen ist, im »Himmel« »Gericht über Faust« halten. Auf eine »Appellation« [Berufung] Mephistos hin sollten »Christus, Mutter, Evangelisten und alle Heiligen« die Streitfrage entscheiden, welcher Partei »Faustens Unsterbliches« rechtmäßig zusteht. Der Plan, der noch im Frühjahr 1825 Geltung hatte, wurde mit der endgültigen Niederschrift der Schluss-Szene im Dezember 1830 aufgegeben. Zentrale Gestalten des christlichen Himmels hätten sich in einem »Gericht«, das gemäß der Gesamtanlage des *Faust* nur ein nicht christliches sein konnte, wohl kaum angemessen verwenden lassen. Eher wäre noch ein »Gericht« des »Herrn« denkbar gewesen. Aber es hätte allein die Erwartungen bestätigen können, die der »Herr« im *Prolog* in Faust gesetzt hatte, wodurch es der Gefahr erlegen wäre, nur Bekanntes zu wiederholen.

Der Weg des ›Gerichts‹ erwies sich als nicht gangbar. Goethe verzichtete darauf, eine Beurteilung Fausts durch höhere Instanzen als Vorgang vorzuführen. Die Entscheidung ist am Beginn der Schluss-Szene schon gefallen. Die Engel werden in der Mitte der Szene die Entscheidung verkünden, dass sie jeden, der »strebend sich bemüht«, »erlösen [können]« (11936f.).

In *Prolog im Himmel* trug der »Herr« dem Menschen als oberste Pflicht auf, in seiner »Tätigkeit« nicht zu »erschlaffen« (340). Dass der Mensch bei seiner rastlosen Tätigkeit dem Irrtum verfallen und schwere moralische Schuld auf sich laden würde, war vorausgesetzt und zugestanden. Faust nahm den Auftrag an und knüpfte in der Wette mit Mephisto seine Existenz als Mensch an die Bedingung rastlosen Tätigseins. Es besteht kein Zweifel, dass er den Auftrag des »Herrn« erfüllt hat. Faust ist der alles entscheidenden Tätigkeitsforderung bis zur letzten Minute gerecht geworden. Damit hat er sich den Anspruch erworben, über seinen Tod hinaus als »Geist« (11612), als »Genie« (11675) fortzubestehen. Dieses Fortbestehen, dieses Weiterwirken wird in *Bergschluchten* in Szene gesetzt.

Die Vorstellung, dass menschlicher »Geist« unter bestimmten Bedingungen über den Tod hinaus fortbestehen kann, hat nichts zu tun mit dem christlichen Lehrsatz von der Unsterblichkeit der Seele, der das irdische Leben in seinem Wert hinter eine jenseitige Seligkeit zurücksetzt. Für Goethe war das Diesseits immer der einzige und vollwertige Daseinsraum des Menschen. Ein Jenseits interessierte ihn nicht. Wenn er den menschlichen »Geist« als etwas Unvergängliches, Unzerstörbares bezeichnete, so verstand er das als Würdigung, die der Mensch dem »Geist« als dem Garanten seines Menschseins schuldig war. Was den Menschen zu rastloser Tätigkeit anhielt und seinem Leben einen Sinn gab, sollte den Vorzug genießen, über das einzelne Leben hinaus fortzudauern. Über diesen »Glauben« schrieb Goethe am 19. März 1827 seinem Freund Zelter:

> »Wirken wir fort bis wir, vor oder nacheinander, vom Weltgeist berufen in den Äther zurückkehren! Möge dann der ewig Lebendige uns neue Thätigkeiten, denen analog, in welchen wir uns schon erprobt, nicht versagen!

[…] Die entelechische Monade muß sich nur in rastloser Thätigkeit erhalten; wird ihr diese zur andern Natur, so kann es ihr in Ewigkeit nicht an Beschäftigung fehlen. Verzeih diese abstrusen Ausdrücke! man hat sich aber von jeher in solche Regionen verloren, in solchen Sprecharten sich mitzutheilen versucht, da wo die Vernunft nicht hinreichte und wo man doch die Unvernunft nicht wollte walten lassen.« (WA B 42, 95)

Und ganz ähnlich äußerte er sich am 4. Februar 1829 später zu Eckermann:

»Die Überzeugung unserer Fortdauer entspringt mir aus dem Begriff der Tätigkeit; denn wenn ich bis an mein Ende rastlos wirke, so ist die Natur verpflichtet, mir eine andere Form des Daseins anzuweisen, wenn die jetzige meinem Geist nicht ferner auszuhalten vermag.« (Gespr., 279)

Die bedingungslose Verherrlichung rastloser Tätigkeit wird aus heutiger Sicht befremden. Man wird Goethe vorwerfen, dass er blinden Aktionismus befördere und über die zerstörerischen Wirkungen von ›Tätigkeit‹ hinwegsehe. Doch man vergegenwärtige sich seine historische Situation. Goethe hatte noch nicht soziale Katastrophen gewaltigen Ausmaßes zu bedenken, wie wir sie aus dem 20. Jahrhundert kennen. Er hatte noch nicht über einen technischen Fortschritt zu befinden, der Gefahr läuft, die natürlichen Grundlagen des Lebens zu vernichten. Mit seinem Jahrhundert lebte er in einer Aufbruchstimmung, die noch weitgehend ungebrochen war.

Das ursprünglich geplante »Gericht über Faust« hatte als Schauplatz einen »Himmel«. Der im *Prolog* gesetzte überirdische Rahmen wäre auf gleicher Ebene geschlossen worden. Mit dem Wegfall des Gerichts kam ein Himmel nicht mehr infrage, eine vergleichbare Ranghöhe musste jedoch gewahrt bleiben. Goethe fand eine Art Zwischenlösung. Das Geschehen spielt in einer weltentrückten Gebirgslandschaft, die noch auf der Erde liegt, aber nach oben völlig offen ist und letztlich in die »Höhen / Der ewigen Reiche« (12032 f.) hineinführt.

Der Schauplatz ist bevölkert mit Gestalten aus dem Kultus des Katholizismus. Da die Missverständnisse nicht abreißen, muss betont werden: Goethe, der bis ans Ende seines Lebens ein »dezidirter Nichtkrist«[121] war, bediente sich dieser Gestalten nicht, um christliche Glaubensinhalte zu propagieren, sondern allein aus Gründen dichterischer Zweckmäßigkeit. Sie waren für ihn Elemente einer »katholischen Mythologie«[122], über die er zu eigenen poetischen Zwecken frei verfügen konnte. Im Gespräch mit Eckermann vom 6. Juni 1831 ist das eindeutig klargestellt:

»Übrigens werden Sie zugeben, daß der Schluß, wo es mit der geretteten Seele nach oben geht, schwer zu machen war und daß ich, bei so übersinnlichen, kaum zu ahnenden Dingen, mich sehr leicht im Vagen hätte verlieren können, wenn ich nicht meinen poetischen Intentionen durch die scharf umrissenen christlich-kirchlichen Figuren und Vorstellungen eine wohltätig beschränkende Form und Festigkeit gegeben hätte.« (Gespr., 455)

Das ›Übersinnliche‹, das in der Szene darzustellen war, ist das Fortbestehen und Weiterwirken von Fausts »Geist« über den Tod hinaus. Es vollzieht sich im Raum als eine Aufwärtsbewegung ohne Ende und seinem Wesen nach als immer vollkommenere Vergeistigung. Das Fortbestehen und Weiterwirken seines »Geist[s]« verdankt Faust der autonomen Leistung eines Lebens in rastloser Tätigkeit. Hätte er diese Leistung nicht vollbracht, wäre er Mephisto und damit der spurlosen Vernichtung überantwortet worden. Doch die eigene Leistung allein genügt nicht. Damit sich der »Geist« ständig weiter in die Höhe erheben und immer mehr vergeistigen kann, muss an ihm »die Liebe […] / Von oben« (11938 f.) Anteil nehmen. Es ist Liebe, die in der Szene herrschen wird.

Die Szene beginnt mit einem Chor »heilige[r] Anachoreten«, frühchristlicher Einsiedler, die »gebirgauf verteilt« »zwischen Klüften« lagern (Szenenanweisung vor 11844) – wie auf dem Fresko *Einsiedlerleben* (↗ S. 233), das Goethe kannte. Der Chor beschreibt den Schauplatz und nennt ihn einen »geweihten Ort, / Heiligen Liebeshort« (11852 f.). Als erste Einzelstimme spricht in höchster Inbrunst »Pater ecstaticus«. Schon die Gabe des Schwebens besitzend, ringt er verzückt um die volle Vergeistigung. Der »Dauerstern« »ewiger Liebe« solle glänzen, damit sich der letzte Erdenrest an ihm »verflüchtige« (11863–11865). Aus der tiefen Region des Gebirges erklingt die Stimme von »Pater profundus«. Weniger stark fühlend, bittet er nur um Erleuchtung. Aber als starker Denker hat er erkannt, dass es »die allmächtige Liebe« ist, die »alles bildet, alles hegt« (11872 f.). »Pater Seraphicus« in der »mittlere[n] Region« (Szenenanweisung vor 11890) überragt seine beiden Brüder, weil er »die Liebe« nicht für sich erfleht, sondern sie anderen zuteil werden lässt. Gleich nach der Geburt um Mitternacht gestorbene Kinder, die wie ein »Morgenwölkchen« (11890) heranschweben und als Neulinge sich nicht auskennen, werden von ihm in Obhut genommen. Sie sollen einmal mit seinen Augen die Welt sehen. Weil sie aber der Anblick mit »Schreck und Grauen« (11916) erfüllt, werden sie »zu höherm Kreise« (11918) hinaufgewiesen, in den Bezirk des »freisten Äther[s]«, »Ewigen Liebens« (11923 f.).

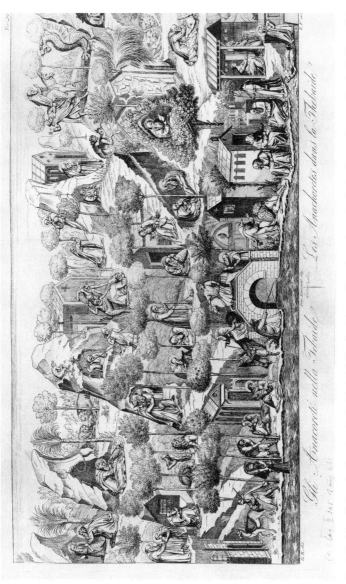

Einsiedlerleben [Leben der Eremiten in der Thebais]. Kupferstich von Pietro Laurati n. e. Fresko im Campo Santo zu Pisa (2. Hälfte 14. Jh.)

Während die »Mitternachtsgeborne[n]« (11898) als »Chor seliger Knaben« »um die höchsten Gipfel« (Szenenanweisung vor 11926) kreisen, schweben »in der höheren Atmosphäre« Engel heran, »Faustens Unsterbliches tragend« (Szenenanweisung vor 11934). Man muss annehmen, dass sie schon seit Szenenbeginn im Aufsteigen waren. Jetzt treten sie erstmals mit ihrem »Seelenschatz« (11946) in Erscheinung. Sie verkünden, dass sie Faust vor Mephisto gerettet haben und dass sie jeden, der »strebend sich bemüht«, »erlösen [können]«. Es versteht sich, dass ›Erlösung‹ hier nicht im christlichen Sinne gemeint ist als Erlösung von der Sünde und Vergebung durch Gott nach dem Kreuzestod von Jesus Christus. Faust verliert mit der ›Erlösung‹ die »Erdenbande« (12088), um in immer reinere Formen der Geistigkeit einzugehen.

Nachdem die Engel in ihrer Gesamtheit gesprochen haben, trennen sie sich in die »jüngeren« und die »vollendeteren Engel«. Die »jüngeren Engel« berichten, wie sie mit den Blumen der Liebe den »Seelenschatz« erbeuteten, wie »selbst der alte Satansmeister« von »Liebesqual« (11950 f.) gepeinigt wurde. Die »vollendeteren Engel« sprechen, wahrscheinlich im Bezug auf »Faustens Unsterbliches«, von einem »Erdenrest« (11954), den sie noch zu tragen haben. Die stofflichen »Elemente«, die »starke Geisteskraft« an sich »herangerafft« und zu »geeinte[r] Zwienatur« verbunden haben, könnten nur durch die »ewige Liebe« (11958–11964) wieder abgeschieden werden. Wie zuvor »Pater Seraphicus« werden die »jüngeren Engel« aufmerksam auf die »Schar / Seliger Knaben« (11971 f.), die »um Felsenhöh« (11966) schweben und sich schon am »neuen Lenz und Schmuck / Der obern Welt« (11976 f.) laben. Sie werden für wert befunden, »Faustens Unsterbliches« für den ersten Abschnitt seines neuen Werdens, »zum Anbeginn« (11978), zu übernehmen und zu »steigendem Vollgewinn« (11979) hinzuführen. Die »seligen Knaben« empfangen das »Unsterbliche« »im Puppenstand« (11982) mit großer Freude; denn es bietet ihnen die Gewähr, »englisches Unterpfand« (11984), dass auch sie zu immer höherem Aufstieg bestimmt sind.

Die letzte männliche Stimme der Schluss-Szene ist »Doctor Marianus«, ein mittelalterlicher Gottesgelehrter, der sich durch die Verehrung und Verherrlichung der Gottesmutter diesen Ehrentitel erworben hat. »In der höchsten, reinlichsten Zelle« (Szenenanweisung vor 11989) hausend, nimmt er den höchsten noch bodenverbundenen Platz in der Gebirgslandschaft ein. Mit ihm öffnet sich der Blick nach oben in den »Äther« (12018), der von weiblichen Wesen beherrscht wird. Frauen schweben nach oben, eine »Herrliche« »im Sternenkranze« »mitteninn« (11993 f.). Der Mariengelehrte erkennt »am Glanze« »die Himmelskönigin« (11995 f.). Doch zu unserem Erstaunen ist sie für ihn nicht die heilige Maria, die Mutter Gottes, sondern eine Art allmächtige Liebesgöttin, die er selbst sinnlich liebt; denn »entzückt« (Szenenanweisung vor 11997) bittet er die »höchste Herrscherin der Welt« (11997), seine irdische Liebe als »heilige Liebeslust« (12003) mit der »ewigen Liebe« gleichzustellen. In den Frauen, welche die »Himmelskönigin« umgeben, erkennt er »Büßerinnen« (12015), die der »Gnade« (12019) bedürfen.

Die Himmelskönigin, jetzt »Mater gloriosa« genannt, »schwebt einher« (Szenenanweisung nach 12031). Danach kommen drei »Büßerinnen« selbst zu Wort. Es sind drei Frauen aus biblischer Zeit, die in Sachen Liebe schwer gesündigt haben. »Magna Peccatrix« [Große Sünderin] war eine Dirne, die zu Jesu Füßen Tränen der Reue über ihr Leben weinte. »Mulier Samaritana« [Samaritanische Frau] lebte mit ihrem sechsten Mann in unehelicher Gemeinschaft. »Maria Aegyptiaca« [Ägyptische Maria] büßte für ihr Leben als Prostituierte mit einem vierzigjährigen Eremitendasein in der Wüste. Einzeln ihr sündiges Leben beschwörend, flehen sie gemeinsam »Mater gloriosa« – für sie eindeutig die Gottesmutter – um Vergebung für eine andere Büßerin an. Wenn sie ihnen als »großen Sünderinnen« (12061) ihre Nähe nicht verweigere, müsse sie auch »dieser guten Seele, / Die sich einmal nur vergessen, / Die nicht ahnte, daß sie fehle« (12065–12067), »Verzeihen« (12068) gewähren. Sie verweisen auf eine sich an »Mater gloriosa« anschmiegende Büßerin, »sonst Gretchen genannt« (Szenenanweisung vor 12084). Gretchen selbst wendet sich an die Gottesmutter mit einem Dankgebet. Sie hat frühzeitig bemerkt, wie sich die »selige[n] Knaben« mit Faust »in Kreisbewegungen« (Szenenanweisung vor 12076) nähern. Das Erscheinen des Mannes, den sie nie aufgehört hat zu lieben, kann Gretchen nur so deuten, dass er zu ihr zurückkommt. Mit dem Gebet, das für das »Glück« der Rückkehr des »früh Geliebte[n], / Nicht mehr Getrübte[n]« (12072–12074) dankt, sind die tiefe Not und Verzweiflung des Gebets zu Maria in der Szene *Zwinger* der Gretchen-Tragödie aufgehoben.

Im »Äther« ist Gretchen gegenüber Faust die Überlegene, die Führende. Sie bittet »Mater gloriosa« um den Vorzug, dem »Neue[n]« im »frische[n] Leben« (12085 f.) Lehrerin sein zu dürfen. Der Bitte wird nur indirekt zugestimmt. Gretchen solle sich mit ihr »zu höhern Sphären« (12094) erheben. Wenn der »Neue« sie nur ahne, werde er nachfolgen. Mit der sicheren Aussicht, dass sich Faust und Gretchen wiederfinden, endet die Handlung des Dramas.

Es folgt noch ein Schlusswort. Als letzte irdische Stimme spricht »Doctor Marianus«. Er ermahnt die »Büßerinnen«, weiter zur »Himmelskönigin« aufzuschauen. Deren »Retterblick« (12096) werde sie befähigen, sich »zu seligem Geschick / Dankend umzuarten« (12098 f.). Die »Königin« selbst bittet er, »gnädig« (12102 f.) zu bleiben. Der »Chorus mysticus«, der ursprünglich »Chorus in Excelsis« [Chor in den Himmelshöhen] (Plp. 113 H/196 WA) hieß, verkündet zum Abschluss in vier Sätzen allgemeine Wahrheiten, die der Deutung einen weiten Spielraum eröffnen.

Unter dem letzten Vers steht die Angabe »FINIS«. Nur sein letztes Werk hat Goethe mit dieser Endbezeichnung beschlossen.

Bei der Erstveröffentlichung von Teil I gab Goethe seinem *Faust* die Gattungsbezeichnung »Tragödie« bei. In *Faust I* führt der Dichter Konflikte zwischen der »prätendierten Freiheit« des wollenden Ich und dem »notwendigen Gang des Ganzen« vor, die für das betroffene Individuum keine Auflösung zulassen und seine Vernichtung herbeiführen. Das geschieht bei Gretchen, bei Euphorion, bei Philemon und Baucis. Der tragische Untergang des Einzelnen, so niederschmetternd er wirkt, hebt aber bei Goethe die vernünftige Einrichtung des Ganzen nicht auf; er gilt nicht als Beweis für ein grundsätzliches Unheil. Goethe hielt deshalb zum Abschluss der Tragödie »eine Söhnung, eine Lösung« für unerlässlich:

> »[…]: wenn sie [die Tragödie] durch einen Verlauf von Mitleid und Furcht erregenden Mitteln durchgegangen, so müsse sie mit Ausgleichung, mit Versöhnung solcher Leidenschaften zuletzt auf dem Theater ihre Arbeit abschließen.«[123]

Exemplarisch verwirklicht sich dieses Tragödienkonzept an Faust. Dem letzten großen Wollen stellt sich die Endlichkeit des Menschen entgegen. Faust widerfährt die Tragik, das große zukunftsweisende Vorhaben nicht verwirklichen zu können. Gleichzeitig soll das ungebrochen starke Wollen bis zum Tod die Gewissheit vermitteln, dass es mit der Menschheit weitergehen wird. Die komische Machtlosigkeit Mephistos, die sich unmittelbar an die Demonstration seiner Macht anschließt, und der Aufstieg von »Faustens Unsterbliche[m]« »zu höhern Sphären« sollen diese Gewissheit bestärken. Am Ende kann sich sogar Gretchen wieder mit ihrem Liebsten vereinen.

Als sich Goethe um 1800 entschloss, die bisher einteilige *Faust*-Dichtung als zweiteilige neu zu konzipieren, ging er von der Voraussetzung aus, dass die beiden Teile eine Einheit bilden, dass sie Teile *einer* Dichtung bleiben sollten. Das neue Konzept der Faust-Gestalt, das eine Verbindung mit Mephisto erst ermöglichte, und die Formulierung der großen Streitfrage in *Prolog im Himmel* gaben eine geistige Grundrichtung vor, die in klar erkennbarer Weise auch für den noch zu schreibenden Teil II ihre Gültigkeit behalten sollten. Die Auseinandersetzung im Himmel um ›den‹ Menschen wurde 1808 aus Teil I herausgenommen und als *Prolog* der ganzen *Faust*-Dichtung vorangestellt. Ebenso ausdrücklich wurde die Wette zwischen Faust und Mephisto als eine das ganze Leben umgreifende abgeschlossen. Die entscheidenden Neuerungen der Arbeitsperiode zwischen 1797 und 1801, welche die Einheit von *Faust I* stifteten, schufen gleichzeitig ein geistiges Bezugssystem, dem potentiell schon der Teil II unterstellt war.

Das Fundament weltanschaulicher Grundorientierungen erwies sich als tragfähig. Goethe konnte auf diesem Fundament weiterbauen. Die beiden Teile bilden bei aller Verschiedenartigkeit in Anlage und Ausführung letztlich eine Einheit. Sie erwächst aus der Übereinstimmung in weltanschaulichen Grundfragen und sie verwirklicht sich dichterisch in einer Vielzahl gestalterischer Maßnahmen, durch die auf den unterschiedlichen Ebenen des Textes Beziehungen zur wechselseitigen Erhellung hergestellt werden. Man denke nur an den jeweiligen Schluss der beiden Teile.

In der Vergangenheit wurde von jenen, die eine Einheit der *Faust*-Dichtung bestreiten, zumeist die Absicht verfolgt, Teil I zu retten und Teil II abzuschreiben. Auf eine solche Beschränkung sollten wir uns nicht einlassen. Der zweite Teil der *Faust*-Dichtung ist unverzichtbar.

Anhang

Biografische Daten

1749   28. August: geboren in Frankfurt am Main als Sohn großbürgerlicher Eltern.
Vater: Kaiserlicher Rat ohne Amt Dr. jur. Johann Kaspar Goethe; Mutter: Katharina Elisabeth, geb. Textor, eine Tochter des Bürgermeisters der Freien Reichsstadt Frankfurt.

1752/55   Besuch der Kleinkinderschule der Maria Magdalena Hoff.

1755/65   Umfassende Allgemeinbildung unter Aufsicht und Mitwirkung des Vaters durch Privatlehrer.

1759/63   Besetzung Frankfurts durch französische Truppen im Verlauf des Siebenjährigen Krieges (1756–1763). Einquartierung des französischen Stadtkommandanten Graf Thoranc in Goethes Elternhaus. Während der Besatzungszeit häufiger Besuch des französischen Theaters.

1765   Oktober: Studium der Rechte in Leipzig auf Wunsch des Vaters.

1768   Juli: Ausbruch einer schweren Krankheit (Blutsturz und Lungenaffektion). Abbruch des Studiums in Leipzig und Rückkehr ins Elternhaus.

1768/70   Krankheit und lange Zeit der Genesung. Durch Susanne Katharine von Klettenberg, einer Verwandten der Textorschen Familie, Berührung mit dem Pietismus und Anregung zur Lektüre pansophisch-alchemistischer Schriften.

1770   April: Fortsetzung des Studiums der Rechte in Straßburg. Oktober: Liebe zu Friederike Brion, Tochter des Pfarrers im elsässischen Dorf Ses[s]enheim.

1771   August: Abschluss der Studienzeit. Promotion zum »Licentiatus juris«.

1771/75   Zugelassener Advokat in der Heimatstadt Frankfurt. Neben der Anwaltstätigkeit umfangreiche dichterische Produktion.

1772   Mai–September: Rechtspraktikant am Reichskammergericht in Wetzlar.

1773   Im Selbstverlag *Götz von Berlichingen mit der eisernen Hand. Ein Schauspiel.*

1774   Briefroman *Die Leiden des jungen Werthers.* Außerordentliche Wirkung, Durchbruch zu nationaler und internationaler Berühmtheit.

1775   November: Berufung nach Weimar durch den achtzehnjährigen Herzog Karl August von Sachsen-Weimar.

1775/86   Hauptamtliche Tätigkeit als einer der drei (seit 1784 vier) höchsten Beamten in der Staatsverwaltung des Herzogtums. Schriftstellerei in dieser Zeit Nebensache. Seit Beginn der achtziger Jahre zunehmende Unzufriedenheit mit dem geringen Erfolg seiner reformerischen Bestrebungen. Problematische Liebesbeziehung zu Charlotte von Stein (1742–1827), der Frau des Oberstallmeisters von Stein.

1782   April: Erhebung in den Adelsstand durch Kaiser Joseph II. (1741–1790). Juni: Einzug in das Haus am Frauenplan.

1786	September: Geheimgehaltene Abreise nach Italien als Ausweg aus einer tiefen Lebens- und Schaffenskrise. Aufenthalt in Italien weitet sich aus zu einer Dauer von einem Jahr und acht Monaten.
1787	*Iphigenie auf Tauris. Ein Schauspiel.*
1788	*Egmont. Ein Trauerspiel in fünf Aufzügen.*
1788	Juni: Rückkehr nach Weimar. Mit Genehmigung des Herzogs Rückzug aus den Amtsgeschäften der Staatsverwaltung. Nur noch Beratertätigkeit und Leitung einiger kultureller und wissenschaftlicher Institutionen. Weiter Bezug des vollen Ministergehalts. Wissenschaft und Kunst fortan das Hauptgeschäft. Juli: Bekanntschaft mit Christiane Vulpius (1765–1816). Beginn einer Lebensgemeinschaft, die 1806 Ehe-Status erhält.
1789	Juli: Ausbruch der Großen Französischen Revolution. Mit ihren weitreichenden Folgen wird die Revolution bis zum Lebensende Gegenstand dichterischer Auseinandersetzung.
1790	*Torquato Tasso. Ein Schauspiel.*
1792	August–Dezember: Im Gefolge des Herzogs Karl August auf dessen Wunsch Teilnahme am Feldzug gegen Frankreich in der von Herzog Karl Wilhelm von Braunschweig (1735–1806) geführten Interventionsarmee. Augenzeuge der Kanonade von Valmy (20.9.1792) und des Scheiterns der Invasion.
1793	Mai–Juni: Erneut im Gefolge des Herzogs Teilnahme an der Belagerung des von französischen Truppen besetzten Mainz. Augenzeuge der Zerschlagung der Mainzer Republik durch preußische Truppen.
1794	Beginn der Arbeitsfreundschaft mit Schiller, die bis zu dessen Tod 1805 anhält.
1795	August: Baseler Frieden zwischen Frankreich und Preußen. Ausscheiden Preußens aus der Koalition der europäischen Feudalmächte gegen Frankreich gewährt Norddeutschland, das Herzogtum Sachsen-Weimar eingeschlossen, ein Jahrzehnt des Friedens.
1795	*Wilhelm Meisters Lehrjahre. Ein Roman.*
1797	Versepos *Hermann und Dorothea.* Nach dem Briefroman *Die Leiden des jungen Werthers* zweiter großer Publikumserfolg.
1798/1806	Blütezeit des Weimarer Hoftheaters unter Goethes Leitung. Aufbau eines klassischen Repertoires. Eigene Bühnenbearbeitungen und Übersetzungen. Zusammen mit Schiller starkes Engagement für die Durchsetzung des eigenen ›klassischen‹ Kunstprogramms in der Öffentlichkeit.
1804	*Die natürliche Tochter. Trauerspiel.*
1806	Oktober: Vernichtende Niederlage der preußischen Armee in der Doppelschlacht bei Jena und Auerstedt. Besetzung und Plünderung Weimars durch napoleonische Truppen. Goethes Haus bleibt dank des mutigen Einschreitens seiner Lebensgefährtin von der Plünderung verschont.
1808	Oktober: Während des Erfurter Fürstentags Audienz bei Napoleon, eines Verehrers seiner *Leiden des jungen Werthers.* Verleihung des Ordens der Ehrenlegion.
1809	Oktober: Beginn der Arbeit an der Autobiografie.

1809	*Die Wahlverwandtschaften. Ein Roman.*
1810	Festspiel *Pandora.*
1812/14	Distanzierte Haltung zum Befreiungskrieg gegen die napoleonische Fremdherrschaft. Tiefes Misstrauen in die Reformfähigkeit der deutschen Fürsten. Bestätigung dieses Misstrauens durch den Wiener Kongress (18. 9. 1814 bis 19. 6. 1815).
1812/19	*Aus meinem Leben. Dichtung und Wahrheit.* Erster bis Fünfter Teil.
1814/15	Große Reisen in die Rhein- und Maingegenden. Studien über orientalische Dichtung.
1816	6. Juni: Tod der Ehefrau Christiane.
1816/32	Zunehmende geistige Isolation in den deutschen Staaten. Verstärkte Kommunikation mit dem Ausland. Idee einer »Weltliteratur«. Goethes Haus am Frauenplan wird Anziehungspunkt für Besucher aus ganz Europa.
1817	April: Rücktritt von der Leitung des Weimarer Hoftheaters.
1819	Gedichtsammlung *West-östlicher Divan.*
1821	*Wilhelm Meisters Wanderjahre; oder: Die Entsagenden. Erster Theil.*
1823	Juni: Anstellung von Johann Peter Eckermann (1792–1854) als ständigen Mitarbeiter. Heranbildung zur Herausgabe des Nachlasses.
1826/30	Ständige Lektüre der von jungen französischen Liberalen herausgegebenen Zeitschrift »Le Globe«.
1827/30	*Goethe's Werke. Vollständige Ausgabe letzter Hand. Erster–Vierzigster Band.*
1829	*Wilhelm Meisters Wanderjahre.* Erstes bis Drittes Buch.
1830	Juli: Gewaltsamer Sturz der restaurierten Bourbonendynastie in Frankreich. Große Betroffenheit über den erneuten Ausbruch einer Revolution.
1830	26. Oktober: Tod des Sohnes August in Rom.
1832	16. März in Weimar gestorben.

Abkürzungen und Zeichen

Bd(e). – Band, Bände; *Ebd., ebd.* – ebenda, ebendort; *eigtl.* – eigentlich; *f., ff.* – folgende Seite(n); *G., G.s* – (Johann Wolfgang von) Goethe, Goethes; *H.* – Heft; *Hg., hg.* – Herausgeber, herausgegeben von; *Nr.* – Nummer(n); *Plp., Plpp.* – Paralipomenon, Paralipomena; *S.* – Seite(n); *U.* – Uraufführung; *Z.* – Zeile.

/ – Versende; // – Strophenende; […], [ ] – Textauslassung, -ergänzung durch den Autor.

Anmerkungen und Zitatnachweise

Faust wird zitiert nach Bd. 8 der Berliner Ausgabe von G.s *Poetischen Werken* (**BA**). Die Zitate werden im Text mit in Klammern gesetzter Verszahl nachgewiesen. Beim Nachweis der Paralipomena (Schemata, Skizzen, Erstfassungen, ausgeschiedene Versbruchstücke) wird die Nummerierung der Ausgabe von Hecker (**H**) und der Weimarer Ausgabe (**WA**) angegeben. Zitate aus anderen Werken, Briefen, Tagebüchern und Gesprächen G.s und aus Werken Friedrich Schillers werden unter Nutzung folgender Siglen mit nachgestellter Band- und Seitenzahl ebenfalls im Text nachgewiesen, sofern dort ihre Herkunft schon hinlänglich geklärt ist.

Texte der Sekundärliteratur, die in den ›Literaturhinweisen‹ aufgeführt sind, werden im Folgenden mit dem Namen des Verfassers, dem Erscheinungsjahr und – gegebenenfalls – der Seitenzahl ausgewiesen.

BA G.: Berliner Ausgabe. [Abt. I:] Poetische Werke. Berlin/Weimar: Aufbau 1960/68, Bde. 1–16; [Abt. II:] Kunsttheoretische Schriften und Übersetzungen. Berlin/Weimar: Aufbau 1970/78, Bde. 17–22 und Supplementbd.
Gespr. Johann Peter Eckermann: Gespräche mit G. in den letzten Jahren seines Lebens. Hg. Fritz Bergemann. Leipzig: Insel 1968.
DjG Der junge G. Neu bearb. Ausgabe in fünf Bänden. Hg. Hanna Fischer-Lamberg. Berlin/New York: de Gruyter 1963/74.
G/L Der Briefwechsel zwischen G. und Schiller. Hg. Hans Gerhard Gräf/Albert Leitzmann. 3 Bde. Leipzig: Insel ²1955.
H In die BA übernommene Nummerierung der Plpp. nach: G.s Faust. Gesamtausgabe. Neue, von Max Hecker unter Mitwirkung des Insel-Verlags gestaltete Ausgabe. Leipzig: Insel 1941.
LA I G.: Die Schriften zur Naturwissenschaft. Vollständige mit Erläuterungen versehene Ausgabe. Hg. Rupprecht Matthaei/Wilhelm Troll/K. Lothar Wolf im Auftrag der Dt. Akademie der Naturforscher [Leopoldina] zu Halle. Abt. I: Texte. 11 Bde. Weimar: H. Böhlaus Nachf. 1947–1970 (= Leopoldina-Ausgabe).
SNA Schillers Werke. Nationalausgabe. Hg. Julius Petersen/Gerhard Fricke. Weimar: H. Böhlaus Nachf. 1943 ff. [unabgeschlossen].
WA G.s Werke. Hg. im Auftrage der Großherzogin Sophie von Sachsen. Weimar: H. Böhlaus Nachf. 1887/1919, 133 Bde. (= Weimarer Ausgabe; auch: Sophienausgabe).
WA W I. Abteilung: Werke. 55 Bde. Weimar 1887/1918.
WA T III. Abteilung: Tagebücher. 15 Bde. Weimar 1887/1919.
WA B IV. Abteilung: Briefe. 50 Bde. Weimar 1887/1912.

1 Eine gute Übersicht findet sich in: Scheibe 1970.
2 Scheibe 1970, 71.
3 D. Philipp Jacob Spener: Erklärung der christlichen Lehre nach der Ordnung des kleinen Katechismus D. Martin Luthers. Hg. Evangelischer Bücherverein. Berlin: Wohlgemuth 1849, S. 204 (Nr. 670), S. 164 (Nr. 538), S. 116 (Nr. 374). – Unveränderter Abdruck der Ausgabe von 1702, die Spener als letzte noch selbst besorgt hat.
4 G. an Ernst Theodor Langer, 24. Nov. 1768. In: DjG 1, 260.
5 G.: Zwo wichtige bisher unerörterte biblische Fragen. In: DjG 3, 124.
6 G. an Johann Daniel Salzmann, 28. Nov. 1771. In: DjG 2, 69.
7 G. an seine Mutter, 11. Aug. 1781. In: WA B 5, 179.
8 Johann Kaspar Lavater an Johann Georg Zimmermann [über Goethe], 18. 10. 1773.

In: G.: Begegnungen und Gespräche. Hg. Ernst und Renate Grumach. Bd. 1. Berlin: de Gruyter 1965, S. 291.
9 Eine gute Einführung in das Magie-Problem gibt Norbert Henrichs: Scientia magica. In: Keller [Hg.] 1984, 607–624.
10 Vgl. G.s Gedicht *Erklärung eines alten Holzschnittes, vorstellend Hans Sachsens poetische Sendung* (1776). In: BA 2, 70.
11 Als Nachschlagewerk zu allen Fragen der Metrik in *Faust* empfehle ich: Ciupke 1994.
12 G.: Rezension zu: *Die schönen Künste* […], betrachtet von J. G. Sulzer. In: DjG 3, 95.
13 G.: Aus G.s Brieftasche I. Nach Falconet. In: WA W 37, 319.
14 Zur Funktion dieser Szene vgl. G.s Aussage in seinem Aufsatz *Shakespeare und kein Ende* (1813): »Er läßt geschehen, was sich nicht imaginieren läßt, ja was besser imaginiert als gesehen wird. Hamlets Geist, Macbeths Hexen, manche Grausamkeiten erhalten ihren Wert durch die Einbildungskraft, und die vielfältigen kleinen Zwischenszenen sind bloß auf sie berechnet.« (BA 18, 149)
15 G. an Herzog Karl August, 16. Febr. 1788. In: WA B 8, 347.
16 Zit. nach: Deutsches Wörterbuch von Jacob und Wilhelm Grimm. Elfter Band, I. Abteilung, I. Teil. Leipzig: S. Hirzel 1935, Spalte 267.
17 Das Problem erörtert Siegfried Scheibe: Noch einmal zum bezifferten Faustschema von 1797. In: G.-Jahrbuch (Weimar) 89 (1972), S. 235–255.
18 Ernst Grumach: Prolog und Epilog im Faustplan von 1797. In: G. Neue Folge des Jahrbuchs der G.-Gesellschaft (Weimar) 14/15 (1952/53), S. 64–70.
19 Jean Paul an Christian Otto, 2. Sept. 1798. In: G. über seine Dichtungen. Versuch einer Sammlung […] von Hans Gerhard Gräf. Teil II/2. Frankfurt a. M.: Literarische Anstalt 1904, S. 81.
20 Das Blatt ohne Überschrift trägt kein Datum. Die Datierung rechts unten stammt von Bibliothekars Hand und folgt einer Vermutung von Otto Pniower aus dem Jahr 1924. Weil G. am 11. April 1800 an Schiller schrieb, dass er »das Werk heute vorgenommen und durchdacht« habe, glaubte Pniower, diesen Tag als Entstehungsdatum annehmen zu können, was wohl eine Spekulation ist. Man wird sich mit der ungefähren Datierung auf das Frühjahr 1800 begnügen müssen.
21 G. an Schiller, 3./4. April 1801. In: G/L 2, 370.
22 Vgl. ebd.
23 Schiller an Christian Gottfried Körner, 1. Nov. 1790. In: Schillers Briefe. Krit. Gesamtausgabe. Hg. Fritz Jonas. Bd. 3. Stuttgart/Leipzig/Berlin/Wien: Dt. Verlags-Anstalt 1892, S. 113.
24 G.: Diderots Versuch über die Malerei. In: WA W 45, 286.
25 G. an Heinrich Meyer, 5. Dez. 1796. In: WA B 11, 273.
26 G. an Schiller, 29. Juli 1797. In: G/L 1, 368.
27 G.: Zum Schäkespears Tag. In: BA 17, 186.
28 G. an Schiller, 5. Dez. 1798. In: G/L 1, 172.
29 G.: Kunstausstellung vom Jahre 1801. In: WA W 48, 23.
30 G. an Schiller, 23. Dez. 1797. In: G/L 2, 452 f.
31 G.: Anmerkungen zu Rameau's Neffe. In: WA W 45, 176.
32 G. an Schiller, 30. Okt. 1797. In: G/L 1, 428.
33 G. an Schiller, 27. Juni 1797. In: G/L 1, 351.

34 G. an Alois Ludwig Hirt, 25. Dez. 1797. In: WA B 13, 46.
35 Schiller an G., 29. Dez. 1797. In: G/L 1, 459.
36 G.: Maximen und Reflexionen, Nr. 643. In: BA 18, 578.
37 G. an Karl Ludwig von Knebel, 8. 4. 1812. In: WA B 22, 322.
38 Baruch Spinoza: Ethik. Hg. Helmut Seidel. Leipzig: Reclam 1972 (RUB 56), S. 384.
39 Georg Wilhelm Friedrich Hegel: Vorlesungen über die Geschichte der Philosophie. Hg. Gerd Irrlitz. Bd. 3. Leipzig: Reclam 1971 (RUB 493), S. 300.
40 G. an Wilhelm von Humboldt, 26. Mai 1793 (Konzept). In: WA B 14, 98 f.
41 G./Schiller: Über den Dilettantismus. In: SNA 21/2, 60.
42 Ebd.
43 G./Schiller: Schema zu Über den Dilettantismus. Nr. 7: Lyrische Poesie. In: SNA 21/2, Anhang.
44 Ebd., S. 61.
45 Ebd., Anhang.
46 Ebd., Anhang.
47 G. an Schiller, 22. Juni 1799. In: G/L 2, 229.
48 Dietze 1972, 215.
49 Die verschiedenen Gliederungsversuche werden vorgestellt und diskutiert bei: Dietze 1972.
50 Eckermann: Gespräch mit G., 4. Jan. 1824. In: Gespr., 493.
51 Scheibe 1965, 47 f.
52 Ebd., S. 48.
53 Rüdiger 1964, 174.
54 G. an Karl Jakob Ludwig Iken, 27. Sept. 1827. In: WA B 43, 81.
55 Zur zeitgenössischen Reaktion auf die separate Veröffentlichung vgl. Hamm 1981.
56 G.: Tagebuch, 18. Mai 1827. In: WA T 11, 58.
57 G. an Wilhelm von Humboldt, 17. März 1832. In: WA B 49, 283.
58 Karl Ernst Schubarth: Ges. Schriften philosophischen, ästhetischen, historischen, biographischen Inhalts. Hirschberg: Landolt 1835, S. 151.
59 G. an Karl Ernst Schubarth, 14. Febr. 1831 (Konzept). In: WA B 49, 433.
60 G. an Schiller, 27. April 1787 (Konzept). In: G/L 2, 80 f.
61 G.: Philostrats Gemälde. Nachträgliches. In: WA W 49/1, 141 f.
62 Vgl. Thomas Metschers Rezension zu Schlaffer 1981. In: Das Argument (Berlin) 25 (1983), H. 138, S. 286–289.
63 G. an Heinrich Meyer, 20. Juli 1831. In: WA B 49, 292.
64 Ebd.
65 G. an Friedrich Wilhelm Riemer, 29. Dez. 1827. In: WA B 43, 219.
66 Le Globe (Paris) II 107 (14. 5. 1825), S. 835.
67 Iring Fetscher: Nachwort. In: Hans Christoph Binswanger: Geld und Magie. Deutung und Kritik der modernen Wirtschaft anhand von G.s *Faust*. Stuttgart: Weitbrecht 1985, S. 179.
68 G. (s. Nachweis 24).
69 G.: Italienische Reise. In: BA 14, 332.
70 G.: Farbenlehre. Historischer Teil. In: LA I 6, 129.
71 G. an Johann Erichson, 28. April 1797 (Konzept). In: WA B 12, 111.

72 G. an Schiller, 5. Sept. 1798. In: G/L 2, 139.
73 Siehe Nachweis 70.
74 Friedrich Schlegel: Über die Sprache und Weisheit der Indier. In: F. S.: Sämmtl. Werke. 2. Originalausgabe. Bd. 8. Wien: Jakob Meyer 1846, S. 381 f.
75 G. an Christian Friedrich Wilhelm Jacobs, 14. Aug. 1812 (Konzept). In: WA B 23, 65.
76 Eckermann: Gespräch mit G., 4. Jan. 1824. In: Gespr., 493.
77 Ebd.
78 G.: Die natürliche Tochter. Vers 2774. In: BA 6, 245.
79 G. an Sulpiz von Boisserée, 22. Sept. 1826. In: WA B 41, 209.
80 Briefkonzept ohne Datum und Adressat, vermutl. Juli 1826. In: WA B 41, 302.
81 Schiller: Über naive und sentimentalische Dichtung. In: SNA 20, 472 f.
82 Heinrich Heine: Die romantische Schule. 1. Buch. In: H. H.: Historisch-kritische Gesamtausgabe der Werke. Hg. Manfred Windfuhr. Bd. 8/1. Hamburg: Hoffmann & Campe 1979, S. 151.
83 Ebd., S. 156.
84 Heinrich Heine: Die romantische Schule. 3. Buch. In: (s. Nachweis 82), S. 218.
85 Kanzler von Müller: Unterhaltung mit G., 5. Jan. 1831. In: K. v. M.: Unterhaltungen mit G. Kritische Ausgabe besorgt von Ernst Grumach. Weimar: H. Böhlaus Nachf. 1956, S. 199.
86 Eckermann: Gespräch mit G., 3. Febr. 1830. In: Gespr., 640.
87 Eckermann: Gespräch mit G., 4. Jan. 1824. In: Gespr., 494.
88 G. an Johann Gottlob von Quandt, 18. Sept. 1830 (Konzept). In: WA B 47, 229.
89 Eckermann: Gespräch mit G., 27. April 1825. In: Gespr., 518.
90 Die nachweisbar von G. gelesenen »Globe«-Artikel sind zugänglich in: Heinz Hamm: G. und die franz. Zeitschrift »Le Globe«. Eine Lektüre im Zeichen der ›Weltliteratur‹. Weimar: H. Böhlaus Nachf. 1997.
91 G. an Karl Friedrich Zelter, 5. Okt. 1830. In: WA B 47, 275.
92 G. an seinen Sohn, 8.–10. Nov. 1830. In: WA B 47, 276.
93 G. an seinen Sohn, 17. Sept. 1830. In: WA B 47, 260.
94 G. an Karl Ludwig von Knebel, 12. Sept. 1830. In: WA B 47, 217.
95 G. an Karl Friedrich Zelter (s. Nachweis 91).
96 Siehe Nachweis 76.
97 Eckermann: Gespräch mit G., 21. März 1831. In: Gespr., 437.
98 G. an Karl Friedrich Zelter (s. Nachweis 91).
99 Kanzler von Müller an Friedrich von Rochlitz, 4. Sept. 1830. In: G.s Briefwechsel mit F. v. R. Hg. Woldemar Freiherr von Biedermann. Leipzig: Biedermann 1887, S. 468.
100 Hans Rudolf Vaget sieht in seinem Aufsatz *Faust, der Feudalismus und die Restauration* in der Partei des »Gegenkaisers« zwar nicht eine »bürgerliche, demokratische Opposition«, sondern eher eine »Fronde von Adligen, einschließlich der Kirchenfürsten«, auf jeden Fall aber eine »positive politische Alternative zum Kaiser und zu der existierenden Form des Feudalsystems«. Er fährt fort: »Hätte Goethe uns einen politisch vorwärtsblickenden, dem Feudalismus feindlich gesinnten Faust geben wollen, so hätte er ihn logischerweise in das Lager des Gegenkaisers stellen müssen.« In: Akten des VI. Internationalen Germanisten-Kongresses Basel 1980. Tl. 4.

Hg. H. Rupp/H.-G. Roloff. Bern/Frankfurt a. M./Las Vegas: Peter Lang 1980, S. 347. Wenn es G. wirklich um eine »positive politische Alternative« gegangen wäre, hätte er ein anderes Mittel der Darstellung gewählt als den ironischen Bericht Mephistos.
101 Claude-Henri de Saint-Simon: Briefe an die Herren Arbeiter. In: C.-H. de S.-S.: Ausgewählte Schriften. Hg. Lola Zahn. Berlin: Akademie-Verl. 1977, S. 321 f.
102 Eckermann: Gespräch mit G., 6. Juni 1831. In: Gespr., 454. Diese Altersangabe außerdem in: Plp. 221 H/197 WA.
103 Schöne 1994, Kommentare, S. 719.
104 Friedrich Engels/Karl Marx: Die heilige Familie. In: Marx/Engels: Werke. Bd. 2. Berlin: Dietz 1957, S. 129.
105 Georg Wilhelm Friedrich Hegel: Grundlinien der Philosophie des Rechts. Hg. Hermann Klenner. Berlin: Akademie-Verl. 1981, S. 239.
106 G.: Der Tänzerin Grab. In: BA 20, 9.
107 Ebd., S. 7.
108 Vgl. Heinz Hamm (s. Nachweis 90).
109 Zu Einzelheiten der Lektüre vgl. Hamm 1982, 89 f. (Anm. 41).
110 Die Lehre Saint-Simons. Einl., Hg. Gottfried Salomon-Delatour. Neuwied: Luchterhand 1962, S. 117.
111 Ebd., S. 106.
112 Ebd., S. 130.
113 Ebd., S. 154.
114 Ebd., S. 128.
115 Ebd., S. 111.
116 Zur Interpretation der ersten Fassung verweise ich auf: Bluhm 1972.
117 G.: Faust. Hg. Albrecht Schöne. Texte. In: G.: Sämtliche Werke. I. Abt. Bd. 7/1. Frankfurt a. M.: Dt. Klassiker Verl. 1994, S. 730 f. – In diesem Band sind die letzten Worte in VH[2] und in der Reinschrift H (↗ Abb., S. 225) im Faksimile abgebildet. In BA 8, 663 ist der Text aus VH[2] nicht korrekt wiedergegeben.
118 Dietze 1971, 269.
119 Ebd., S. 270.
120 Heinz Schlaffer: Fausts Ende. Zur Revision von Thomas Metschers »Teleologie der Faust-Dichtung«. In: Das Argument (Berlin) 18 (1976), H. 99, S. 773.
121 G. an Johann Kaspar Lavater, 29. Juli 1782. In: WA B 6, 20.
122 G.: Tagebuch der Italienischen Reise für Frau von Stein. Cento 17. Okt. 1786. In: BA 14, 132.
123 G.: Nachlese zu Aristoteles' *Poetik*. In: BA 18, 122 f.

Literaturhinweise (Auswahl)

Ausgaben und Kommentare

Goethe, Johann Wolfgang von: G.s Werke. Abt. I. Gesamtred. Erich Trunz. Bd. 3. Dramen I: Faust I, Faust II, Urfaust. Bearb. E. Trunz. Hamburg: Wegner 1949; München: Beck [11]1981 (= Hamburger Ausgabe).

–: Faust. Der Tragödie erster und zweiter Teil. Urfaust. Hg., Kommentar Erich Trunz. München: Beck 1986 (= Sonderausgabe von Bd. 3 der HA).
–: Poetische Werke. Bd. 8. Dramatische Dichtungen 4: Faust. Bearb. Gotthard Erler. Berlin/Weimar: Aufbau 1965, [4]1990.
–: Sämtliche Werke, Briefe, Tagebücher und Gespräche. Bd. 7: Faust. Hg. Albrecht Schöne. Bd. 7/1: Texte. Bd. 7/2: Kommentare. Frankfurt a. M.: Dt. Klassiker Verl. 1994.
–: Werke G.s Hg. Dt. Akademie der Wissenschaften zu Berlin. Ltg. Ernst Grumach. Ergänzungsband 3: Urfaust, Faust. Ein Fragment, Faust I (Paralleldruck). Bearb. Ernst Grumach/Inge Jensen. Berlin: Akademie-Verl. 1958.
–: Urfaust, Faust. Ein Fragment, Faust I. Ein Paralleldruck. Hg. Werner Keller. Frankfurt a. M.: Insel 1985, 2 Bde.

Arens, Hans: Kommentar zu G.s *Faust I.* Heidelberg: Carl Winter 1982.
–: Kommentar zu G.s *Faust II.* Heidelberg: Carl Winter 1989.
Bohnenkamp, Anne: »… das Hauptgeschäft nicht außer Augen lassend«. Die Paralipomena zu G.s *Faust.* Frankfurt a. M.: Insel 1994.
Friedrich, Theodor/Lothar J. *Scheithauer*: Kommentar zu G.s *Faust.* Leipzig: Reclam 1956 (RUB 7177–7182); Stuttgart: Reclam 1959 [und öfter, zuletzt 1991] (UB 7177 [5]).

Sekundärliteratur

Binder, Wolfgang 1968: G.s klassische *Faust*-Konzeption. In: Dt. Vierteljahrsschrift für Literaturwissenschaft u. Geistesgeschichte (Stuttgart) 42 (1968), S. 55–88 (wiederholt in: Keller [Hg.] 1984).
Bluhm, Heinz 1972: Zur Entstehung und Interpretation der Szene *Großer Vorhof des Palasts* in der Fausthandschrift VH^2. In: Traditions and transitions. Studies in Honor of Harold Jantz. München: Delp, S. 142–161.
Ciupke, Markus 1994: »Des Geklimpers vielverworrner Töne Rausch«. Die metrische Gestaltung in G.s *Faust.* Göttingen: Wallstein.
Dietze, Walter 1971: Tradition, Gegenwart und Zukunft in G.s *Faust.* In: Deutschunterricht (Berlin) 24 (1971), H. 5, S. 267–285.
– 1972: Der *Walpurgisnachtstraum* in G.s *Faust*: Entwurf, Gestaltung, Funktion. In: W. D.: Erbe und Gegenwart. Aufsätze zur vergleichenden Literaturwissenschaft. Berlin/Weimar: Aufbau, S. 501–519 (wiederholt in: Keller [Hg.] 1984).
Emrich, Wilhelm 1943: Die Symbolik von *Faust II.* Berlin: Junker u. Dünnhaupt; Königstein, Ts.: Athenäum [5]1981.
Hamm, Heinz 1981: Die Aufnahme von G.s *Helena*-Zwischenspiel in Deutschland und im Ausland. In: Weimarer Beiträge (Berlin) 27 (1981), H. 12, S. 30–54.
– 1982: Julirevolution, Saint-Simonismus und G.s abschließende Arbeit am *Faust.* In: Weimarer Beiträge 28 (1982), H. 11, S. 70–91 (Teilabdruck in: Keller [Hg.] 1991).
Hinderer, Walter (Hg.) 1980: G.s Dramen. Neue Interpretationen. Stuttgart: Reclam.
Keller, Werner 1980: *Faust. Eine Tragödie* (1808). In: Hinderer (Hg.) 1980, S. 244–280.
– (Hg.) 1984: Aufsätze zu G.s *Faust I.* Darmstadt: Wissenschaftl. Buchgesellschaft.

– (Hg.) 1991: Aufsätze zu G.s *Faust II*. Darmstadt: Wissenschaftl. Buchgesellschaft.

– 1991: Größe und Elend, Schuld und Gnade: Fausts Ende in wiederholter Spiegelung. In: Keller (Hg.) 1991, S. 316–344.

Lange, Victor 1980: Faust. Der Tragödie zweiter Teil. In: Hinderer (Hg.) 1980, S. 281–312.

Lohmeyer, Dorothea 1975: Faust und die Welt. Der zweite Teil der Dichtung. Eine Anleitung zum Lesen. München: Beck.

Lukács, Georg 1967: Faust-Studien (1940). In: G. L.: Faust und Faustus. Reinbek b. Hamburg: Rowohlt, S. 128–210.

Metscher, Thomas 1976: Faust und die Ökonomie. In: Vom Faustus bis Karl Valentin. Der Bürger in Geschichte und Literatur. Berlin: Argument-Verl., S. 28–155 (Das Argument. Sonderband 3).

Mieth, Günter 1980: Fausts letzter Monolog. Poetische Struktur einer geschichtlichen Vision. In: G.-Jahrbuch (Weimar) 97 (1980), S. 90–102 (wiederholt in: Keller [Hg.] 1991).

Mommsen, Katharina 1968: Natur- und Fabelreich in *Faust II*. Berlin: de Gruyter.

Müller-Seidel, Walter 1968: Komik und Komödie in G.s Faust. In: Das dt. Lustspiel. Hg. Hans Steffen. Tl. 1. Göttingen: Vandenhoek & Ruprecht, S. 94–119 (wiederholt in: W. M.-S.: Die Geschichtlichkeit der dt. Klassik. Stuttgart: Metzler 1983, S. 173–188).

Requadt, Paul 1972: G.s *Faust I*. Leitmotivik und Architektur. München: Fink.

Rüdiger, Horst 1964: Weltliteratur in G.s *Helena*. In: Jahrbuch der Dt. Schillergesellschaft (Stuttgart) 8 (1964), S. 172–198.

Scheibe, Siegfried 1965: Zur Entstehungsgeschichte der *Walpurgisnacht* im *Faust I*. In: S. S. u. a.: G.-Studien. Berlin: Akademie-Verl. (Sitzungsberichte der Dt. Akad. d. Wiss. zu Berlin, Klasse für Sprachen, Literatur u. Kunst. Jg. 1965, 4), S. 7–61.

– 1970: Bemerkungen zur Entstehungsgeschichte des frühen *Faust*. In: G. Neue Folge des Jahrbuchs der G.-Gesellschaft (Weimar) 32 (1970), S. 61–71.

Schlaffer, Heinz 1981: Faust, Zweiter Teil. Die Allegorie des 19. Jh. Stuttgart: Metzler.

Schöne, Albrecht 1982: Walpurgisnacht. In: A. S.: Götterzeichen, Liebeszauber, Satanskult. Neue Einblicke in alte G.-Texte. München: Beck, S. 107–230.

Williams, John R. 1984: Die Rache der Kraniche. G.s *Faust II* und die Julirevolution. In: Zeitschrift für dt. Philologie (Berlin/Bielefeld/München) 103 (1984), Sonderheft, S. 105–127.

Zezschwitz, Eberhard von 1985: Komödienperspektive in G.s *Faust I*. Dramentechn. Integration eines Sturm-und-Drang-Fragments in den Ideenzusammenhang der Klassik. Bern/Frankfurt a. M./New York: Peter Lang.

Bildnachweise

Wir danken allen Personen und Institutionen, die uns Bildmaterial zur Verfügung gestellt bzw. die Erlaubnis zur Reproduktion erteilt haben. Leider ist es uns bis Druckbeginn nicht gelungen, mit allen Rechteinhabern direkt in Verbindung zu treten. Wir bitten darum, Ansprüche gegebenenfalls nachträglich beim Verlag geltend zu machen.

Bildquellen

Akademie der Künste Berlin-Brandenburg, Berlin S. 97.

Sächsische Landesbibliothek, Fotothek, Dresden S. 20; 27 (Dresden: Kupferstichkabinett, NIC: 3132).

Stiftung Weimarer Klassik/Museen, Fotothek, Weimar S. 10, 225; (Aufnahmen: Sigrid Geske:) 35 (in: Scenen aus G.s Faust in acht lithographirten Bildern nach der Angabe des Fürsten Anton Radziwill zu seinen Compositionen des Faust. Berlin: Trautwein [1835]), 45 (in: G.-Gallerie. München/Berlin: Bruckmann [1870]), 50 (in: G.: Faust. Berlin: Grote ²1869), 58, 77; 93 (in: G.: Le Faust. Trad. par Henri Blaze. Paris: Lévy, Duterte 1847), 104; 108 (in: G.: Walpurgisnacht. Dresden: Verl. d. Kunst 1959), 135 (in: G.: Faust. München: Rütten & Loening 1964), 140; 149 (in: G.: Faust. Tl. 2. Stuttgart/Tübingen: Cotta 1854/58), 156 (in: Gallerie zu G.'s sämmtl. Werken nach Zeichnungen von W. K. und seinen Schülern. Stuttgart/Tübingen: Cotta 1841), 157; 161 (in: G: Faust. Zweiter Teil. Berlin: Cassirer 1927), 165 (in: H. W.: Faust-Wirklichkeiten. Regensburg: Bosse 1919), 167, 171; 187 (in: Umrisse zu G.'s Faust zweiter Theil. Stuttgart/Augsburg: Cotta 1836), 193 (in: G.: Faust. Berlin: Reiss 1925), 205; 215 (in: Friedrich Karl Ludwig Sickler: Beschreibung eines sehr merkwürdigen, neuentdeckten griechischen Grabmals bei Cumae mit drei Basreliefs über die baccische Mysterienfeier. In: Kuriositäten der physisch-literarisch-artistisch-historischen Vor- und Mitwelt zur angenehmen Unterhaltung für gebildete Leser. Weimar 1812. Zweiten Bandes drittes Stück), 228 und 233 (in: Carlo Lasinio: Pitture a Fresco del Campo Santo di Pisa. Florenz 1822, Tafeln XVI u. XII; Sammlung Stumme).

Volk und Wissen Verlag GmbH, Bildarchiv, Berlin S. 33 (in: Bilder zu G.s Faust. Frankfurt a. M.: Wenner 1816), 39 (in: J. W. v. G.: Faust. Der Tragödie Erster und Zweiter Teil. Die Stuttgarter Inszenierung. Eine Dokumentation von Hermann Beil u. a. Fotos Abisag Tüllmann. Stuttgart/Zürich: Belser 1979), 52, 53, 64, 65; 75; 87 (in: G.: Faust. Trad. par Albert Stapfer. Paris: Motte et Sautelet 1828), 105 (in: G.: Walpurgisnacht. Mit 20 Holzstichen von E. B. Berlin: Cassirer 1923), 179 (in: In: G.: Faust. 2 Bde. Dresden: Verl. d. Kunst 1989), 213 (in: G.s Faust. Der Tragödie zweiter Teil. München: Prestel [1970]), 227 (in: B. v. N.: Fresken im Schiller- und Goethezimmer des Großherzogl. Residenzschlosses zu Weimar. Nach den Originalcartons photographiert v. F. Hanfstängl. Stuttgart: Spemann 1873).

Reproduktionserlaubnis

Barlach, Ernst und Hans, Lizenzverwaltung, Ratzeburg S.105. – Nienaber, Marianne, Kreuth S.193. – Stiftung Weimarer Klassik/Museen, Weimar S.10, 35, 45, 50, 58, 77, 93, 104, 108, 135, 140, 149, 156, 157, 161, 165, 167, 171, 187, 193, 205, 215, 225, 228, 233. – Verwertungsgesellschaft Bild-Kunst, Bonn S. 108, 161, 213.